公司核心部门岗位手册

市场营销管理模板

速查手册

Shichang yingxiao Guanli moban

s u c h a s h o u c e

企业基础管理丛书编写组/编

白 山/主编

中国言实出版社

图书在版编目(CIP)数据

公司核心部门岗位手册 / 白山主编.
—北京:中国言实出版社,2008.2
ISBN 978-7-80128-932-2

Ⅰ.公…
Ⅱ.白…
Ⅲ.公司—岗位责任制—手册
Ⅳ.F276.6-62

中国版本图书馆 CIP 数据核字(2008)第 011900 号

出版发行 中国言实出版社
地　址:北京市朝阳区北苑路 180 号加利大厦 5 号楼 105 室
邮　编:100101
电　话:64924716(发行部)　64963101(邮　购)
64924880(总编室)　64928661(编辑部)
网　址:www.zgyscbs.cn
E-mail:zgyscbs@263.net

经　销 新华书店
印　刷 四川省南方印务有限公司
版　次 2008 年 3 月第 1 版　2008 年 3 月第 1 次印刷
规　格 787 毫米×990 毫米　1/16　99.75 印张
字　数 1742 千字
定　价 168.00 元(全四册)　ISBN 978-7-80128-932-2/F·234

目录 MULU

第一章 市场调研计划管理

第二章 市场销售业务管理

第三章 市场营销人员管理

第四章 市场营销价格管理

第六章　市场营销渠道管理

□

第一章　市场调研计划管理

1. 销售计划

销售计划管理办法

第一条　目的：

销售计划是制订公司的经营方针和经营目标的重要依据，也是制订公司未来发展计划、利益计划、损益计划、资产负债计划等的基础。

第二条　销售计划的内容：

通常来说，销售计划的内容应包括以下几个方面：

1. 商品计划
2. 渠道计划
3. 成本计划
4. 销售单位组织计划
5. 销售总额计划
6. 促销计划

销售总额计划是最主要的，销售计划的内容大致可涵盖在其中，销售总额计划经常是销售计划的精华所在，也是销售计划的中心课题。

销售计划的内容见下页流程图。

第三条　根据公司实力及竞争对手的销售实绩：

如下页表中所示，表中第1栏及第2栏是本公司过去年度的实绩和竞争对手销售实绩的比照，参考此类资料即可列出销售量及平均单价的计划。

第四条　损益平衡点等基准：

如表中第3、4、5、6栏所示，表的附注部分也将其计算公式列出。

第五条　发展计划的销售总额：

制订详细的发展计划销售总额。

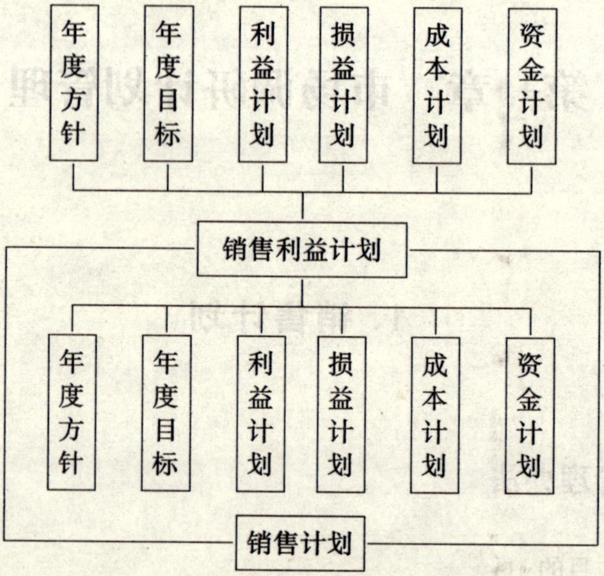

销售计划流程图

第六条　召开会议进行讨论：

下表的第 1 至第 7 栏，必须逐项在会议中做综合性的检查，将会议中决定最后的销售总额计划记入第 8 栏的决定计划中。这个最终决定额是事业发展的基本销售总额计划，而各个营业部门的销售额目标可酌情予以提高，以为该部门的内部目标计划。

年度销售总额计划表

项　　目	销售量计划	平均售价	销售总额计划
1. 过去年度本公司实绩			
2. 竞争对手实绩			
3. 损益平衡点基准			
4. 资产周转率基准			
5. 纯益率基准			
6. 附加价值基准			
7. 事业发展计划基准			
8. 决定计划			

附：损益平衡点基准＝固定费用预估＋计划销售利益/计划边际利益率×100

计划边际利益率＝100－（变动费用预估/销售总额）×100

资产周转率基准＝计划资产×1 年周转次数

纯益率基准＝计划年度税前净利/计划销售总额对税前纯益率×100

附加价值基准＝（计划人员数×每人附加价值目标）/计划附加价值率×100

第七条　收集过去 3 年间月别销售实绩。

如下表所示，将过去 3 年间销售实绩资料取出，且将各年度月别销售额仔细地了解。

月别销售比重分析表的范例

月别	3 年前实绩（百万元）	2 年前实绩（百万元）	1 年前实绩（百万元）	前 3 年合计（百万元）	月别比重（百万元）
1	1685	1540	1800	5025	7.6
2	1575	1435	1680	4690	7.1
3	2196	1899	2136	6231	9.4
4	1922	1875	2184	5981	9.1
5	1422	1731	1872	5025	7.6
6	1996	1899	2160	6055	9.2
7	1148	1540	2184	4872	7.4
8	1489	1604	1728	4821	7.3
9	1420	1772	1800	4992	7.6
10	2084	1772	2040	5896	8.9
11	1859	1941	2064	5864	8.9
12	2104	2110	2352	6566	9.9
合计	20900	21118	24000	66018	100.0

第八条　将过去3年度的销售实绩合计起来。

如表所示，将过去3个年度的月别销售实绩总计起来。得到过去3年间的月别销售比重。如表最右边那栏所示，以3年间每个月合计的销售总额为100计，将每个月的3年合计实绩除以全部3年合计实绩即可得月别销售比重，将计算所得按月填入表中。视每月销售情况不同，可看出因季节因素的变动而影响该月的销售额。

此后，将过去3年间月别销售比重运用在全公司销售总额中即可得到每个月的销售额计划了。

第九条　取得商品别销售比重。

先将去年同月的商品别销售比重及过去3年左右同月的商品别销售实绩等找出，计算商品别销售比重（如下表所示），了解销售较好的商品群及利益率较高的商品群。

第十条　参考商品销售比重政策和调整销售比重。

参考商品销售比重政策，利害关系人的意见及商品需求预测等项目来修正过去3年间及去年同月的商品群别销售比重。

第十一条　用修正过的商品销售比重来设立商品别计划。

使用修正后的月别商品销售比重和月别销售总额计划金额即可得商品别的计划销售金额。

表右方的栏位列出每月的明细商品别计划销售金额，这是该月销售金额预算的基础。

第十二条　取得部门别及客户别的商品销售比重。

将去年同月的部门别及客户别的销售比重予以分析研究。

第十三条　部门别及客户别商品销售比重的修正。

将实际的部门别及客户别商品销售比重按下列三种观点予以调整。

1. 部门别及客户别的销售方针。

2. 部门主管及客户动向意见的参考。

3. 客户的使用程度、信用状况、和竞争对手的竞争关系及新拓展客户目标等。

第十四条　用修正后的销售比重获得客户别及部门别的销售计划额。

第十五条　包含在总和损益计划的销管费中：

在年度计划损益表的第4栏一般销管费内，可列出如下表般销售费用的年度合计额。

第1项销售变动费用的项目如下表所示。第2项的销售固定费用是一方面参考过去实绩等资料，一方面列出计划的适当金额资料。

月别商品别销售额计划表

			去年同月		1月计划		2月计划	
			销售金额	销售比重（%）	销售金额	销售比重（%）	销售金额	销售比重（%）
月总销售金额	1.销售性的商品群	小计						
		1 2 3 4 5 6						
	2.利益率高的商品群	小计						
		1 2 3 4 5 6						
	3.销售不佳利益率亦不高的商品群	小计						
		1 2 3 4 5 6						
	合计							

第十六条　各月别销售变动费用计划的拟制。

因为已经编制月别销售总额计划，所以为达成月别的销售金额计划，必须设定所需的年度变动费用。

第十七条　各月别销售固定费用计划的拟制。

用年度总合计的计划金额中的各个固定费用金额予以简单地平均，计算出大致的月销售固定费用金额。

第十八条　月别销售固定费用计划的项目，包含折旧费、工资及利息费用等。

第十九条　与商品相关的促销计划：

1. 销售系统化
2. 商品的质量管理
3. 商品的新鲜、卫生及安全性
4. 专利权
5. 样本促销
6. 展示会促销
7. 商品特卖会

第二十条　与销售方法相关的促销计划：

1. 确定销售点
2. 销售赠品及奖金的支付
3. 招待促销会
4. 掌握节日人口聚集处促销
5. 代理店及特约店的促销
6. 建立连锁店
7. 销售退货制度
8. 分期付款促销

第二十一条　与销售人员相关的促销计划：

1. 业绩奖赏
2. 行动管理及教育强化
3. 销售竞赛
4. 团队合作的销售

第二十二条　广告宣传等促销计划着眼点：

1. POP（销售点展示）
2. 宣传单随报夹入

3. 模特儿展示

4. 目录、海报宣传

5. 报纸、杂志广告

第二十三条　与销售计划并行的客户赊款回收计划：

配合月别销售总额计划，制订销售月别计划的收款计划。所以，过去的收款实绩等资料可作为分析参考之用，此外，收款政策亦有影响。

第二十四条　以此表为客户别赊款回收计划的基础。

以实际情况言，不编制客户赊款回收计划表，客户款项的回收计划即不能谓为完备。在管理上，此表对于要求营业人员控制客户款项的回收是相当重要的。客户赊款回收计划表的设计如下表：

月别	销售计划金额	回收计划				客户赊款余额	回收率（%）	无法回收率（%）
		现金	90天内票据	90天以上票据	计			
1								
2								
3								
4								
5								
6								
7								
8								
9								
10								
11								
12								

注：1. 回收率＝当月回收计划合计/（月初客户赊款余额＋当日销售计划）×100

2. 无法回收率＝2个月以上的赊款回收/（月初客户赊款余额＋当月销售计划）×100

第二十五条　客户账款积欠天数缩短是有必要的。

本表对于提高客户账款回收率是重要的。然而，回收率的提高仅是使票据到期天数延长而已，就不具任何实质意义了。

下面的算式对于账款积欠天数的缩短更具意义。

客户账款积欠天数：（客户赊款余额＋本公司收受票据余额）/日平均销售总额

第二十六条　销售人员未来的行动管理是重要的。

每位销售人员自己将未来一个月的重点行动目标明确写出，根据此行动计划表，主管人员亦可对必要事项加以清楚地指示。销售人员行动计划表如下所示：

销售人员行动计划表

第______月　　　　月别重点行动目标表

<table>
<tr><td>总经理</td><td>经理</td><td>科长</td><td>组长</td><td>姓名</td><td></td></tr>
<tr><td colspan="6">本月销售方针及计划</td></tr>
<tr><td colspan="2">重点销售商品</td><td colspan="2">重点拜访客户名单</td><td colspan="2">新开拓客户名单</td></tr>
<tr><td colspan="2">1.
2.
3.
4.
5.</td><td colspan="2">1.
2.
3.
4.
5.</td><td colspan="2">1.
2.
3.</td></tr>
</table>

周别行动计划表

重点目标						
重点销售商品						
重点拜访客户名单						
重点行动目标	星期一	星期二	星期三	星期四	星期五	星期六
1. 2. 3.						
1. 2. 3.						
1. 2. 3.						

第二十七条　周别行动管理制度：

月别的重点行动目标设定后，即可以周别行动管理制度将每周需努力方向具体列出。现代的商业社会，许多的企业活动都是以“周”为一循环单位，如果周管理做得不够完美，业绩就好不起来了。

周期行动计划表

第______周　　　　　　　　　　　　　　　　　　　　姓名：________

重点目标						
重点销售商品						
重点拜访客户名单						
重点行动目标	星期一	星期二	星期三	星期四	星期五	星期六
1. 2. 3.						
1. 2. 3.						

第二十八条　以实现的营业日报表来检查周别计划的实施成果。

每日，销售人员不论是以口头或是书面呈阅的营业日报，都可以周别行动计划为绩效参考基准，因此此表的使用相当方便。只要将行动计划表与每日实绩相对照，营业人员的表现即可一览无遗，充分达到销售管理的目的。

第二十九条　部门损益制度的彻底执行。

如下页表中所示，是月别部门别损益制度管理表的一个例子。此表中可清楚地表示出每个部门、分店、科等单位的损益基准和其相对应的实绩及达成率。

第三十条　尽量以利润中心方式计算。

如下页表中所示，将该所属部门或分店别本身的变动费用及固定费用清清楚楚地区分且从该部门或分店销售总额中扣除计算利益是最简单的方法，然而在实例中却很难执行，只能尽量采用最公平且不引起各部门争论的方法。

部门别盈亏管理计划表

部门别		1.销售总额	2.变动费用	3.边际利益	4.销售固定费用	5.部门直接利益	6.回收总额
销售部门合计	计划						
	实绩						
	达成率						
本公司	计划						
	实绩						
	达成率						
本公司第一科	计划						
	实绩						
	达成率						
本公司第二科	计划						
	实绩						
	达成率						

第三十四条　以达成率的情况作为损益的评价基准。

年度销售计划管理办法

第一条　销售额目标：

本公司200×年全年销售目标××万元以上，全年实现利润××万元以上，其中新产品销售利润××万元以上。

第二条　为实现公司目标，本公司确立下列方针并付诸实行，本公司业务机构的所有人员都要求精通其业务，能有危机意识。

第三条　保持良好的工作状态，使工作朝高效率、高收益、高分配（高薪资）的方向发展。

第四条　为使公司管理敏捷高效，公司将委让部分权限。

第五条　为达到明确责任的目的及确立责任体制，本公司将贯彻重赏重罚政策。

第六条　本公司将逐步加强业务管理。

第七条　××公司与本公司按照书面协定彼此遵守责任与义务。

第八条　为促进零售店的销售，应设立销售方式体制，将原有购买者的市场转移为销售者的市场，使本公司能握有主导代理店、零售店的权力。

第九条　将工作重点放在零售店上，并致力培养、指导其促销方式，借此进一步刺激需求的增大。

第十条　策略的目标包括全省各大型商场，以“经销方式体制”来推动其进行。

第十一条　设立定期联谊会，借此更进一步加强与零售商的联系。

第十二条　利用顾客调查卡的管理体制来确立：

1. 销售店实际工作业绩；

2. 实际销售业绩；

3. 需求预测等的统计管理工作。

第十三条　除沿袭以往对代理店所采取的销售拓展对策外，再以上述的方法作为强化政策，从两方面着手，致力推动拓销。

第十四条　随着购买者市场转移为销售者市场的变化，应确立长期契约制度来统一管理交易的条件。

第十五条　检查与代理商关系，确立具有一贯性的传票会计制度。

第十六条　本方针之间的计划应做到具体实效，贯彻至所有相关人员。

业务机构计划

第十七条　内部机构：

公司下属服务中心将升级为营业处，借以促进销售活动。

第十八条　在公司下属的营业处设立新的出差处（或服务中心）。

第十九条　解散食品部门，其所属人员则转配到××营业处，致力于拓展销售活动。

第二十条　以上各新体制下的业务机构，暂时维持现状，不做变革，借此确立各自的责任体制。

第二十一条　在业务的处理方面若有不备之处，再酌情进行改善。

第二十二条　外部机构：

交易机构及制度将维持经由本公司→代理店→零售商的旧有销售方式。

第二十三条　新产品销售方式体制

1. 将所属零售商店按照区域划分，并在划分区内采用新产品的销售方式体制。

2. 新产品的销售方式是指每人各自负责50家左右的店，每周做一次访问，借访问的机会督导、奖励销售，并进行调查、服务及销售指导、技术指导等，借此促进销售。

3. 上述的××家店所销出的本公司产品的总额须为以往的两倍。

4. 库存量维持在零售店为一个月库存量、代理店为两个月库存量的界限上。

5. 销售负责人的职务内容及处理基准应明确化。

第二十四条　新产品协作会的设立与活动：

1. 为使新产品的销售方式所推动的促销活动得以配合，另外又以全国各主力零售店为中心，依地区分别设立新产品协作会。

2. 新产品协作会的事业内容大致包括下列十项：

①分发、寄送机关杂志；

②赠送本公司产品的负责人员领带夹；

③安装各地区协作店的招牌；

④分发商标给市内各协作店；

⑤协作商店之间的销售竞争；

⑥分发广告宣传单；

⑦积极支援经销商；

⑧举行讲习会、研讨会；

⑨增设年轻人专柜；

⑩介绍新产品。

3. 协作会的存在方式是属于非正式性的。

第二十五条　提高店员的责任意识：

为加强零售商店店员对本公司产品的关心，增强其销售意愿，应加强下列各项实施要点：

1. 奖金激励对策——零售店店员每次售出本公司产品则令其寄送销售卡，当销售卡达到十张时，即赠奖金给本人以激励其销售意愿。

2. 人员的辅导：

(1) 负责人员可利用访问时进行教育指导说明，借此提高零售商店店员的销售技术及加强其对产品的知识。

(2) 销售负责人员可亲自站在店头接待顾客，示范销售动作或进行技术说明，让零售商的店员从中获得间接的指导。

3. 同行的教育指导：

(1) 让参加协作会的店员也去参加店员的研讨会，借此提高其销售技巧及产品知识、技术。

(2) 通过参加研讨会的店员，扩大对其他店员传授销售技术及产品知识、技术，借此提高大家对销售的意愿。

第二十六条　制订完善的广告计划：

1. 在新产品销售方式体制确立之前，暂时先以人员的访问活动为主，把广告宣传活动作为未来所进行的活动。

2. 针对广告媒体，再次进行检查，务必使广告计划达到以最小的费用，创造出最大成果的目标。

3. 为达成前述两项目标，应针对广告、宣传技术做充分的研究。

第二十七条　活用购买调查卡：

1. 针对购买调查卡的回收方法、调查方法等进行检查，借此确实掌握顾客的真正购买动机。

2. 利用购买调查卡的调查统计、新产品销售方式体制及顾客调查卡的管理体制等，确实做好需求的预测。

第二十八条　顾客调查卡的管理体制：

1. 利用各零售店店员所送回的顾客调查卡，将销售额的实绩统计出来，或者根据这些来进行新产品销售方式体制及其他的管理。

(1) 依据营业处、区域别，统计××家商店的销售额。

(2) 依据营业处别，统计××家商店以外的销售额。

(3) 另外几种销售额统计须以各营业处为单位制作。

2. 根据上述统计，可观察各店的销售实绩及掌握各负责人员的活动实绩、各商品种类的销售实绩。

第二十九条　必须确立营业预算与经费预算，经费预算的决定通常随营业实绩做上下调节。

第三十条　预算方面的各种基准、要领等须加以完善成为示范本，本部与各事业部门则需交换契约。

第三十一条　针对各事业部门所做的预算、实际额的统计、比较及分析等确立对策。

第三十二条　事业部门的经理应分年、季、月别，分别制订部门的营业方针及计划，并提出给本部修正后定案。

第三十三条　本部与事业所之间的关系

1. 各事业单位负责人应将事业所视为一企业，以经营者的精神来推动其运作和管理（另外，本身也须经常参与研修）。

2. 事业经理需就营业、总务、经营管理、劳务、采购、设备等各方面，分年、季、月份制作提出事业部门的方针及计划。

3. 事业经理针对年、期及每月的活动内容、实绩等规定事项，提出报告。内容除了预算、实绩、差异、分析及反省之外，还须提出下一个年度、季、月份的对策。

4. 本部与营业所之间的业务管理制度应明确并加以修缮成为可依循的典范。

第三十四条　事业所内部：

1. 事业经理应根据下列九点，确立事业所内部日常业务运作的管理方式：

（1）各项账簿、证据资料等完备。

（2）各种规则、规定、通告文件资料完备。

（3）确立业务计划及规定。

（4）确立指示、命令制度。

（5）事务报告制度。

（6）书面请示制度。

（7）实施指导教育。

（8）实施巡视、巡回。

（9）确立会议制度。

2. 必须贯彻实施此管理制度，使其对销售和完成预算有直接贡献。

第三十五条　经理人员的指导教育：

经理及科（股）长应对负责人员进行有关情报收集、讨论对策处理等的教育指导。

第三十六条　销售应对基准的制作负责人员应依据下列要点制作销售的

应对基准，并利用此基准对负责人员进行教育训练。

1. 销售应对基准 A：

这是负责人员对零售店主及店员的应对基准。

2. 销售应对基准 B：

负责人员或零售商店店员接待顾客时的基准。所谓基准是将各负责人员的成功例子筛选后发表出来。

3. 顾客调查卡的实绩统计：

根据各地区别（负责人别）所收集到的顾客调查卡，做销售实绩的统计、管理及追踪。

营销计划管理办法

格式范例

××公司营销计划管理办法

第一章　基本目标

本公司××年度销售目标如下：

第一条销售额目标：

1. 部门全体××万元以上。

2. 每一员工每月××千元以上。

3. 每一营业部人员每月××万元以上。

第二条　利益目标××万元以上。

第三条　新产品的销售目标××万元以上。

第二章　基本策略

第四条　公司的业务机构应经常变革，使所有人员都能精通业务，有危机意识并能有效地工作。

第五条　公司员工都须全力投入工作，使工作向高效率、高收益、高分配（高薪资）的方向发展。

第六条　为提高运营的效率，公司将大幅下放权限，使员工能够自主处理各项事务。

第七条　为达到责任的目的及责任体制，公司将实行重赏、重罚政策。

第八条　为了规定及规则的完备，公司将加强业务管理。

第九条　××股份有限公司与本公司交易上订有书面协定，彼此应遵守责任与义务，因此本公司应致力达成预算目标。

第十条　为促进零售店的销售，应建立销售方式体制，将原有购买者的市场转移为销售者的市场，使本公司能享有控制代理店、零售店的权利。

第十一条　将主要目标放在零售店方面，培养、指导其促销方式，借此进一步刺激需求的增长。

第十二条　设立定期联谊会，以进一步加强与零售商的联系。

第十三条　利用顾客调查卡的管理体制来规范零售店实绩、销售实绩、需求预测等的统计管理工作。

第十四条　除沿袭以往对代理店所采取的销售拓展策略外，再以上述的方法作为强化政策，从两方面着手致力拓展新的销售渠道。

第十五条　随着购买者市场转移为销售者市场，应制定长期契约来统一交易的条件。

第十六条　检查与监督的关系，确立具有一贯性的传票会计制度。

第十七条　本策略中的计划应具体实效，贯彻至所有相关人员。

第三章　业务部门计划

第十八条　外部部门

交易机构及制度将维持“公司→代理店→零售商”的原有销售方式。

第十九条　内部部门

1. 服务店将升级为营业处，借以促进销售活动。

2. 营业处增设新的出差处（或服务中心）。

3. 解散食品部门，其所属人员分配到营业处，致力于扩展销售活动。

4. 以上各新体制下的业务机构暂时维持现状，不作变革，借此确立各自的责任体制。

5. 在业务的处理方面若有不妥之处，再酌情进行改善。

第四章　零售商的促销计划

第二十条　新产品的销售方式

1. 将全国有影响力的××家零售商店依照区域划分，在各划分区域内采用新产品的销售方式体制。

2. 新产品的销售方式是指每人负责30家左右的店铺，每周或隔周做一次访问，借访问的机会督导、奖励销售，并进行调查、服务及销售指导、技术指导等工作，借此促进销售。

3. 新产品的库存量应努力维持在零售店为一个月库存量、代理店为两个月库存量的界限之上。

4. 销售负责人的职务内容及处理基准应明确化。

第二十一条　新产品协作机构的设立与工作

1. 使新产品的销售方式所推动的促销活动得以顺利展开，另外还要以全国各主要零售店为中心，依地区设立新产品协作次级机构。

2. 新产品协作机构的工作内容如下：

①分发、寄送机关杂志；

②赠送本公司产品的销售人员领带夹；

③安装各地区协作店的招牌；

④分发商标给市内各协作店；

⑤分发广告宣传单；

⑥协作商店之间的销售竞争；

⑦积极支持经销商；

⑧举行讲习会、研讨会；

⑨增设年轻人专柜。

3. 协作机构的存在方式属于非正式性。

第二十二条　增强零售店员工的责任意识：

为加强零售商店员工对本公司产品的关心，增强其销售意愿，应加强下列各项实施要点：

1. 采用奖金激励法

零售店员工每次售出本公司产品时都令其寄送销售卡，当销售卡达到15张时，即颁发奖金给本人以提高其销售积极性。

2. 加强人员的辅导工作

①负责人员可利用访问进行教育指导说明，借此提高零售商店店员的销售技术及加强其对产品的认识。

②销售负责人员可亲自接待顾客，对销售行为进行示范说明，让零售商的员工从中获得直接的指导。

3. 提高公司的教育指导

①促使协作机构的员工参加零售店员工的研讨会，借此提高其销售技巧及对产品认识。

②通过参加研讨会的员工其他店员传授销售技术及产品知识、技术借此提高大家对销售的积极性。

第五章　扩大消费需求计划

第二十三条　明确广告计划：

1. 在新产品销售方式体制确立之前，暂时先以人员的访问活动为主，把广告宣传活动作为未来规划活动。

2. 针对广告媒体，再次进行检查，务必使广告计划达到以最小的费用创造出最大成果的目标。

3. 为达成前述二项目标，应针对广告、宣传技术进行充分的研究。

第二十四条　利用购买调查卡

1. 针对购买调查卡的回收方法、调查方法等进行检查，借此确实掌握顾客的真正购买动机。

2. 利用购买调查卡的调查统计、新产品销售方式体制及顾客调查卡的管理体制等，切实做好需求的预测。

第六章　营业业绩的管理及统计

第二十五条　顾客调查卡的管理：

利用各零售店员所返回的顾客调查卡，对销售额的实绩统计出来，或者根据这些来进行新产品销售方式体制及其他的管理。

1. 依据营业处、区域分别统计商店的销售额。

2. 依据营业处分别统计商店以外的销售额。

3. 另外几种销售额统计须以各营业处为单位进行。

第二十六条　根据上述统计，观察并掌握各店的销售实绩和各负责人员的活动实绩，以及各商品种类的销售实绩。

第七章　确立及控制营业预算

第二十七条　必须确立营业预算与经费预算，经费预算须随营业实绩进行上下调节。

第二十八条　预算方面的各种基准、要领等须加以完善以成为范本，本部与各事业部门则应交换契约。

第二十九条　针对各事业部门所做的预算与实际额的统计、比较及分析等确立对策。

第三十条　事业部门的经理应分年、季、月，分别制定部门的营业方针及计划，并提交给本修改后定案。

第八章　提高部门经理的能力水平

第三十一条　本部与营业所之间的关系：

1. 各营业单位负责人应将营业所视为整体，以经营者的角度来推动其运作和管理。

2. 营业经理须就营业、总务、经营管理、业务、采购、设备等各方面，分年、季、月份提出并制作事业部门的方针及计划。

3. 营业经理针对年、季及每月的活动内容、实绩等规定事项，提出报告。内容除了预算、实绩差异、分析之外，还须提出下一个年度、季、月份的对策。

4. 本部与营业所之间的业务管理制度应明确并加以完善，使之成为可依循的典范。

第三十二条　营业所内部：

1. 营业经理应根据下列几点，确立营业所内部日常业务运作的管理方式：

①各项账簿、证据资料是否完备；

②各种规则、规定、通告文件资料是否完备；

③业务计划及规定是否完备；

④指示、命令制度是否完备；

⑤业务报告制度是否完备；

⑥书面请示制度是否完备；

⑦指导教育是否完备；

⑧巡视、巡回制度是否完备。

2. 必须在营业所内部贯彻实施此管理制度，以控制预算，促进销售业绩。

第九章　提高主管人员的能力水平

第三十三条　经理人员的教育指导：

主管人员应对各事务负责人员进行有关情报收集、讨论对策处理等的教育指导。

第三十四条　销售应对标准的制作主管人员应依据下列要点制作销售的应对标准，并利用此标准对各事务负责人员进行培训。

1. 销售应对标准 A

各负责人员对零售店主及店员须采用此标准。

2. 销售应对标准 B

各负责人员或零售商店店员接待顾客须采用此标准。

3. 顾客调查卡的实绩统计

根据各地区负责人所收集到的顾客调查卡，进行销售实绩的统计、管理及追踪。

销售计划纲要

格式范例

一、销售计划的内容

简明的销售计划的内容至少应包含以下几点：

1. 商品计划；

2. 渠道计划；

3. 成本计划；

4. 销售单位组织计划；

5. 销售总额计划；

6. 促销计划。

二、年度销售总额计划的编制

1. 参考过去年度自己本身和竞争对手的销售成绩

如本公司全年度自己本身和竞争对手的销售成绩比较，参考此类资料可列出销售量及平均单价的计算。

2. 损益平衡点基准

明确写出计算公式。

3. 事业发展计划销售总额

综合许多政治、经济、社会变迁资料拟出事业发展计划的销售总额。

4. 召开会议作出最后的检查改进及最终决定

最终决定额是事业发展的基本销售总额计划，而各个营业部门的销售目标可酌情予以提高，成为该部门的内部目标计划。

三、销售额计划的编制

1. 收集过去 3 年之间的月别销售实绩

将过去 3 年间销售实绩资料进行比较分析，从中找出内在的规律。

2. 将过去3年间的销售实绩合计起来

过去3年的月别销售实绩总计起来。

3. 得到过去3年间的月别销售比重

以3年间每个月合计的销售额为标准，计算出因季节因素的变动而影响该月的销售额。

此后，将过去3年间月别销售额比重予以运用在最后决定的全公司销售总额即可得到每个月的销售额计划。

四、商品别销售额计划的编制

1. 取得商品别销售比重

首先，将去年同月的商品别销售比重及过去3年左右同月的商品别销售实绩等找出，计算商品别销售比重，了解销售较好的商品群及利润率较高的商品群。

2. 酌情商品销售比重政策和调整销售比重

下一步，参考商品销售比重政策，利害关系人的意见及商品需求预测等项目来修正过去3年间及过去同月的商品群销售比重。

3. 用修正过的商品销售比重来设立商品别计划

使用修正后的月别商品销售比重和月别销售总额计划金额即可得商品别的计划销售金额。

五、部门别、客户别销售额计划的编制

1. 取得部门别及客户别的商品销售比重

将全年同月的部门别及客户别的销售比重予以分析研究。

2. 部门别及客户别商品销售比重的修正

将实际的部门别及客户别商品销售比重按下列3种观点予以调整：

（1）部门别及客户别的销售方针；

（2）部门主管及客户动向意见的参考；

（3）客户的使用程度、信用状况和竞争对手的竞争关系及新拓展客户目标等。

编制用修正后的销售比重获得客户别及部门别的销售计划额。

销售计划书

第一条　为扩大销售，以低价位、高质量迅速占领市场，特制定本销售计划。

第二条　以低价位、高质量为本公司今后的主要商品。

第三条　本公司不特别重视单纯性的流行品或时代尖端的产品。但是，仍多少会推出这种类型的尖端流行产品。

第四条　在选择销售据点时，以中型规模或中型以上规模的销售店为目标。小规模的店面行销方式，除特殊情况外，原则上不予采用。

第五条　关于前项的销售据点，在做选择、决定或交易条件的企划、事务处理时，都须确实慎重行事，这样才能巩固本公司的营业根基。

第六条　与销售店开始进行新的交易之前，须先提出检查，并依照规定做好调查、审议及条件的查核后才能决定进行交易。

第七条　销售活动必须制度化、合理化，力争使各项事宜高质高效完成。

第八条　销售人员在接受订货和收款工作时，不得参与相关的附带性事务处理工作，必须全身心投入销售事务。因此，在销售方面应另订计划及设置专科处理该事务。

第九条　改善处理手续（步骤），设法增强与销售店之间的联系及内部的联络，提高业务的整体管理及相关事务的效率。尤其须巧妙地运用各种账表（传单、日报）来提高效率。

第十条　进货总额中的20%用于对××公司的订货，其他则用于公司对外的转包工程。

第十一条　进货尽可能集中在某季节，有计划性地开展订货活动。要确保交易双方的权益。

第十二条　进货时要设立交货促进制度，并按下列条件来进行计算；对于交货成绩优良的厂商，将采取退佣方式处理，其规定如下：

（1）进货数量；

（2）交货日期及交货数量；

（3）交货迟缓程度及数量。

第十三条　为使进货业务能合理运作，本公司每月召集由各进货厂商、外包商及相关人员参加的会议，借此进行磋商、联络、协议。

第十四条　A公司与本公司之间的交易（包括与该制造公司目前正式交易的三家公司），一概归与本公司作直接交易。

第十五条　本公司拒绝接受传票，物品交人本公司就属于本公司的营业范围内。

第十六条　负责进货人员应每天到各厂商去照会联络，并促使对方尽快着手。

第十七条　处理对外订货事宜时应使用报表，记入材料名称、色调、产品样式、号码、尺寸、厂商号码，然后交给厂商（厂商的户头也应写入），各种表格的填写必须详尽。

第十八条　前项报表在发出订单时应一起附上，另外，还要贴在产品的箱子上，连同产品一起交给零售商和消费者。

市场产品销售计划表

地区：________　　　　　　　　　　　　　　　　　　　　单位：元

产品编号	产品名称	产品规格	产品单价	上年度销量		月计划		备注
				淡季	旺季	销量	销售额	

主管：　　　　　　制表人：　　　　　　　　制表日期：　　　年　　月　　日

市场销售目标预测表

地区：__________　　　　　　　　　　　　　　　　　　　　　　　　单位：元

商品名称 客户名称	商品 1			商品 2			备注说明
	去年销量	今年预计量	预计销售额	去年销量	今年销量	预计销售额	

主管：　　　　　　　制表人：　　　　　　　　　制表日期：　　年　　月　　日

市场月份销售目标管理表

地区：　　　　　　　　　营业所：

类别 \ 序号	1	2	3	4	5……
战略名称					
达成目标					
工作方法					
工作内容					
时间					
业务代表					
结果反馈					
摘要					
备注					

主管：　　　　　　制表人：　　　　　　　　　制表日期：　　年　　月　　日

市场营销计划书

（一）市场营销计划书的基本含义

市场营销计划书是企业按照经营目标，依照市场调查、预测与决策等，对商品销售从时空和人力、物力和财力上作出具体安排。

（二）市场营销计划书基本格式

市场营销计划书通常包括以下几个方面的内容：

1. 计划概要；
2. 企业营销现状；
3. 企业存在的问题；
4. 营销策略和目标；
5. 营销预算；
6. 营销监控；
7. 其他事项。

（三）格式范例

××公司年度营销计划

一、目标

销售额	×××亿美元
毛利	×××亿美元
毛利率	××%
净利	×××亿美元
市场占有率	××%

二、历史销售记录

	1998年	1999年	2000年	2001年
市场销售额总规模	××××	××××	××××	××××
××的销售额	××××	××××	××××	××××
××的市场占有率	××%	××%	××%	××%

三、市场占有率发展趋势

	1997年	1998年	1999年	2000年	2001年
本企业	××%	××%	××%	××%	××%
××	××%	××%	××%	××%	××%
××	××%	××%	××%	××%	××%
××	××%	××%	××%	××%	××%
××销售网	××%	××%	××%	××%	××%
××销售网	××%	××%	××%	××%	××%

四、概述

快餐食品市场正在缓慢成长。传统的街区和郊区市场已经饱和，当前大多数的销售增长来自非传统销售网点，诸如：机场、火车站、办公大楼所在地。

快餐食品自然集中于汉堡包、鸡和番茄酱的销售。某些新开业的专业化快餐食品销售网点，向成年人提供了更多的食谱选择。这些销售网点对×××形成了潜在的威胁，他们正在集中于单一的快餐食品和成年人市场而不是儿童市场。

随着这些专业化快餐食品销售链和新鸡味食品销售网点的诞生和开发，对市场营销努力作出改进的炸鸡都在不断地向汉堡包的销售进行挑战、实施压力。

从积极的方面来看，××公司以及××快餐店等在促销宣传方面都运作不力，处于弱势。

概括起来，近几年积极和消极的事件大致如下：

积极的事件：

成功地向市场投入了各种色拉和三明治；

儿童对各种快餐的需求长久不衰并不断发展，趋势明显；

本公司游乐场成功地扩大着销售；

一直由本公司的快餐食品统治着早餐市场。

消极事件：

快餐食品的市场正在减缓；

非儿童市场对本公司的忠诚性正在缩减；

竞争对手多次向市场投入了“××快餐”；

寻求新销售网点的地盘越来越困难；

最近对本公司产品所进行的营养分析，结果是十分不利的。

五、竞争形势

××企业近几年来受到很大的创伤。它的广告宣传不得力，而且又没有开发新的产品。××企业惟一的积极因素是步本公司的××快餐后尘，模仿这一产品以及增加它的早餐食品的花色品种。

××正前进在增加它的销售网点的大道上，它也把三明治加入了它的食谱当中，其广告中“只有我们对鸡的烹饪才是正确的”这一口号十分有效。本公司估计XX将继续增加它的销售网点。而且，××一旦建立起了足够的销售网点，也许会采取更大的广告宣传活动，它绝不会满足已经获得的成果。

六、价格对比

可见，尽管竞争对手之间存在着价格差异，大路货或独特风味都存在溢价。对快餐食品的每个竞争对手来说，顾客接受着相同的价格——价值关系，而顾客对快餐食品餐馆的选择则是根据他们的口味、偏爱或地理位置而不是价格。

	低价餐	中价餐	高价餐
××公司	×××	×××	×××
××公司	×××	×××	×××
××公司	×××	×××	×××
××公司	×××	×××	×××
××公司	×××	×××	×××
××公司	×××	×××	×××
××公司	×××	×××	×××

建议在××××年××月将售价提高3%—5%。

七、问题与机会

问题：

1. 通过现场实验发现，顾客对本公司潜在的新快餐食品评价不高；

2. 适于本公司开设新销售网点的潜在地盘十分有限；

3. ××企业在经营成年人快餐食品方面表现出了极大的潜力。

机会：

1. 市场调查表明，顾客将会对本公司即将推出的自由挑选全营养小果子面包作出积极的反应；

2. 本公司在非传统开店的场所开设的销售网点相当成功。

八、营销行动

本公司处在一个平淡无奇的年份里。今年，它既没有为占领成年人市场推出一种新品种，也没有跟上竞争对手增设销售网点的步伐。本公司正准备检验一些新的市场观念。这些新的市场观念既能满足那些喜欢本公司传统快餐食品的顾客，又能满足那些喜欢标新立异、期待快餐食品有所变革的顾客。

本公司今年的目标除了保证全营养小果子面包出现在所挑选的市场上之外，其他产品都应保持原有市场占有率。为了实现这一目标而采取的主要行动有：

不断加强对儿童的市场营销活动，以增强本公司对儿童的凝聚力；

继续进行幸福快餐的促销活动，继续增加本公司的游乐场数目；

以成年人细分市场为目标市场进行促销活动，每6个月组织一次促销性游戏；

在东北部和西海岸地区的大城市市场引入全营养小果子面包，并组织一次广播电台广告宣传活动，对全营养小果子面包进行大张旗鼓的宣传；

在成年人中开发出具有较强的顾客忠诚性的几种新观念；

以新思想进行市场试验，重新推出快餐食谱——双层干酪包，这种双层干酪包曾经是20世纪60年代流行的食谱，广告宣传着重“×× ××伴随我一生成长”；

继续增加在非传统设店的场所开设销售网点的数目。

九、次要行动

1. 扩大适合于地区合作团体用于他们自己的广告宣传活动的素材量；

2. 增加本公司主办的体育活动及其有关活动的次数；

3. 增加本公司媒体露面的次数；

4. 发布有关本公司快餐食品营养成份及含量的新闻报道。

十、市场定位

本公司是一个为家庭和成年人备办早餐、午餐和晚餐的快餐食品店。尽管汉堡包是主要产品，但本公司将努力推出可供顾客挑选的、花样繁多的食谱。本公司打算增设更新食谱并增设服务场所，以更好地满足不同顾客的口味。

十一、营销策略

1. 广告宣传活动

本公司将继续以重金作广告宣传，费用额将是最大竞争对手的 3 倍到 4 倍，以期获得更大的市场占有率。计划主要强调：

儿童导向型广告将在晚上和周末电视节目中以及在成年人广播电台节目中播出。这一广告宣传运动将分季进行：

第一季度：做成年人导向型游戏促销广告；

第二季度：在目标城市市场开展向顾客介绍各种全营养小果子面包的宣传活动。在非目标市场大做“这是×××绝佳风味”的黄金时刻广告。

2. 促销策略

尽管上两次促销最终提高了销售，但昙花一现，很快地又回到了一般水平。调查表明顾客认为促销的游戏活动太复杂。

今年，促销工作的担子重大，在游戏促销上的成功是至关重要的。因为今年快餐食品厂没有什么花样翻新，可能使销售有所下降，所以促销必须尽可能使这种潜在的销售下降不成为现实。促销活动的游戏必须比上次的简单，以便更多的人参与。

本公司委托了一个专业促销咨询公司帮助他们设计一些规则简单的游戏。有三个游戏正在小范围的顾客群中进行实验。在游戏中获得高分的消费者不仅可以获得快餐食品奖而且还有中大奖的机会。这些大奖包括涉外旅行和小汽车。这种促销已经提上议事日程，将于第一季度与顾客见面。

3. 店内促销（略）

4. 店堂陈设（略）

5. 公共关系

今年计划举行 3 次大型的公关活动（略）

6. 包装策略（略）

7. 市场研究

即对新快餐食品和各种分销策略进行市场研究。

（1）对新快餐食品的市场研究活动；

（2）对各种新分销选择进行市场实验。

8. 地区合作团体策略

9. 销售网点策略

本公司将继续在下列地区增设销售网点和特许经营店（略）

十二、寻找商机

本公司预测有××%的销售增长。由于快餐食品市场××%的增长和预计本公司增加××%的销售点，如果本公司能够保住目前顾客对它的忠诚度的话，那么××%的销售目标应该能够实现。

本公司的两类关键顾客：

一是……

二是……

十三、时间表——第一季度

在下面的时间表中，假设本公司将在执行这一计划前的3周通知它的销售网点。

××公司第一季度促销活动

活动项目	关键日期	数量	费用（万元）
元月			
儿童节目广告	全月	250	1500
游戏促销广告	全月	400	2500
……			
……			
……			
……			
二月			
……			
……			
……			
高校全明星赛	4月23日		
新“快餐”论坛	4月23日		
……			

十四、关键风险

本公司有重要的新产品投放市场，这还是4年来的头一次。因此，不敢断言这一计划将对克服这一缺憾有多大作用，是否会产生足够的影响。

××和××两个公司都在引入新产品或采用新的促销方式上犯了不可饶恕的错误，两家企业眼下都陷入了令人绝望的境地。然而，痛定思痛，他们也会孤注一掷，铤而走险。其中一两家有可能采取不为本公司所知的重大行动。

今年，本公司可能找不到可容纳300个新设销售网点的场所。这对今年乃至将来的销售都将是不利的。

营销策划书

（一）营销策划书的基本含义

营销策划书是企业根据市场变化和企业自身实力，对企业进行整体规划的计划性书面材料。

（二）营销策划书写作要点

撰写营销策划书时要注意以下几个方面：

1. 标题。标题通常由两部分组成，即策划的对象名称和文种。

2. 文头。文头部分要写清策划案的名称、策划者的姓名、策划案完成的日期、策划案的目标。

3. 正文。正文通常由策划案的详细说明、市场状况分析和策划案三部分组成。在策划书中，市场状况分析要写清产品市场规模、竞争品牌的销售量与销售值的比较分析、竞争品牌市场占有量的比较分析、竞争品牌促销活动的比较分析、竞争品牌公关活动的比较分析等。

（三）格式范例

“××鞋业”郑州市场行销与广告策划案

名称：“××鞋业”郑州市场行销与广告策划案

策划单位：河南省××广告有限公司

策划人：×××　×××

撰稿人：×××

完成日期：××××年××月××日

一、前言

随着改革开放的逐步深入与市场经济迅速发展，人民群众日常消费品的消费需求也日益加大，商品市场出现无限商机。

作为河南省省会的郑州，几年来，在河南省委省政府的努力推动下，商贸城的建设已初具规模，郑州人民也在外部强势冲击力的影响下，逐步接受了许多新的消费观念，而大规模的鞋业连锁经营在河南尚属首次。对于这样一个新生事物，消费观念逐步开放的郑州市民必将给其以更多的关注，它对喧嚣的商城也必将注入一股清新的空气。

从××鞋业5年来的发展状况看，××在规模上的发展是较为迅速的，它代表着未来中国零售业的发展方向，前景异常广阔。但就目前而言，尤其是针对一个区域市场来讲，如何充分发挥团体以及规模优势，最大限度地开拓市场，才是至关重要的问题。

另外，从宏观方面来看，加速发展连锁经营已是势在必行。

首先，入世后的中国零售业市场，面临外资零售业巨头的挑战。

其次，国家外经贸部目前已透露：将外商投资零售商业企业试点区域扩大到全国省会城市、直辖市、计划单列市和经济特区，进一步加快对外开放步伐。

再次，目前，国内的重点零售企业还在亏损与负债中硬撑门面，但全国的不少城市已被国外零售商相继抢滩登陆了。在这种形势下，加快发展步伐，树立品牌形象，抢在外资巨头大规模“入侵”以及其他国内重点零售业“苏醒”之前尽快占领市场已是大势所趋。

因此，在郑州这样一个商厦林立、超级市场繁多、批发市场混乱的内陆城市，如何才能使××鞋业从诸多商场中脱颖而出独占鳌头呢？

（一）本建议的主旨

1. 让更多的人树立连锁经营店购物的消费观念；

2. 连锁经营要突出购物方便，服务周到的特色；

3. 规模经营，降低成本，价格低廉；

4. 统一配货中心，质量可靠，渠道顺畅，款式新颖；

5. 免费维修，解除后顾之忧；

6. 扩大××鞋业的影响力，树立××鞋业的品牌形象。

（二）本策划书建议实施期

自1999年11月1日至1999年12月1日。

（三）本策划书广告预算以70万元为范围。

二、市场信息

（一）市场性

1. 鞋作为生活消费品，对于每个人而言都必不可少，且每人日常拥有量在4～8双之间。

2. 由于收入差别决定了消费层次的差别，高、中、低档鞋的市场被人为的购物环境所分割。

3. 大商场内存在加价的随意性和质量的以次充好，使人们逐渐对综合性商场的鞋的质量产生怀疑。

4. 批发市场的鱼目混珠现象使许多消费者望而却步。

5. 售后服务工作在此行业尚未引起商家重视，对于消费者是可望却不可及的事情。因此可判断鞋业连锁经营的市场发展已经到了可开发的阶段，并且可预计市场的起飞期将迅速来临。

（二）商业机会

1. 近几年，郑州各大商厦除极个别之外，普遍处于亏损状态，市场攻势受挫。

2. 在目睹了××商场由盛到衰的迅速蜕变之后，郑州人的消费观念正日趋理性。

3. 由于近年来郑州商业零售市场比较混乱，所以预计在发动强大宣传攻势的两个月之后才能树立起较为清晰的品牌形象。

4. ××鞋业有着良好的竞争优势和先进的连锁经营模式，在各个商场广告投入量均处于弱势期内发起强势攻击，着重宣传××的与众不同之处，即运用USP理论指导宣传与攻势，足可起到立竿见影之效。

（三）市场成长

1. ××鞋业5年来的良好业绩，可说明连锁经营导入市场的安全性。

2. ××鞋业导入市场后受到普遍性地接受，说明了传统经营模式的缺陷以及连锁经营的发展前景之广阔。

3. 鞋业属生活必需品，连锁经营普及后的市场量及市场规模庞大。

4. 生活水平的提高，收入中上阶层迅速增多，且更注重生活质量的提高以及购物过程的便捷性和购物环境的舒适性。

（四）消费者接受性

1. 鞋类销售市场较为杂乱，处于群龙无首的状态。

2. 连锁经营属新生事物，容易激起人们的好奇心理。

3. ××鞋业的USP和浓郁的企业文化可给受众以深刻印象。

三、市场研究

（一）设定对象

1．“0—10岁”：此年龄层属无购买能力或不能决定购买场所的人，予以排除。

2．“11—17岁”：此年龄层忙于上学及或升学考试，但自主性或自立性已较强烈，成为影响家长购物决策的重要力量。

3．“18—28岁”未婚男女：正处在恋爱季节对穿着较为重视，在此方面的开销较大，乃为重要对象。

4．“29—50岁”已婚女性：不仅自身对穿着重视，而且会决定“0—10岁”儿童乃至“11—17岁”少年以及6中已婚男性的购买，乃为重中之重的对象。

5．“29—50岁”已婚男性：此层人群家庭压力较大，工作繁重，不会花费许多时间去购买，至多是陪同，乃次要对象。

6．“50岁”以上：除了特殊身份（如高级主管）外，在此方面不会过于重视，然而由于鞋是必需品，仍不失为一潜在消费群体，但至多列为次要对象。

（二）市场预估

1. 导入期市场：以“18—28岁”未婚男女和“29—50岁”已婚女性为潜在目标消费群，其中以20%的中上阶层为主要目标消费群。

2. 成长期市场：加上“11—17岁”少年以及“50岁”以上老人为目标群。

3. 饱和期市场：再加上“29—50岁”已婚男性，为目标群。

（三）竞争环境

1. 竞争对象

（1）市内各大商厦及周边鞋城均为竞争对象，但大部分商场处于亏损或负债状态，市场攻势不强，应把×××（品牌名称）列为主要竞争对象。

（2）××鞋业以全新面孔出现，经营方式灵活，应占据或逐步扩大郑州市鞋业高、中、低档消费市场。

2. 广告力量

（1）×××（品牌名称）等商场以前多投入POP方行，现多投报纸广告。

（2）××鞋业宜从电视、户外、报纸、杂志等方面发起高密集度的全面攻势。

3. 竞争分析

(1) ×××(品牌名称)系先导品牌，自有其稳固地位。

(2) ××鞋业尚处前期导入，品牌宣传阶段。

(3) ×××(品牌名称)在郑州的购物场所中已取得暂时的领导地位。

四、消费者研究(潜在目标消费群体)

(一) 动机

1. 尝试新的消费方式。

2. 享受周到服务与公平价格。

3. 感受连锁经营下购买环境与文化理念。

(二) 性格

1. 容易接受新生事物。

2. 追求时髦，紧随消费潮流。

3. 购物挑剔，但对价格不是非常关心。

4. 注重生活质量，希望与众不同。

(三) 习惯

1. 不定期地大量购物。

2. 喜欢逛商场。

3. 一般不与小商贩讨价还价。

五、营销上的不利点与有利点

(一) 不利点

1. 主要竞争对手占领市场时间长，市场强，财力足，市场影响力大。所以我们必须在营销策略广告表现上均采取超高格调，并使用高密集的预算战略来克制竞争对手。

2. 消费者习惯于到百货商场及综合性商场购物。

(解决办法)

引导消费者树立新的消费观念，让其明白片面追求方便会付出价格高与质量次的双重代价，以瓦解竞争市场现有实力。

3. 初期目标较大，不易达成。

(解决办法)

运用攻击性的宣传主题，以 USP 忠实顾客，争取客户。

4. 产品单价低，开发费用过弱

(解决办法)

针对主要目标消费群，采取多方攻势，以求量与质的密集效果，甚至在第一期登陆成功后，追加预算乘胜追击。

（二）有利点

1. 连锁经营，成本较低。

2. 规模经营，易产生知名度。

3. 品牌代理，无质量问题。

4. 其他商场经营有缺陷。

5. 售后服务良好，以取得受众信任。

六、营销途径

（一）导入期的途径

指导原则：在全面发起高密集度的广告宣传攻势的同时，辅之以独特的营销及促销策略。以下是8种营销策略，可全面同步进行，亦可有选择地配合广告推进来进行。

1. 以“穿好鞋来××啦!”为倾诉主题，以《××报》广告为辅助，在商场门口或大厅展开促销活动，以吸引客户。此处需与极具吸引力的报纸广告、夸张性的平面广告以及专业的服装界人士密切配合。

2. 赠单只文化鞋：设计制作出极具个性和表现力以及较高文化品位的装饰鞋（亦可实穿）赠给客户，以传播××鞋业的文化理念经营理念与经营模式，并可在一定程度上扩大销售。

3. 赠××袜：根据产品互补性原则，设计制作出精美的××袜，赠送给顾客。（此乃配合性小活动，可有多种选择）

4. 征文活动：与××报社或××早报报社联办主题为“鞋的故事”征文活动，融亲情、爱情于一体，借以弘扬××文化，扩大××的社会影响力和社会美誉度。

5. 寻鞋活动：在全郑州市乃至全省范围内展开“寻找最老的鞋”的活动，掀起一股潮流。可从历史式样等方面把关，而后在此基础上举办“××鞋业文化展”。

6. “××模式”宣传月：在郑州市各大公司广场举办“××鞋业”、“××模式”宣传活动。

7. 公益活动：在郑州市各重要十字路口警亭处设置“××便民服务站”，设置水瓶、水杯、气筒等物品，并与下岗职工相联系，以设置宣传点。

8. 高校巡礼：以赞助或承办“河南省首届高校毕业生就业培训系列报告会”的形式，在河南省各个高校进行巡讲，以宣传连锁经营，弘扬××理念。

如活动可以安排在国庆节及元旦节，则上述活动可与大环境相结合，扩大宣传攻势。

(二) 成长期的途径

该步行动应在导入期结束之后，对前期工作作一全面检测与评估，再行安排巩固性的宣传与广告攻势以及长期性的营销策略。

七、广告创意

(一) 指导原则：追求与众不同，标新立异，产生强烈的吸引力和震撼力。

(二) 设定战略

1. 为造就高的广告注目率，使用极具杀伤力的否定攻击法。

2. 为诱发消费者需求及加速购买行动的感性诉求及利益催促法。

3. 为提高差异性的肯定法。

4. 为增进广告记忆，使用“一步一个脚印”的音效与字体的突出表现。

(三) 广告主题

1. 电视篇

画面一：一健壮的成年人背着行囊在山间小路上前进，满脸汗珠，但步伐强劲有力。

画外音：“阔步前进!”

画面二：一年轻漂亮的小姐与一男士在跳舞（重点突出女郎），舞姿优美，面带微笑。

画外音：“轻舞飞扬!”

画面三：一西装革履的商人神采奕奕地走进会议室，脚步铿锵有力，满脸自信。

画外音：“足下生辉!”

画面四：一群儿童在做游戏，口唱儿歌“你拍一，我拍一，穿××布鞋，真开心”，天真烂漫，活泼可爱。

画外音：“健康成长!”

画面五：一足球运动员在球场上带球疾进，大力抽射，球应声落网。

画外音：“步步为赢!”

(注：以上画面均把人物脚部设为特写。)

画面六：[××（品牌名称）标志]（字幕）××鞋业，连锁经营（字幕叠加，转换颜色）××，一步一个脚印!

画外音：(男中音，浑厚有力)：“××，一步一个脚印!”

2.户外篇

方案一：

(1) 市区灯杆悬挂之条幅："您知道吗，××（品牌）来咱郑州啦!"、"××（品牌名称），一步一个脚印!"

另外，设计制作两支超规格鞋的模型，固定在条幅的两边，造成立体感，给人以强烈的视觉冲击力。

(2) 设计制作一只巨型模具鞋，悬挂在××广场显要位置，模型上可打上"××，一步一个脚印!"及××标志。

(3) 出租车：流动的出租车可到达市区的每一个角落，将会给更多的人带去××的信息。广告词统一设置，另可打上地址。

方案二：

(1) 把市区灯杆悬挂之条幅改制为一只大型模具（即一只鞋的模样，可视为皮鞋、布鞋或卡通鞋），外印广告词及标志，让郑州市的主干道上全部挂上"××鞋"，足可引起轰动效应及媒体关注。但此举易引起争议，有待进一步讨论。

(2) 与方案一中的1、2相同。

(3) 报纸篇。

因报纸广告要配合营销措施的进度投放，所以，在此暂不予设计报纸广告，有待活动内容确定后再行确定。

八、媒体预算

(一) 电视广告

从电视台的收视率潜在目标消费人群的分布与习惯以及广告效果等因素考虑，建议从××频道、××频道、××有线3家电视台来投放。

1.××频道

据1998年3月××频道郑州地区大规模问卷调查结果显示，90.26%的观众把××频道作为收看的首选频道。

××频道大套餐18次/天联播，15秒532次/月，报价66万元/月，优惠70%，合计19.8万元/月。

2.××频道

××热线前15秒，60次/月，报价10.5万元/月，优惠50%，合计5.25万元/月。时间：20:17－20:20（首播）；12:20（次日重播）

3.××有线

新闻后4次/天，一分钟专题，报价2000元/天，优惠53%，合计2.82

万元/月。

（二）户外广告

1. 市区灯杆悬挂条幅（3.5m×1.5m）：报价800元/周/条，优惠45%，440元/周/条，建议悬挂100条，4周时间，共计17.6元/月。

2. 巨型模型鞋悬挂费用另计。

3. 出租车：35元/辆/月，建议安排1000辆，合计3.5万元/月。

（三）报纸广告

考虑到郑州地区的实际情况，建议只投放《××报》。

《××报》，半版，报价3万元，优惠27%，即2.19万元，投放次数视每周促销活动量与周期而定，暂定为6期，合计13.14万元。促销活动费用另计。

2. 市场调研

市场调查管理制度

第一条　目的：

为对市场信息进行有效的管理，做好市场预测、提高公司经济效益，特制定本办法。

第二条　工作组织：

市场调查及预测由销售科，研究所、计划科、信息中心等有关部门参与共同完成此项工作。

第三条　调查国内各厂家同类产品在国内外全年的销售总量和同行业年生产总量，用以分析同类产品供需饱和程度和本公司产品在市场上的竞争能力。此项资料每年6月前由工厂信息中心提供。

第四条　调查同行业同类产品在全国各地区市场占有量以及公司产品所占比重。此项资料每年6月前由公司信息中心提供。

第五条　了解各地区用户对产品质量反映、技术要求和主机厂配套意见，借以提高产品质量，开发新品种，满足用户要求。此项资料由全质办和研究所分别在每年6月前提出。

第六条　了解同行业产品更新及其改进方面的进展情况，用以分析产品发展新动向。此项工作由研究所在每年6月前提出。

第七条　预测主机配套，全国各地区及外贸销售量，平衡分配关系，此项工作由销售部在当年6月前予以整理并做出书面汇报。

第八条　搜集国外同行业同类产品更新技术发展情报，外贸对本厂产品销售意向，国外用户对本公司产品的反映及信赖程序，用以确定对外市场开拓方针。国外技术更新资料由研究所提供，外贸资料由销售科提供。

第九条　抽样调查：对各类型用户进行抽样书面调查，征询对本厂产品质量及销售服务方面的意见。根据反馈资料写出分析报告。

第十条　组织公司管理人员、设计人员、销售人员进行用户访问，每年进行一次，每次一个月左右，访问结束，填好用户访问登记表并写出书面调查汇报。

第十一条　销售人员应利用各种订货会与用户接触的机会，征询用户意见，收集市场信息，写出书面汇报。

第十二条　搜集日常用户来函来电，进行分类整理，需要处理的问题应及时反馈。

第十三条　不定期召开重点用户座谈会，交流市场信息，反映质量意见及用户需求等情况，巩固供需关系，发展互利协作，增加公司产品竞争能力。

第十四条　建立并逐步完善重点用户档案，掌握重点用户需要的重大变化及各种意见与要求。

第十五条　市场调查用户预测所提供的各方面资料，销售部应有专人负责管理，综合、传递并与工厂信息中心密切配合，做好该项工作。

市场调查管理办法

第一条　目的：

为充分掌握市场动态和对市场调查进行规范化管理，特制定本办法。

第二条主管：

本公司市场调查由广告宣传部市场调查室主管，有关部门应予以通力合作。

第三条　决策：

由市场调查室制订市场调查实施方案，上报广告宣传部计划委员会决定。

第四条　调查方法：

市场调查方法根据具体情况和具体计划来确定，原则上采用常规方法。

第五条　报告书：

市场调查报告书不得擅自向其他公司公开和透露。市场调查报告书由市场调查室起草或撰写，其具体内容如下：

1. 调查目的。

2. 调查方法。

3. 调查对象或调查对象分组情况。

4. 调查规模。

5. 调查项目。

6. 面谈调查。

7. 抽样调查。

8. 调查用表。

9. 其他与调查有关的情况与结果。

第六条　报告书附件：

由市场调查室撰写或编辑附件，附件内容不限。一式若干份，分送各分部门或分公司，作为研究资料。

第七条　销售记录分析：

在过去的记录的基础上，对商品的需求变动趋势进行比较分析，以指导未来的经营。需要分析研究的资料如下：

1. 营业旬报。

2. 营业月报。

3. 营业概况。

4. 收支实际情况表。

5. 经费开支报表。

6. 未承兑票据明细表。

7. 承兑票据明细表。

8. 银行往来账户明细表。

第八条　销售活动调查：

对销售活动的调查，主要包括以下几方面事项：

1. 对本公司在同行业中的地位进行调查。

2. 测定推销能力与效率。

3. 测定各地区市场潜力。

4. 计算各商品的销售量。

5. 计算或测算目标市场与结构容量。

第九条　流通渠道调查：

对销售机构，包括零售、批发部门进行详细调查，研究流通渠道以及本公司在流通渠道上的障碍，进而确定本公司流通渠道的长度与覆盖面。

第十条　销售费用分析：

在市场调查基础上，计算各项销售开支与费用，并确定合理的费用开支额度。

第十一条　消费者调查：

对消费者的调查主要包括：

1. 消费者地域人口分布。

2. 消费者受教育程度。

3. 消费者购买力情况（收入阶层情况）。

4. 消费者价值倾向调查。

第十二条　大宗消费者调查：

对大宗消费者或主顾，进行以下项目调查：

1. 对公司、厂家以及其他企业单位进行调查。

2. 对政府部门、社会团体等事业单位进行调查。

第十三条　商标地位调查：

对商标地位的调查分析主要有以下项目：

1. 对同行或同类商品商标的变化情况、变化地点以及变化时间，进行系统调查。

2. 调查经销单位对商标的意见。

3. 倾听消费者对商标的意见。

第十四条　批发部调查：

对批发部门进行如下调查：

1. 批发部门的地理位置调查。

2. 批发部门经营方针和政策调查。

3. 批发部门经营状况和经营条件调查。

4. 批发部门的市场占有率或覆盖面调查。

5. 批发部门的财务方针、习惯和信誉调查。

第十五条　产品与包装调查：

产品与包装的调查分析，主要包括以下几个方面：

1. 寻找或发现商品的新需求或新用途。
2. 对消费者所喜欢的外观包装进行调查。
3. 对新产品开发方向和内涵，进行研究和探索。
4. 寻找流通中不良品产生的原因。
5. 对消费者的质量评价进行调查。

第十六条　舆论调查：

为了弄清公司内外的舆论倾向，需要对下列项目进行调查。
1. 对公司经营的评价。
2. 测评公司的公关工作的效果。
3. 对公司商品销售地域的舆论进行调查。
4. 测评公司与交易伙伴的公关效果。

第十七条　市场动态分析：

对市场动态分析的内容是：
1. 一年以上的长期分析（预测）。
2. 一年以下的短期分析（预测）。
3. 其他必要的财政、金融和贸易市场趋势分析（预测）。

第十八条　价格调查：

在新产品定价时，事先应进行价格方面的调查：
1. 一般物价的涨落趋势。
2. 与代用商品的价格关系。
3. 竞争商品的价格调整趋势。

第十九条　批发市场调查：

对批发市场的调查范围如下：

1. 进货（供货）关系

(1) 年供货量、供货额增长率。
(2) 各供货企业、供货地区的供货量比例。
(3) 各供货企业、供货地区的供货额比例。

2. 支付方式，包括预付、现付和其他支付方式的比例；现金支付的比例。

(1) 批发商的进货期、进货间隔期、间隔期的长短。
(2) 批发商与供货企业的关系，有无特殊关系，关系如何。

3. 销货（批发）关系

(1) 各购货商业机构购货额比例。

(2) 各购货商业机构、购货地区的货量比例。

(3) 年购货量、购货额增长率。

(4) 货款回收方式，货款回收周期长短。

(5) 利润率变动情况。

(6) 购货方式以及各种购货方式（如上门定货、通讯定货和现货交易等）的比例。

(7) 呆账比率增长率。

(8) 退货比率增长率。

(9) 与购货商业机构的关系，有无特殊关系，关系如何。

4. 经营状况

(1) 广告宣传的方法。

(2) 广告宣传费占销售收入的比率，以及比率的增减情况。

(3) 商品周转率或商品周转速度。

(4) 营业开支情况。

(5) 月平均库存情况，包括库存增减趋势，各商品库存增减趋势。

第二十条　一般消费者调查：

一般消费者调查的内容包括：

1. 消费者的实际情况，包括职业、年龄构成、收入等。

2. 消费者的态度、价值观、意识以及舆论倾向。

3. 购买动机和购买方式。

4. 对广告宣传的态度，包括对各种广告宣传媒介，如电视、广播、报纸杂志的态度。

第二十一条　通过零售商调查：

通过零售商可以了解下列消费情况：

1. 在该地区、该商店的销售量。

2. 对本公司商品的质量、价格有何评价与希望。

3. 有关该地区消费者需求倾向，以及广告宣传的问题和消费问题。

第二十二条　零售店调查：

对零售店需就下列问题进行调查：

1. 与批发商的关系，包括从哪家批发商购进商品，与批发商的地理联系如何，对方是否负责运送。

2. 零售店所处的地域是住宅用地还是商业用地或者是工业用地。

3. 与生产厂家的直接联系如何，生产厂家提供何种便利，成立何种机构从事这项工作。

4. 零售店的规模大小，是新店还是老店，销售收入是多少，商品周转率和利润率水平是否稳定。

5. 在店面的宣传，包括特价销售、有奖销售和宣传品等，存在什么问题，舆论评价如何。

6. 零售店的有奖销售规模有多大，奖酬有多高，有多少人关注。

第二十三条　调查员的教育培训：

在实施调查以前，必须根据调查目的和调查内容，组织对调查员的教育与培训。

第二十四条　调查结果分析：

在对调查结果进行分析时，应注意下列问题：

1. 避免做出主观的判断，必须实事求是，以事实为依据。

2. 必须反复验证判断的正确性。

3. 必须注意有无例外情况，对可能存在的主要例外事件做出分析，避免判断失误。

4. 检查调查结果与事先假设是否一致。

5. 调查结果，包括调查资料，是否能对现实做出合理解释，与事实是否相符。

6. 不得以偏概全，随意推断，各结论都必须有可靠的事实支持。

第二十五条　市场调查计划：

市场调查计划的内容如下：

1. 调查问题的准备。

2. 调查用表的种类与形式确定。

3. 调查项目的确定。

4. 调查方法的选择，包括面谈、访问或邮寄调查。

5. 调查对象与调查样本确定。

第二十六条　市场调查实施程序：

市场调查实施程序包括以下要点：

1. 市场调查由广告宣传部主管负责，由市场调查室实施。

2. 年度调查方针，由市场调查室起草，董事会讨论，总裁决策。

3. 如果经营部和制订部需要对市场进行调查，必须向广告宣传部提出方案，方案一式两份。

(1) 调查方案正本经市场调查室主任，转交广告宣传部主管；副本直接提交调查室主任。

（2）调查方案每6个月为一期，即每年的2月和8月末，向市场调查科提交。在特殊情况下，可根据情况，临时向市场调查科提交。

（3）调查方案副本，等市场调查室的调查计划草案被批准后，返回经营部，以备联系、协调之用。

4. 市场调查以年度调查方针为基础，把各项调查工作，包括经营部的调查方案进行整理，分清轻重缓急，制订公司半年市场调查计划草案，上报广告宣传部主管。

5. 市场调查对象如下：

（1）一般消费者。

（2）批发商与批发机构。

（3）零售店与特约门市部。

6. 广告宣传部主管，根据年度经营方针，对半年市场调查计划草案进行检查或修正，如有必要可以召开有关会议进行讨论，完善调查计划草案，再上报董事会。一旦总裁批准计划草案，由市场调查室全权负责市场调查工作。

7. 市场调查室主任可根据具体实施程序和计划方案，决定具体的调查计划和调查方法，推进市场调查。

8. 市场调查室可按以下程序，对市场调查结果进行分析与整理：

（1）对调查资料、调查结果或调查用表进行整理和初步分析，然后汇总或编辑成册。

（2）对所收集的调查资料进行分类、分项目分析研究，并结合原始记录或历史等数据资料，进行对比研究。

（3）对所收集调查结果或调查资料的真伪、可靠性和误差进行计算和分析。

9. 市场调查室，在征得广告宣传部认可的前提下，撰写调查报告书。调查报告一式多份，分送各部门，包括制造、销售、总务以及广告宣传部主管指定分送的部门负责人。

10. 在必要的情况下，召开调查报告发布会。发布会出席人员为总裁、总裁助理、广告宣传部主管、研究开发部主管、经营销售部各级负责人、制造部各级负责人、总务部主管。发布会由广告宣传部主管主持并作报告，倾听各方意见。

个人调查操作规程

第一条　调查的主要项目：

先研究调查时间、调查目的、调查对象、调查方法等问题，然后再将其具体的策略进行检查分析，有效完成收集资料的工作，最后再整理资料，形成报告书。

第二条　调查的开展：

对于个人调查的开展，各调查员如果使用不关联的问题，报告者将会进行各种不同的判断，因此问题的规格必须做到统一。

第三条　调查监督员和调查员召开协议会议，将调查目的、调查方法、调查事项、回答书回收时间等充分协调，并对各项调查一致行动。

第四条　调查员的职责：

1. 调查员应对问题内容加以理解并确定问题顺序。

2. 研究要调查地区的地图、交通工具、调查对象等问题，力求投入最少的时间和精力收获最大的成效。

3. 准备调查用的印刷品。

4. 在进行实际调查时，要做到不看问题书也能顺利地提问。

第五条　以上各项准备完成后，才能在实际中实行，其方法主要有：

1. 接近方法

(1) 不得采取审问式的发问方式，要充分尊重回答问题者。

(2) 提前设计初次见面的问候，给人良好的第一印象。

(3) 调查时无论对方配合与否，都要随机应变，将调查工作做好。

2. 提问的方式

(1) 从第一个问题就可知道回答者对调查的问题有多少的关心度或者多少的知识，因此问题应该尽量平易自然。

(2) 使对方在不知不觉之中，进入调查的主题。

(3) 不对问题的内容进行说明。

(4) 按照问题书的问题顺序发问。

(5) 不问与主题无关的问题。

(6) 问题书里的问题应全部问完。

第六条　当对方的回答太离题时，应将其拉回主题，并注意表达技巧。

第七条　不和对方争论。

第八条　如果回答者对问题做了不适当的回答，自己应判断其说话的态度、真实性等，然后转向下一个问题。

第九条　对于“不知道”的回答，不可轻率加以处理。

第十条　如果有模棱两可的回答，应引导其回到“在原则上同意吗”等的回答上来。

第十一条　如果使用卡片，在对方书写时不可凝视，以便使对方能顺利填写，其时间应定为10分钟左右。

第十二条　遵照调查监督者的指示，忠实地实行调查事项。对于回答偏向一方，在无意识的情况下造成的错误，不能完全达成调查目的等事项，要尽量避免。

第十三条　对有较强的判断力和理解力的被调查者，调查员在进行调查时，要随时作出正确的判断和理解。

第十四条　调查员必须要有丰富的常识，如果缺乏常识，就不能得到正确而满意的调查结果。

第十五条　要向对方说明对其回答是绝对保密的，以便取得其信任。

第十六条　如果因记录而导致对方拒绝回答，就应该放弃记录，而将其谈话内容记在大脑里，离去后再做记录。

第十七条　如果对方并不反对记录，可以将问题书取出，表示调查员并不会加入自己的意见，而是要将回答忠实记录。

第十八条　确实听取被调查者所说的话，并迅速确实地记录。

第十九条　避免漏掉记录。调查员不可因疏漏而造成调查不准确。

第二十条　对于对方的性别、职业种类、年龄、家族关系、财产关系、教育程度等，均要做好记录，并严守秘密。

第二十一条　调查结束后，应对被调查者表示谢意。

第二十二条　依照上列事项，在当天还应进行下述整理工作：

1. 整理问卷。

2. 进行回答者的观察记录。

3. 整理调查对象表。

4. 撰写当日的报告书，向调查监督者报告。

市场调研计划表

地区：__________

调查区域	
调查时间	
调查目标	
调查内容	
考虑因素	
方法设计	
预定进度	
人力分配	
预　　算	
其他方面	

主管：　　　　　制表人：　　　　　制表日期：　　　年　　月　　日

3. 调研信息

竞争对手调查管理办法

第一条　营业状态是竞争对手经营状况的直接反映，调查员须认真加以观察分析。

第二条　判断营业状态的基准有：

（1）营业情况；

（2）与交易户的关系；

（3）与交易银行的关系。

第三条　“营业情况”范围较大，要择定重点，不可只从表面上进行判断。

第四条　从“交易往来关系”可以判断其进货在质量上、信用上是否有问题。

第五条　“与交易往来银行的关系”虽然在调查上有一定难度，但其情报价值极为突出。

获取相关经营者的情报信息

第六条　尽管经营者的情报一般很少变化，但是仍须认真分析，以获取其中有价值的信息。

第七条　对经营者的评价通常是调查中最困难的一环，因此在情报处理中要有充分的准备。

第八条　对经营者的评价有三个基本要素，即经验、能力和性格。

第九条　“经验”并不只意味着经历。经营者自身的实绩和风格也是非常重要的评估资料。

第十条　能力有许多的要素，行销能力、劳务能力、计数能力、管理能力、金融能力等是主体，可从日常的营业活动中加以认识。

第十一条　经营者的性格可以通过其营业员的言行加以判断。

从财务状况中获取情报

第十二条　从资产负债表中可以了解对方的资产构成情况和运行状态。

第十三条　通过财务报表可以有更为准确的判断。

第十四条　现金入账、支票付款期等，则可了解竞争对手的财务状况。

第十五条　商品的库存量是了解对方的重要情报，不仅要调查出其实际的库存量，还要争取调查到其入货、出货的情况。

第十六条　要克服经费和人员问题而尽量对竞争对手全部交易往来客户进行调查。

销售动态调查管理办法

第一条　调查目的：

企业间竞争日趋激烈，这对企业的经营管理提出了更为严格的要求。为了建立切实可行的经营方针和措施，必须尽可能详细而具体地对营销现场进行调查。

第二条　调查中的注意事项：

1. 填写应实事求是，力求客观与及时。

2. 必须注明填写日期和时间。

3. 如果没有充足的时间来观察并填写，可以采用“瞬时观察法”，事先规定一个观察间隔时间，每一小时或每两小时观察一次，依据概率来推断总体情况。

4. 在填表之前，把观察和推断的具体事项，填写在表头。

第三条　调查项目说明：

1. 关于店铺布局调查表

(1) 商品陈列格局须经常进行合理调整，目前格局须如实记录下来。

(2) 如果需要对店铺布局进行调整，则须把调整的设想绘成图表。

2. 关于顾客调查表

(1) 参考有关商品分类的规定，然后对现有分类进行研究、分析，以确定适宜的分类办法，并据此对顾客购买行为进行调查。

(2) 对于难以归类的商品，须作为例外处理。

(3) 对顾客购买行为进行观察，应以30分钟为一个观察期。

(4) 对顾客年龄段的划分，应切合实际。

(5) 对于顾客的职业，通常划分为“学生”、“家庭主妇”、“办事员”、“蓝领阶层”、“白领阶层”、“无业人员”、“自由职业者”、“其他”。但具体划分时，必须进行分析，尤其要结合所推销的商品进行分类和分析，以做出切合实际的判断。

(6) 以各类顾客的总和为100%，计算各类顾客的百分比。

(7) 再以"一人来买"、"二人来买"、"三人来买"进行分类，计算相应的百分率。

(8) 在此基础上，进一步按各类商品计算。

(9) 进一步观察记录顾客的购买行为，并与邻近的商店进行对比研究与分析，确认同样的顾客在邻店与本店的购买行为有何不同。

(10) 顺便记录顾客其他方面的情况。

3.关于商品调查表在各种商品分类的有关栏目中，填写商品的具体特征，尤其是区别于同类商品的明显特征。

第四条　顾客流量的调查：

对于顾客流量的调查，要做到客观、准确，应根据公司实际情况做出具体规定。

第五条　店铺布置调查：

对市场上各类相关店铺地理位置及经营状况要有详细的分析，并上报相关部门进行处理。

第六条　顾客购买行为调查：

要对不同季节顾客的购买行为进行充分的调查，调查要详细、具体，不能走过程。

第七条　顾客流量调查：

顾客流量调查应根据不同的时间段来进行，对时间段的划分尽量做到细化，从而使调查结果客观准确。

第八条　顾客类型调查：

顾客类型的调查应根据不同的时间段进行综合划分，不能以点带面。

第九条　顾客构成调查：

对顾客的构成要详细分类，尽量做到细化。

第十条　顾客购买动向调查：

第十一条　顾客购物行走调查：

第十二条　畅销商品销售调查：

对畅销商品的调查应该把握时效性，并要对各种情况进行综合考虑。

第十三条　顾客购物数量调查：

第十四条　工作内容调查：

第十五条　顾客咨询记录：

企业信息来源分析表

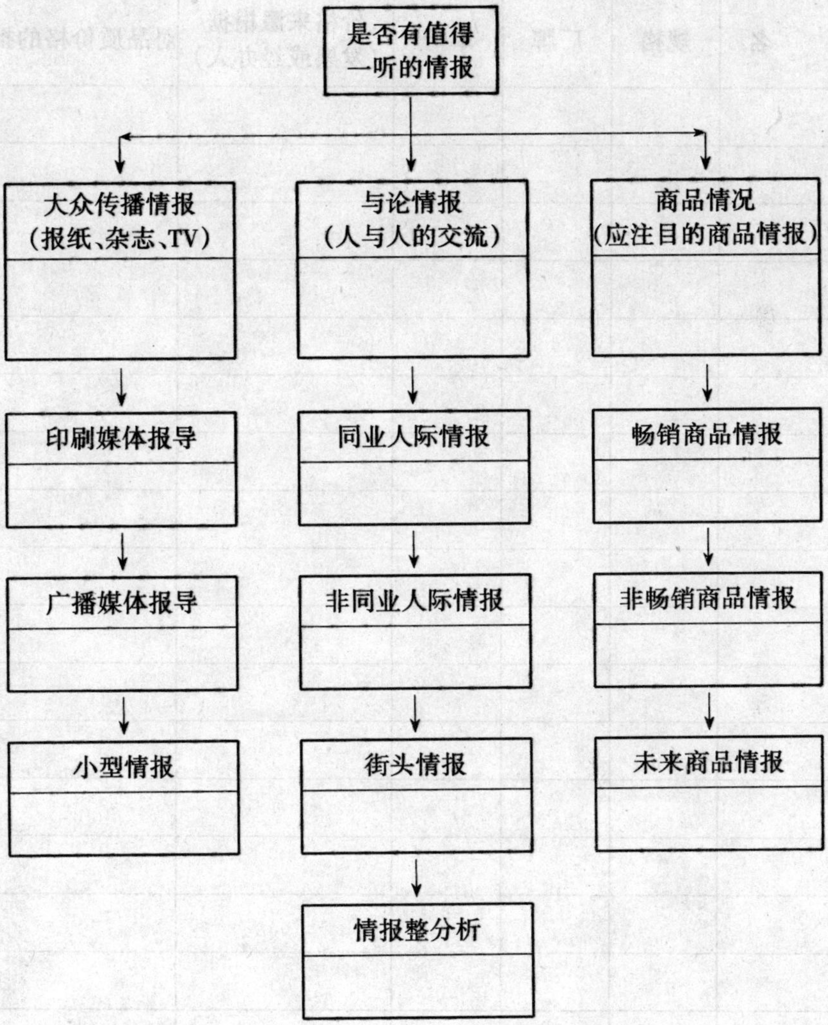

制表人：　　　　　　　　　　　　　　　　　　　　制表日期：

同类产品市场价格调查表

_____年____月____日

品　名	规格	厂牌	单价	价格来源根据（发票或经办人）	对品质价格的批评
说明					

营业主管：　　　　　　　　　　　　　　　　　　制表人：

同类产品竞争厂商调查表

地区	调查人姓名		开会检讨日	
竞争厂商名称				
公司地址				
工厂地址				
业务人员姓名				
学历、年龄				
服务时间				
业务院的口才				
行销能力				
业务员给客户印象				
业务的方针及做法				
待遇				
销售的对象				
代理商名称				
产品的种类（特殊规格）				
产品的性能				
产品的品质				
产品的价格				
市场占有率				
其他				

主管：　　　　　　制表人：　　　　　　　　　　制表日期：　　年　　月　　日

市场各地区竞争产品价格调查表

地区：

调查地点		
地址		
品名（含：进口商）		
与本公司类似品牌		
规格		
陈列位置优劣	□优	
	□中等	
	□劣	
包装样式		
零售商		
陈列数量		
备注		

主管：　　　　制表人：　　　　制表日期：　　年　　月　　日

产品市场占有率分析表

产品名称	推出日期	销售年数	获利率	市场占有率	价格	品质	外观	竞争产品	竞争产品差异性	产品改良情况	其他

主管：　　　　制表人：　　　　制表日期：　　年　　月　　日

消费者意识变化分析表

○总括

消费者意识变化关键重点	公司应对关键重点

○消费者社会构造的变化

（高龄化社会、女权时代、年轻人社会、国际社会、小家庭化、个人社会）

○消费者生活意识的变化

（重视个人生活、重视个性、自我主义）

○消费者生活价值的变化

(女性重视工作、文化提升、健康导向、休闲导向、美食主义)

○公司的应对、分析

主管： 制表人： 制表日期： 年 月 日

消费者购物情况调查表

顾客分类 / 商品分类	购买	看而没购货	看看而已	匆匆而过	其他
商品 1					
商品 2					
商品 3					
商品 4					
商品 5					
商品 6					
商品 7					
商品 8					
商品 9					
商品 10					
商品 11					
商品 12					
商品 13					
商品 14					
商品 15					
商品 16					
商品 17					
商品 18					

主管：　　　　制表人：　　　　制表日期：　　年　　月　　日

顾客流量调查表

时间 人数 商品		8	9	10	11	12	13	14	15	16	17	18	19	20	21	22

主管：　　　　　制表人：　　　　　　　　制表日期：　　年　　月　　日

顾客构成调查表

项目		商品								
1	性别（%）	男								
		女								
2	年龄（%）	6岁以下								
		7－15岁								
		16－18岁								
		19－22岁								
		23－25岁								
		26－35岁								
		36－40岁								
		41－45岁								
		46－50岁								
		51－55岁								
		56－60岁								
		60岁以上								
	学生（%）	小学生								
		中学生								
		高中生								
		大学生								
	主妇（%）	农家								
		普通人家								
		知识分子								
		个体户								
		公务员								
	职业（%）	白领								
		蓝领								
		教师								
		公务员								
		个体户								
		艺术家								
		无业								
		其他								

主管：　　　　制表人：　　　　制表日期：　　年　　月　　日

顾客购买动向调查分析表

商品 时间	商品 1		商品 2		商品 3		商品 4		购买	不买	购买率	备注
	购买	不买	购买	不买	购买	不买	购买	不买				
上午 7 时												
上午 8 时												
上午 9 时												
上午 10 时												
上午 11 时												
上午 12 时												
下午 1 时												
下午 2 时												
下午 3 时												
下午 4 时												
下午 5 时												
下午 6 时												
下午 7 时												
下午 8 时												
下午 9 时												
下午 10 时												
合计												
购买率												
记事												
部门主管				单位主管					填表人			

制表人： 制表日期： 年 月 日

顾客购买数量调查表

单位：元

商品 商品名	人均购买量	人均消费金额	商品平均单价
商品 1			
商品 2			
商品 3			
商品 4			
商品 5			
商品 6			
商品 7			
商品 8			
商品 9			
商品 10			
商品 11			
商品 12			
商品 13			
商品 14			
商品 15			
商品 16			
商品 17			
商品 18			
商品 19			
商品 20			

制表人：　　　　　　　　　　　　　　制表日期：　　年　　月　　日

顾客咨询内容记录表

商品名称	询问内容	回答所用时间	回答内容

制表人：　　　　　　　　　　　　　　制表日期：　　年　　月　　日

产品市场占有率预测表

地区：　　　　　年度：

月份	本公司		公司1		公司2		公司3……	
	金额	占有率	金额	占有率	金额	占有率	金额	占有率
1								
2								
3								
4								
5								
6								
7								
8								
9								
10								
11								
12								
合计								

主管：　　　　　制表人：　　　　　制表日期：　　年　　月　　日

市场开拓调查分析表

调查目的

预定加入行业的现状

↓

预定加入行业的市场动向

↓　　↓　　↓

市场规模分析	将来性、竞争的分析	设备、营运的分析

↓　　↓　　↓

事业化的可能性分析

↓

调查报告的概要

市场开拓调查表

市场调查		总市场规模	□市场入口
		对象分析	□对象年龄　□对象层面
		将来性	□消费者意识变化
业界现状调查		竞争状况	
		服务内容	□服务制度　□商品内容
		设备、设施	□设备　□设施
		营运制度	□营运　□流通
		先发企业之经营状况	□资金　□活动内容　□销售状况
事业化之可能性调查		职员的培育	
		提携可能性	
		销售额验算	
		经费验算	
		收支验算	

主管：　　　　　　制表人：　　　　　　　制表日期：　　年　　月　　日

市场总需求量调查估计表

调查单位：

摘要	品名区分		业绩					备注
			年	年	年	年	年	
统计资料	品牌	销售						
		指数						
	品牌	销售						
		指数						
	品牌	销售						
		指数						
相关资料	品牌	销售						
		指数						
	品牌	销售						
		指数						
	品牌	销售						
		指数						
公司资料	品牌	销售						
		指数						
	品牌	销售						
		指数						
	品牌	销售						
		指数						

主管：　　　　制表人：　　　　制表日期：　　年　　月　　日

市场畅销产品分析表

地区：

品　　名			
条　　件		项　　目	内　　容
门市条件	地区	靠近车站	
		近铁路沿线	
	门市	大型百货公司	
		综合市场	
		杂货店	
顾客条件	时间	平日营业时间	
		假日营业时间	
	年龄层	10 岁	
		20 岁	
		30 岁	
		40 岁	
		40 岁以上	
商品条件	畅销商品	商品种类	
		商品数量	
		销售柜台布置	
		销售柜台环境	
		商品特长	
		包装	
		品质	
		价格	
调　　查	评议	对销售人员的评议	
		对店长的评议	
		对消费者的调查	

主管：　　　　制表人：　　　　制表日期：　　年　　月　　日

市场产品营销分析表

<table>
<tr><td rowspan="10">产品分析</td><td>品质类别</td><td colspan="2">说　　明</td><td rowspan="10">竞争状况分析</td><td>厂牌</td><td>价格</td><td>等级</td><td>品质</td><td>外观</td><td>服务</td><td>信誉</td></tr>
<tr><td>功　　能</td><td colspan="2"></td><td></td><td></td><td></td><td></td><td></td><td></td><td></td></tr>
<tr><td>品质等级</td><td colspan="2"></td><td></td><td></td><td></td><td></td><td></td><td></td><td></td></tr>
<tr><td>外　　观</td><td colspan="2"></td><td></td><td></td><td></td><td></td><td></td><td></td><td></td></tr>
<tr><td>耐 久 性</td><td colspan="2"></td><td></td><td></td><td></td><td></td><td></td><td></td><td></td></tr>
<tr><td>故 障 率</td><td colspan="2"></td><td></td><td></td><td></td><td></td><td></td><td></td><td></td></tr>
<tr><td>使用难易</td><td colspan="2"></td><td></td><td></td><td></td><td></td><td></td><td></td><td></td></tr>
<tr><td></td><td colspan="2"></td><td></td><td></td><td></td><td></td><td></td><td></td><td></td></tr>
<tr><td></td><td colspan="2"></td><td></td><td></td><td></td><td></td><td></td><td></td><td></td></tr>
<tr><td></td><td colspan="2"></td><td></td><td></td><td></td><td></td><td></td><td></td><td></td></tr>
<tr><td rowspan="9">价格</td><td>产品名称
成本项目</td><td></td><td></td><td rowspan="5">市场动态</td><td colspan="7" rowspan="5">1. 顾客评价
2. 顾客转变状况</td></tr>
<tr><td>原料成本</td><td></td><td></td></tr>
<tr><td>辅助材料成本</td><td></td><td></td></tr>
<tr><td>人工成本</td><td></td><td></td></tr>
<tr><td>制造费用</td><td></td><td></td></tr>
<tr><td>制造成本</td><td></td><td></td><td rowspan="4">评定</td><td colspan="7" rowspan="4"></td></tr>
<tr><td>期间费用</td><td></td><td></td></tr>
<tr><td>总 成 本</td><td></td><td></td></tr>
<tr><td>获 利 率</td><td></td><td></td></tr>
</table>

主管：　　　　　　制表人：　　　　　　　　　　制表日期：　　年　　月　　日

人·物·财流动分析表

人员的流动 →	年轻市场动向 →	
	女性市场动向 →	
	中老年市场动向 →	
物的流动 →	销畅商品 →	
	长期性销售商品 →	
	流行商品 →	
	受注目商品 →	
	第二代商品 →	
钱的流动 →	金融动向 →	
	证券动向（股票） →	
	不动产动向 →	
	金钱动向 →	
	外汇动向 →	

市场商品单价调查表

地区：　　　　　　　　　　　　　　　　　　　　　　　　　　　　单位：元

时间	区域	供应商	单价	付款方式	进货量	估价单位	备注

主管：　　　　　制表人：　　　　　　　　　　制表日期：　　年　　月　　日

企业各销售地区市场销售状况统计表

销售状况 产品名称		年		年		年		年	
		销售额	成长率	销售额	成长率	销售额	成长率	销售额	成长率
产品1									
产品2									
产品3									
产品4									
产品5									
产品6									
产品7									
产品8									
产品9									
产品10									
产品11									
产品12									
营业额最高销售区	1								
	2								
	3								
	4								
	5								
成长率最高销售区	1								
	2								
	3								
	4								
	5								

主管：　　　　　制表人：　　　　　　　制表日期：　　年　　月　　日

市场客户巡回调查日报表

年　　月　　日

客户名称		地　址		电　话	
巡回调查日期	年　月　日	时　间	午　时　分		
别种产品品质		客户对本公司产品及别种产品的比较			
同业销售政策动向及市场情况	对本公司产品之希望及意见				
推销活动及其他活动情况		备　注			

部门主管：　　　　　　　　制表：

市场巡回调查状况月报表

单位：__________　　　　自　　年　　月　　日起至　　年　　月　　日止

市场别种产品品质价格和服务范围的分析		客户对本公司产品品质价格及服务范围的批评及希望综论	
同业的销售政策情形及分析		本公司对同业的销售政策应采取的政策及意见	
本公司本月份推销及巡回服务的情况	（1）推销：	（2）巡回服务：	
其他必要报告事项			

批示：　　　　　　　　单位主管：　　　　　　　　报告人：

市场同行业竞争企业比较表

企业 / 比较项目	本企业	企业	企业	对策	备注
自身条件					
经营范围					
企业形象					
经营方针					
产品构成					
销售品牌					
公司人员					
促销活动					
其　　他					

制表人：　　　　　　　　　　　　　　　　　　制表日期：　　年　　月　　日

企业产品市场性调查分析表

产品分类 / 市场性								
推出日期								
销售年数								
获利率								
市场占有率								
价格								
品质								
外观								
竞争产品								
竞争产品差异性								
产品改良状况								
代替品现状								
其他								

制表人：　　　　　　　　　　制表日期：　　年　　月　　日

企业产品形象分析表

（　　　　　　　　）

产品形象分析

报告人

（　　　　）

内容形象　　　　　　　　**包装形象**

☆等级	1.高级	2.中等	3.低级	4.庶民的	5.大众的	6.市场的	7.（　）
☆味道	1.好吃	2.难吃	3.浓厚	4.清淡	5.恰如其分	6.（　　　）	
☆颜色	1.鲜明	2.明亮	3.暗淡	4.沉重	5.柔和	6.清淡	7.（　）
☆香味	1.清爽	2.浓厚	3.舒服	4.不舒服	5.甜美	6.刺鼻	7.（　）
☆外形	1.大	2.小	3.袖珍	4.不精致	5.恰如其分	6.（　　　）	
☆注目程度	1.醒目	2.不显眼	3.华丽	4.女性的	5.大人的	6.孩童的	
☆个性	1.有个性	2.无个性	3.男性的	4.女性的	5.大人的	6.孩童的	
☆价格	1.贵	2.便宜	3.可再调高	4.再便宜			
☆陈列	1.显眼	2.不引人注目	3.太多	4.太少	5.易于取用	6.不易拿取	
☆							

好的印象

坏的印象

意外的印象

修改提案

4．调研结果

市场调查报告

（一）市场调查报告的基本含义

市场调查是就商品或劳务在从生产者到消费者的过程中所发生的有关市场营销问题的资料系统的收集、记录，进而进行认真地调查研究。市场调查报告就是在对调查得到的资料进行分析整理、筛选加工的基础上，记述和反映市场调查成果的一种商务文书。

（二）市场调查报告的基本种类

通常来说，市场调查报告包括以下几类：

1. 市场需求调查报告。市场需求调查报告主要是调查市场对本企业产品需求和影响需求因素的调查。

2. 竞争对手的调查报告。竞争对手调查报告主要就竞争对手的总体情况、竞争能力以及新产品的发展动向等进行调查。

3. 经营政策调查报告。经营政策调查报告主要就企业的产品、价格、广告和推销政策、销售和技术服务政策等进行调查。

（三）市场调查报告基本格式

市场调查报告通常包括标题、前言、正文和结尾四个部分组成：

1. 标题。市场调查报告的标题通常有单行标题与双行标题两种形式。单行标题又分为公文式标题和文章式标题。双行标题是在正标题之前加副标题。

2. 前言。市场调查报告的写法不要求一致，但一般前言部分要交代写作的目的或动机，介绍调查的背景、调查的基本情况等。常见的写法有下面几种：

（1）新闻式报道；

（2）提问解答式报道；

（3）概括交代式报道；

（4）议论引用式报道。

3. 正文。正文是市场调查报告的主体部分，包括调查情况和调查者的观点。正文部分要具备以下内容：

(1) 基本情况。基本情况要包括历史情况和现实情况。重点要放在对现实情况的介绍上，要求要如实地反映调查对象的现实情况。

(2) 前景预测。市场调查报告要对市场进行合理的预测，以便企业作为生产经营的依据。

(3) 措施建议。市场调查报告的建议或措施要有针对性和可行性。

4. 结尾。

(四) 格式范例

调 查 报 告

中国青少年研究中心联合北京、上海、广州、山东、甘肃、陕西等6个省（市）青少年研究所和广西壮族自治区团校，最近在全国9个省、市、自治区对青少年的消费观念、消费现状与趋势、消费结构进行了大规模调查。

一、青年消费观念更新

如今青年人的消费观念发生重大变化，把“节衣缩食”、“粗茶淡饭”的美德淡化了。许多青年注重：“吃要讲营养，穿要讲式样，玩要讲多样，用要讲高档。”因此，在调查中问了及青年对“四讲”问题的评价。

来自青年的反馈是：认为“符合现代生活方式”的占42.5%，认为“不合中国国情”的占21.3%，认为助长好逸恶劳的占7.2%，认为容易引入高消费误区的占23.9%，回答说不清的占5.1%。这表明当今相当多的青年的消费观念已经发生重大变化，有42.5%的人向往“四讲”的生活方式，但对“四讲”的生活方式持怀疑和否定态度的人数也多达52.4%。

二、消费现状与趋势

1. 饮食日益注重营养。在“您对饮食最注重的是什么”一问中，青年人回答“讲究营养”的占40.4%，为“方便省事”的占25.3%，“吃饱就行”的占23.4%。

2. 穿着注重“方便舒适”和“体现个性”。在青年回答“您对服饰穿着注重的是什么”一问的回答中，多达55.9%的青年把“穿着舒适”列为主要目标。其次才是“体现个性”。

3. 沿海地带青年人买大件消费品趋向高档化。据一些大城市及沿海经济发达地区调查，青年高档消费的指向产品，依需求人数比例的高低排列的顺序是：立体音响、空调、彩色电视、摩托车、电冰箱。

根据调查分析电脑和汽车很可能在20世纪末、21世纪初列入新的“三大件”。

广东、上海、北京青年人需求彩电已被排列在第5、6位，排在第3位的是电脑或摩托车，而广西、山东、甘肃等地区彩电仍占据“三大件”之首。广东、北京、上海青年今天的消费指向是其他地区明天的消费趋势。

三、消费结构失衡

在调查中发现，现在青年人的消费结构有两个失衡之处：

第一是物质消费增长过快，精神消费则严重滞后；

第二是在精神消费中重娱乐消遣，轻读书学习。

据对9个省、市、自治区的调查，青年人中“基本不买书和报”的人占被调查人数的12.6%，偶尔买点的人数占26.4%，把购买书报列为每月固定支出项目的却只有9.9%；家中基本没有藏书的青年多达34%，而拥有100册以上的人占28%。这种情况令人忧虑。消费失衡，不利于青年一代的健康成长。

因此，结合加强爱国主义教育，鼓励和引导青年多读书、读好书，应当受到社会各界的关注。

市场营销决策报告

（一）市场营销决策报告的基本含义

市场营销决策报告是企业经营者为解决企业营销活动中出现的问题，根据企业的自身实力和经营目标，并结合市场调查、市场预测以及各种信息情报，进行分析研究，上报决策者的书面材料。

（二）市场营销决策报告基本格式

市场营销决策报告通常包括标题、签署、正文和结尾四个部分组成：

1. 标题。标题通常由时限、单位名称、目标和文种构成。

2. 签署。签署部分要标明决策报告的作者和单位名称。

3. 正文。正文是市场营销决策报告的主体部分，正文部分要具备以下内容：

（1）决策目标。确定决策要解决的问题和要达到的技术经济目标。

（2）依据资料。对资料要科学分类，合理利用。

（3）设计方案。

（4）比较论证。通过论证，用科学的方法选出最佳方案。

4. 结尾。

（三）格式范例

××公司营销决策报告

我们服装经营部为了能在服装市场竞争中始终保持优势，本着薄利多销和勤进快销的原则，经我部群策群力，开展市场调查分析，决定将库存的夏装一律降价20%销售。如果库存的2万件夏装在今年夏季全部售出，可实现6万元盈利目标。营销利润的预测结果如下表所示：

盈亏平衡图（略）

市场占有率（略）

经营完全率（略）

盈亏平衡点计算公式（略）

由于市场占有率为85%，经营安全率为95%，所以估计我部的夏装销售比较景气，实现目标的可能性很大。

以上方案，请公司领导裁定为盼！

××百货公司服装经营部

××××年××月××日

确定性市场营销决策报告

（一）确定性市场营销决策报告的基本含义

确定性市场营销决策报告是指决策的自然条件是一种既定情况，即在已知未来可能发生情况的条件下，选择较好的决策方案。就商品或劳务在从生产者到消费者的过程中所发生的有关市场营销问题的资料系统的收集、记录，进而进行认真地调查研究。

（二）确定性市场营销决策报告写作要点

确定性市场营销决策报告时，可以按照盈亏平衡分析法、线形规则和微分法等分析的结果进行比较论证。

（三）格式范例

××公司营销决策报告

为了确保本营业部在市场竞争中保持优势，本着薄利多销和勤进快销的原则，经我部门群策群力，开展市场调查分析，决定将往年库存的夏装一律降价30%销售。如果库存的夏装今年全部售出，可实现12万元的利润。

营销利润的预测结果如下表所示：（略）

盈亏平衡表：（略）

市场占有率及经营完全率表：（略）

盈亏平衡点表：（略）

由于市场占有率为70%，经营安全率为80%，因此估计夏装销售比较景气，实现目标的可能性很大。

以上方案，请公司领导裁定为盼！

××公司经营部

××××年××月××日

未决定性市场营销决策报告

（一）未决定性市场营销决策报告的基本含义

未决定性市场营销决策报告是指决策人对未来的情况无法预测或估计，在很大程度上决定于决策者的主观判断的书面材料。

（二）未决定性市场营销决策报告写作要点

撰写未确定性市场营销决策报告时要注意以下几个方面：

1. 先从每一个方案中选取一个最小的损益值，然后再从最小的损益值中选取一个最大值作为决策值。

2. 决策者对市场销售前景保持乐观态度，其决策是选取最大损益值。

3. 在未确定型决策中，先求出各方案的最大后悔值，再选择其中最小的后悔值来进行决策。

（三）格式范例

××公司营销决策报告

为不断扩大经营范围，创造更好的经济效益和社会效益，保证公司经营目标的顺利实现，特制定本报告决策。

现将三种方案实施、扩大经营范围后物资的吞吐情况以及在计划期内实现后每年的损益值大致估计如下表：（略）

通过以上三种方案实施后的各种情况估计来看，改建原有仓库比新建一座仓库和扩大原有仓库的效益高，所以建议采用改建原有仓库的决策方案。

以上方案，请公司领导审裁。

××公司基建科

××××年××月××日

市场预测报告

（一）市场预测报告的基本含义

市场预测报告是指根据市场变化及市场调查的资料，对未来一定时期内市场的变化趋势进行预测、分析和推理后形成的书面材料。

（二）市场预测报告的写作要点

通常来说，市场预测报告主要包括以下主要内容：

1. 标题。市场预测报告的标题通常由预测时限、区域、目标和文种四部分组成。

2. 导言。导言主要用来揭示全篇的主旨，交代写作的目的和动机，介绍预测的方法与过程。

3. 正文。正文通常是对现状的分析、对未来的预测和经客观分析后的建议和意见。

（三）格式范例

钢材市场预测报告

根据国家信息中心提供的消息，国内有关人士认为，2003 年下半年至明年，钢材市场供给将保持相对平稳价格小幅度攀升的态势。但由于各地经济发展不平衡，以及运输到货等因素的影响，少数钢材品种在局部地区有可能发生较为明显的波动。

现对去年下半年和明年的市场情况分析如下：

国际钢材市场仍将看好。在去年下半年西方工业国家经济复苏的带动下，出现了世界范围的钢材热，各国对钢材需求增长，出口量锐减。当今世界最大的钢材出口国——日本，因地震重建任务繁重，钢材出口量大幅下降，进口量迅速上升。世界上许多钢材厂都在寻找钢坯，以提高产品附加值。按这种趋势预算，今年至明年，国际钢材市场形式看好。

国际钢材需求增幅不大。据预测，今年钢材需求总量与去年相比，增幅不大，明年钢材的需求增长不会太大，供求会达到大体平衡。

资源供给较为宽松。全年上半年，全球各钢材企业都在贯彻“限平、停滞、增畅”，和“限产压率”的举措，下半年供求形式转向平衡，各钢材厂都会增加“高质量、多品种”的产品，占领市场，力争出口。今年仍然是这种趋势。明年钢材的供求总体将逐渐平衡，但线材等品种有过剩的可能。由于全球钢铁企业的线材生产能力普遍提高，可能会导致普碳材供大于求。从而在品种、质量、价格上展开激烈的竞争，加大钢铁企业的销售难度。而在短时期内“三板一片”的产量难以大幅度提高，供不应求的局面难以改观，价格仍将居高不下。

根据有关部门的预测，今年钢材资源量比去年有所下降。虽然今年资源供给少于需求，但由于有去年结转的大量库存，仍能实现供求平衡。明年钢材的资源量增幅不会大，但由于需求也不会太旺，也可以达到供求平衡，有的地区还会比较宽松。

市场价格小幅上升。去年下半年钢材价格总体平衡，今年可能会出现小幅度的波动，这种波动往往出现在一个地区，货紧时价格上涨，货到时价格又会下跌，但总的趋势是价格会在成本上升、出口价上升的推动下，小幅度上升，一般不会再次出现暴涨。

市场动态报告

（一）市场动态报告的基本含义

市场动态报告是依据调查对市场发展变化进行描述的书面材料。

（二）市场动态报告的写作要点

通常来说，市场动态报告主要包括以下主要内容：

1. 市场动态。对市场的发展变化进行客观公正的描述，使企业真正了解消费者的消费需求和购买能力。

2. 市场动态报告要求简明扼要，能迅速反映市场发展变化的情况。

（三）格式范例

××产品市场动态报告

随着对外开放的逐步深入和国内市场的不断完善，针织产品越来越受到广大消费者的青睐。从目前的市场状况来分析，热销的针织产品主要分为以下几类：

一是具有喜庆特点的针织产品，如高雅的全毛毛毯、新型花边床上用品、豪华丝光绒等。二是具有保健功能的针织系列，如护膝、护腰、神功元气带等。此外，还有中老年人喜爱的新颖羊毛衫、羽绒服等。三是具有益智特点的儿童用品。四是具有季节性特点的儿童系列用品。

未来几年内，人们对针织品的使用将普遍要求多功能，主要有以下几个特点：

1. 香味化。要求汗衫、毛巾、床单、被罩等都具有浓郁的香味。

2. 药物化。一些有防治脚气、预防流感和除臭功能的袜子将受到消费者的欢迎。

3. 运动化。针织产品要适合不同年龄、不同职业、不同性别的着装特点，有各种运动图案的运动服装将会受到广泛的青睐。

4. 旅游化。着装舒适方便，美观大方的旅游服装将受到消费者的欢迎。

产销分析报告

（一）产销分析报告的基本含义

产销分析报告是对产品的生产和销售情况进行研究的一种文体。产销分析报告必须以市场为基础，应根据市场的变化结合企业的实际情况对企业的产销进行客观分析。

（二）产销分析报告的写作要点

通常来说，产销分析报告主要包括以下主要内容：

1. 标题。标题要能够突出中心，抓住关键。

2. 正文。正文通常由基本情况和产销分析两部分组成。产销分析是整个报告的重点，要结合市场发展变化情况从销售信息中分析产销中客观存在的问题。

3. 结尾。结尾部分要提出正确的建议和意见，并注意署名和日期。

（三）格式范例

××公司产销分析报告

受国际环境及市场变化的影响，××××年，我市肥皂、洗衣粉的价格均比较高，肥皂消费浓缩，洗衣粉销售看好。××××年我市百货公司供销肥皂500箱，较前年较少400箱，减少8%，洗衣粉销售1200吨，较前年增长15%。肥皂市场除本地产××牌肥皂外，其他均是杂牌，质量低劣，价格高。而洗衣粉市场则商品丰富，除当地产××牌以外、，还有××、×××、×××、×××、×××均系名优产品，洗涤性好，去污性强，受到广大消费者的欢迎。

肥皂市场不景气和洗衣粉市场相对理想的主要原因有：

1. 洗衣机家庭拥有量迅速上升，洗衣粉需求增加，肥皂由于用途的缺陷，销量受到很大影响。

据我市500户居民家庭调查得知，××××年我市每百户居民拥有洗衣机90台，洗衣机的拥有量上升，洗衣粉需求量上升。肥皂碱性大，不适合洗涤高档衣物，而随着人民生活水平的逐步提高，人们的服饰也逐渐向高档化发展，必然影响肥皂的销售。另外，多用途的液体洗涤剂和专用洗涤卫生用品不断增加，使肥皂的销售也受到了很大的影响。据对我市500户居民的调查得知，××××年我市居民对肥皂的消费量下降了34%。

2. 价格因素对肥皂、洗衣粉影响很大

近两年来，洗衣粉和肥皂价格不断上涨。××牌洗衣粉由原来的每公斤3元上涨到现在的每公斤4元，肥皂也由原来的每条不到1元，现在超过了1元，上升幅度很大。肥皂、洗衣粉的价格上涨在很大程度上影响了市场销售。

3. 生产资金紧张，原材料价格放开使生产受影响。

市场疲软波及大部分商品，造成国营企业经济利润下降，结算资金受债务困扰持续上升，经营资金十分紧张，无法在洗衣粉、肥皂商品上投入大量资金，只能勉强维持经营。

4. 生产洗衣粉和肥皂需要的原料不能保证，并且原料价格上涨过快，因而生产受到很大的影响。

第二章　市场销售业务管理

1．计　划

综合销售管理制度

第一条　目的：

为加强公司销售管理，增强公司实力和综合竞争力，特制定本规则规范公司销售管理。

第二条　适用范围：

本规则适用于公司一切销售活动。

第三条　销售活动：

公司各项销售活动必须积极地开展，力争使公司的各项业务得到迅猛发展。

第四条　销售人员须知：

公司销售工作的人员，应在所属主管的监督指导之下，彼此信任、相互协作，相互团结力争使公司销售利润最大化。

第五条　各种规则的遵守：

公司人员除本规则及其他规定外，对于公司临时发出的传达或命令，也应视同本规则遵守。

第六条　连带保证制度：

对于从事销售业务人员，应尽快设立连带保证制度。

第七条　事前调查：

从事销售业务人员，对于对方的付款能力等，应做事前调查，并衡量本公司的生产能力是否能依对方的订购内容作配合后，再行决定是否受理订货。

第八条　调查事项：

从事销售工作的人员，应随时做好下列四项的调查，并将内容报告给所属主管：

1. 预定下订单的机关、公司及学校的概况。

2. 调查与下订单者有交易关系，并为本公司竞争对象的同业者、设计事务所、建设业者。

3. 下订单的对方与本公司的关系及以往的订货实绩、付款情况。

4. 如为第一次交易者，应就其经历、负责人、性格、资金、往来银行、从业人员数目、每月生产能力及交易能力、有无与本公司的竞争同业交易、业务内容等进行调查。

第九条　订货情报：

订货情报应尽快取得，并在所属经理的指导之下，尽快展开有效率的销售活动。

第十条　估价单的提出：

在提出估价单时，应先取得所属主管的裁决认可后，方得提出。

第十一条　严格遵守价格及交货期：

在受理订货时，除了应遵守公司规定的售价及交货期外，对于下列五项规定也应确实遵守：

1. 品名、规格、数量及契约金额。

2. 具体的付款条件：付款日期、付款地点、现金或支票、支票日期、收款方式。

3. 除特殊情况以外，从订货受理到交货之间的期限，一般以 3 个月为主。

4. 交货地点、运送方式、距离最近的车站等交货条件。

5. 安装、运转及修理等所需的技术派遣费的协定。

第十二条　契约书的提出：

如前述条件已具备，应将订货受理报告书连同订购单及契约书等证明订货事实的资料，一起提出给所属的主管。

第十三条　注明新旧客户：

1. 订货受理报告书中对于订购者是新客户或者已有往来的客户须注明清楚。

2. 如果是旧客户，应依据交货日期记明目前的未付款项余额。另外，尚需注明交易前或交易中是否有意外事故发生。新客户则重新处理，旧客户如曾有不良记录者予以标示。

第十四条　契约上的留意点：

在受理订货或订立契约时，应先确认工程现场及相关施行范围、规格设计等事宜。

第十五条　在受理订货或订立契约时，应依照下列四项条件选择交易公司、缔结付款条件：

1. 对于已往一向忠实履行付款条件的旧客户，可依照惯例认可本交易，但仍必须规定在6个月内收回货款。

2. 与新客户的交易，原则上在交货时必须同时收取现金。

3. 即使是旧日即已往来的客户，仍应依照其付款能力的好坏，采取由交货处代理受领或直接契约的方法。

4. 对于过去曾发生过支票不兑现或不信守契约行为的客户，一概不接受代理受款以外的订货方式。

第十六条　免费的追加补货：

交货后，若基于客户的要求或其他情况的需要，必须免费追加机械器具或零件等物品的话，须事前提出附有说明的相关资料给总经理，取得其裁决。

第十七条　损失负担：

因前项而发生损失的责任归属问题，则另订条文规定。

第十八条　报告：

从事销售业务人员对于本规则第八条所规定的内容，应提出下列资料，并经由所属主管直接向董事长报告：

1. 每日的活动情况（每日）。

2.3个月内的订货受理内容报告（每月最后一日）。

3. 收款预定（每月最后一天）。

第十九条　报告的检查：

根据前项提出的报告，管理科进行检查后，设立3个月的营业方针计划，并对成果进行调查。

第二十条　订货确认、变更的通知：

1. 管理或生产部门针对生产能力进行评估，再依据订货受理报告书中的条件及内容，做好确认之后，迅速发出订货确认的通知或变更通知给负责人员。

2. 负责受理订货人员在收到前项变更通知后，须立即与订货者联络，并设法努力与订货人交涉，使订货条件符合规定。

第二十一条　管理科：

管理科应针对订货受理及交货等状况加以调查、分析，并负责督促交货事宜。

第二十二条　销售价格表：

销售价格表须随身携带，但不可借给或流传到第三者手中。另外，经过公司许可借出的图表等资料，也应迅速设法收回。

第二十三条　目录等的配发：

目录及其他销售上的必要资料，必须慎选对象后发放。

第二十四条　销售奖金制度：

公司另设有销售奖金制度，以资奖励直接从事销售业务人员及特约店(代理店)。

第二十五条　货款的回收：

负责受理订货者应对货款回收事宜负责。

第二十六条　回收货款时的注意事项：

负责回收货款者必须遵守下列三点事项：

1. 在受理订货或提出估价书时，应与对方谈妥付款条件。

2. 在交完货后应立即提出清款单，在付款日须亲往收款，或寄出缴款委托函给对方。

3. 经常与订货者保持密切联络，不断设法使对方如期付款。

第二十七条　提出收款预定：

负责人员应于每月月底将订货对方 3 个月间的收款预定表提出给所属主管。预定表的要领如下：

1. 以每月的 10 日、20 日及月底做区分，注明各现金款项及票据的金额。

2. 管理科依据收款预定表，交给负责受理订货人员，并交付余额确认书及付款通知书等，借此督促、加强收款业务。

第二十八条　无法收款时的赔偿：当货款发生无法兑现，判定已无收款可能时，负责人员须由其薪资中扣除相当于此货款的 30%额度，作为赔偿。

第二十九条　不良债权的处理：

交货后 6 个月内，对方仍赊欠货款时，一般视为不良账款，应由负责人员从其薪资中扣除相当于该款项的 15%金额，赔偿给公司。但是，前项规定实施后的两个月以内，如果该货款的总额已获回收，则前项赔偿金的二分之一应退还给负责人员。

第三十条　回扣的范围：

回扣的范围以超过公司规定的销售价格者为主，低于销售价格者不予认可。回扣的对象以契约或交货的对方为主，结算条件必须附有收据。另外，对于国营机构，其回扣行为将不予认可。

第三十一条　回扣：

如契约规定，并经得公司许可必须赋予回扣时，只能以限定比例支付。

第三十二条　销售佣金。销售佣金之处理则依照第三十条及第三十一条的回扣条件来施行。

第三十三条　订货取消及退还货品。当发生订货取消或要求退货等事件，应立即依照规定步骤，将对方的凭证资料提交给所属主管，并待管理科决裁通知时，始可更正自己所持有的销货内容。

第三十四条　退货的处理：

因不得已的理由，而必须接受退货时，应迅速将契约书及对方的退货传票，交给所属主管。如果事情的责任须归属该负责人，则须从该负责人的薪资中扣除运费、包装费及机器调整费等必要的相对费用，以作为对公司的赔偿。

第三十五条　交货后的折扣：

如货品交出后，货款被打折，应将对方的相关资料连同契约书、订单等提交给所属上司。不管被打折扣是事出何因，负责人都应从薪资中扣除相当于折扣金额的款项给公司，作为赔偿。

第三十六条　预付款的申请：

出差应依据公司规定的方式，于出差前的4天（包括请款日）向所属主管提出出差旅费的预付，并取得董事长的认可，始可向管理科申请支付。

第三十七条　出差旅费：

关于出差旅费的申请，请依据另行规定的旅费规章办理。

第三十八条　日报的提出：

出差者应依照另行规定的步骤，从出发日起按日提出自己的活动状况报告。

第三十九条　明示所在处：

出差者应将自己未来数天的去向告知公司或留言给将离去之处，让公司随时知道自己的所在。

第四十条　旅费的核算：

出差旅费的核算应于返回公司两天内，依照规定的步骤，向所属主管提出报告。

第四十一条　以贷出款处理：

出差者在返回公司上班的3天内（包括归来的当天）未提出核算书时，则预付给该人的出差费即视为对该出差人的贷款，且不再支付出差旅费。

第四十二条　技术人员的派遣：

关于派遣技术人员到其他公司服务时，须事先附上对方公司的要求书，转呈所属主管，取得其许可，并提出派遣委托书始准派遣。

第四十三条　派遣内容：

关于技术派遣须依照另行规定的工务规章来实施。

第四十四条　活动经费：

销售活动所需的经费预算应于每月月初决定。

第四十五条　销售的各项经费：

销售经费的认可只限于前条所规定的范围内，超出此限者则不予认可。

第四十六条　销售经费的处理：

各项销售经费须在付款账目中分别记入规定的计算科目，并依照规定的格式提出申请。

第四十七条　预付款及结算：

各项销售经费的支出采取预付与结算两种方式，但两者都必须具备下列两项条件：

1. 结算方式的付款须附上收据证明。

2. 预付方式只限于事前有公司认可者为主。

第四十八条　经费的认可：

在申请各项销售经费的支出时，各负责人员应备齐相关资料，并于规定的期限内，提交给所属的主管，取得其认可。

第四十九条　经费的运作：

各负责经理对于预算及各项销售经费的运用须负起责任。

销售管理制度范例（一）

一、总则

本规则是规定本公司业务处理方针及处理标准，其目的在于使业务得以圆满进行。

二、营业计划

（一）每年择期举行不定期的业务会计，并就目前的国际形势、产业界趋势、同行业市场情况、公司内部状况等情况来检查并修正目前的营业方针，方针确定后，传达给所有相关人员。其内容包括：

1. 制品种类、项目；

2. 价位；

3. 选择、决定接受订货的公司；

4. 交货日期及付款日期；

5. 契约款品。

（二）有关未来的产品，应按下列要项作为评核：

(1) 所生产、销售之产品必须是具有技术和成本上的优势及不为竞争者所能击败的特色。

(2) 竞争者新产品的制造方式、设备等应取得专利权。

（三）产品种类及项目，应视行情的好坏，订货的繁易等条件，按下列各项进行评核：

(1) 停止多种类少数量的营业方针，并以尽量减少种类、增加单位数量为原则。

(2) 以接受订货为主，订货量需加上确实标准品的预估生产销量。

(3) 所接受的订货数量很多时，除应自行生产外并应注意其他商品销路。

（四）商品价格的定位须区分为目前获利者与未来获利者，并考虑较容易让人接受的价位来决定产品的种类。

（五）在选择、决定往来的订货公司时，须以下列为重点方针：

(1) 从未来的贸易、特别需要或重要的产业着手。

(2) 推展国家机关及地方公共机构的开拓。

（六）交货及付款日期，则须恪守下列各项方针：

(1) 到期必须确实交货。

(2) 收到订单时，须要求正确的交货日期，并且规定有计划性的生产。

（七）在订立契约时，要尽可能使契约款项能长期持续下去。

三、营业机构与业务分担

（一）营业内容可分为内务与外务两种，并依此决定各相关的负责人员。

1. 内务：

(1) 负责预估，接受订货及制作，呈办相关的文案处理。

(2) 记录、计算销售额及收入款项。
(3) 处理收入款项。
(4) 统计及制作营业日报。
(5) 制作及寄送收款通知书。
(6) 印制、寄送收据。
(7) 发货包装及监督。
(8) 与客户进行电话及其他相关联络。
(9) 搜集、整理产品及市场调查的相关资料。
(10) 制作收发文书。
(11) 进行广告宣传及制作、发布广告媒体。
(12) 计算招待、出差、事务管理及旅行费用。
(13) 接待方面的事务。
2. 外务:
(1) 探寻及决定下批订单的公司。
(2) 对下批订单后的状况进行调查、探究及掌握。
(3) 与客户做估价、接受订货及延揽交易。
(4) 接受订货后、负责检查、交货的各项联络、协调与通知。
(5) 回复客户的通知及询问。
(6) 做有关产品进厂及检查的联络。
(7) 开拓、介绍客户。
(8) 客户的访问、接待及交际。
(9) 同业间的动向调查。
(10) 新产品的研究、调查。
(11) 制作客户的问候函。
(12) 请款、收款业务。

(二) 外务工作通常会依据客户别或商品别,分别由正、副二人负责工作。正负责人不在时,可由副负责人或其他相关人员代为执行职务。

(三) 关于营业方面的开拓及接受订货,则由所有负责管理者及经理负责支援及进行接受订货的联络指导。

四、接受订货及运筹计划

(一) 对于客户的资料应随时加以适当分类、记录下来。相关者或资料取得者也应随时记入所得的资料。

1. 把资料分类为对交易有重要性者及不重要者,并记入下列各评核事项：组织结构、负责人员、电话、场所、资产、负债、信用、业界的地位、交易情况、付款情况、交易系统、营业情况、使用场合、交货情况、态度等。

2. 除了以上的记录之外，还须将报纸、杂志剪贴下来，分类整理。

（二）营业业务必须依工作部门别及机器别等分掌各项工程的现况及趋势，努力使订货业务与此配合一致。

（三）调查各产业或各地区、各家公司的经营状况，并以此来掌握有利的公司、事业、公家机构等，制定有效的推销政策，并对此展开宣传工作，以利开拓交易的进展。

（四）每月应针对预估及实际的接受订货量，制成记录表，并随时与制造部门保持联系。

1. 客户下个月预定订货量及本月份的实绩。

2. 各品项，各工作别的预定量及本月实绩。

3. 交货、请款及收款的预定额及本月实绩。

（五）为使生产及所接受的订货能够容易估算，生产及库存一定要先预估出固定的数量，在接受订货的同时也能做好交货。

（六）如果客户表示热忱并有意举行业务联谊会，公司可借此机会收集情报并借此斡旋、开拓交易。

（七）必要时可设营业开发部门，以此支援交易的斡旋及开拓。

五、交易原则

（一）进行交易时，若有必要，须在交货后不定期地访问客户负责人员，以利听取他们对产品使用状况意见，或可利用书信代询。

（二）交货日期原则上由营业部向工务科洽询后决定，或由生产销售检查会议做出决定后通知订货的对方。

（三）交易应设法与对方订立长期或持续性契约，价格方面则另由其他条项规定。

（四）所交出的货品应务求完整、完美。

六、营业技术

（一）预估成本是依据制造部门所预估的成本，并经由常务董事会议裁决，决定后提出给客户。如果产品与过去相同，或曾提出估价单，也须就交货日期及其他修正事项，取得厂长的认可。

（二）在进行预估时，通常需准备下列各项资料。

1. 单价表；

2. 工时表；

3. 成本计算表；

4. 一般行情价格表。

（三）在进行预估时，须取得对方的设计明细及检查规格书后，做正确的估计。

（四）在提出预估时，必须叮嘱对方在工程及交货方面须做好彻底的准备及联络，以确保日期的正确无误。必要时可召开生产销售会议，记下工程的有关备忘录。

销售管理制度范例（二）

一、总则

第一条　以质量求生存，以品种求发展，确立“用户第一”、“质量第一”、“信誉第一”、“服务第一”，维护工厂声誉，重视社会经济效益，生产物美价廉的产品投放市场，满足社会需要是我厂产品的销售方针。

第二条　掌握市场信息，开发新产品，开拓市场，提高产品的市场竞争能力，沟通企业与社会，企业与用户的关系，提高企业经济效益，是我厂产品销售管理的目标。

二、市场预测

第三条　市场预测是经营决策的前提，对同类产品的生命周期状况和市场覆盖状况要作全面的了解分析，并掌握下列各点：

1. 了解同类产品国内外全年销售总量和同行业全年的生产总量，分析饱和程度。

2. 了解同行业各类产品在全国各地区市场占有率，分析开发新产品，开拓市场的新途径。

3. 了解用户对产品质量的反映及技术要求，分析提高产品质量，增加品种，满足用户要求的可行性。

4. 了解同行业产品更新及技术质量改进的进展情况，分析产品发展的新动向，做到知己知彼，掌握信息，力求企业发展，处于领先地位。

第四条　预测国内各地区及国外市场各占的销售比率，确定年销售量的总体计划。

第五条　收集国外同行业同类产品更新及技术发展情报，国外市场供求趋势，国外用户对产品反映及信赖程度，确定对外市场开拓方针。

三、经营决策

第六条　根据工厂中长期规划和生产能力状况，通过预测市场需求情况，进行全面综合分析，由销售科提出初步的年度产品销售方案，报请厂部审查决策。

第七条　经过厂务会议讨论，厂长审定，职代会通过，确定年度经营目标并作为编制年度生产大纲和工厂年度方针目标的依据。

四、产销平衡及签订合同

第八条　销售科根据工厂全年生产大纲及近年来国内各地区和外贸订货情况，平衡分配计划，对外签订产品销售合同，并根据市场供求形势确定“以销定产”和“以产定销”相结合的方针，留有余地，信守合同，维护合同法规的严肃性。

第九条　执行价格政策，如需变更定价，报批手续由财务科负责，决定浮动价格，经经营副厂长批准。

第十条　销售科根据年度生产计划，销售合同，编制年度销售计划，根据市场供求形势编报季度和月度销售计划，于月前十天报计划科以便综合平衡产销衔接。

第十一条　参加各类订货会议，扩大销售网，开拓新市场的原则，巩固发展用户关系。

第十二条　建立和逐步完善销售档案，管理好用户合同。

五、编制产品发运计划，组织回笼资金

第十三条　执行销售合同，必须严格按照合同供货期编制产品发运计划，做好预报铁路发运计划的工作。

第十四条　发货应掌握原则，处理好主次关系。

第十五条　产品销售均由销售科开具“产品发货通知单”、发票和托收单，由财务科收款或向银行办理托收手续。

第十六条　分管成品资金，努力降低产品库存，由财务科编制销售收入计划，综合产、销、财的有效平衡并积极协助财务科及时回笼资金。

第十七条　确立为用户服务的观念，款到发货应及时办理，用户函电询问，三天内必答，如质量问题需派人处理，五天内与有关部门联系，派人前往。

六、建立产品销售信息反馈制度

第十八条　销售科每年组织一次较全面的用户访问，并每年发函到全国各用户，征求意见，将收集的意见汇总、整理，向工厂领导及有关部门反映，由有关部门提出整改措施，并列入全面质量管理工作。

第十九条　将用户对产品质量、技术要求等方面来信登记并及时反馈有关部门处理。

第二十条　负责产品销售方面各种数据的收集整理，建立用户档案，收集同行业情报，提供销售方面的分析资料，按上级规定，及时、准确、完整地上报销售报表。

营销业务管理办法

一、主题内容与适用范围

本办法规定了营销业务的组织与分工，产品宣传，订货，销售计划编制，售后服务，市场调查与预测等业务要求。本办法适用于产品营销业务管理。

二、管理职能

(一) 营销业务由负责销售的副总经理负责。

(二) 产品销售工作的具体业务由销售部负责。

其主要内容是:

1. 负责编制产品销售计划，并认真组织实施；

2. 搞好产品的宣传，订货与储运工作；

3. 进行市场的调查与预测，掌握市场变化，开拓区外市场加速资金周转，提高企业竞争能力；

4. 管理好五金、产成品、包装物仓库，做到定期清点，保持帐、物一致；

5. 按时统计上报产品销售的各种表、报；

6. 搞好产品售后服务活动，收集用户反应，发现问题及时处理。

三、管理内容与要求

(一) 产品宣传的原则

1. 要实事求是，不夸张，不弄虚作假；

2. 要本着巩固老市场，开拓新市场的方向，使产品销路扩大发展；

3. 结合产品销售计划进行宣传。

(二) 产品宣传计划、内容、要求

1. 销售主管应编制年度、月份和临时宣传计划。

2. 计划包括宣传范围、宣传对象、宣传内容、宣传费用等。

3. 产品宣传内容包括介绍产品的性能与特点、同类产品分析与对比，以提高产品的信誉，扩大产品销路。

4. 产品宣传要掌握客户心理活动，采取客户容易接受的方式进行宣传；充分发挥销售人员的作用，利用一切机会进行口头宣传；广告等宣传形式要别致，通面色彩协调给人以美感。

四、产品订货管理

（一）订货方式

1. 巩固固定已有营销网络，一年一定。

2. 开拓区内外市场，建立区外的营销网络。

五、销售计划编制

（一）销售计划按时间分为年度、季度、月份三种销售计划。

（二）销售计划主要内容包括：

1. 计划期内、期初产成品的库存量；

2. 计划期内生产量；

3. 计划期内销售量；

4. 计划期内、期末产成品的库存量。

（三）销售计划文字说明主要内容包括：

1. 销售计划的编制主要依据和指导思想；

2. 市场需求及发展趋势的预测与分析；

3. 前期计划指标预计完成情况和分析；

4. 本期计划的主要指标水平及前期或上期指标对比分析；

5. 计划期内存在的主要总是以及实现计划所需要采取的主要措施。

六、市场调查与预测管理

（一）市场调查的内容、方法和程序

1. 调查内容主要包括：

①同类产品在市场上的总量，以及本企业的市场占有率、竞争能力以及产品质量、价格水平等情况。

②调查用户购买能力以及对产品需求、使用、价格等方面意见。

③调查同行业厂商的生产能力及活动情况，摸准现有或潜在的竞争对手的情况。

2. 调查方法、程序：

①调查前明确调查目的和所要解决的主要问题总是写出调查提纲、确定调查对象、范围和方法。

②对调查结果进行整理分类，写出调查报告，提出建议方案。

（二）市场预测的内容、方法和程序

1. 预测内容主要包括：

①用户需求量的预测；

②市场占有率和覆盖率的预测；

③新产品寿命周期的预测；

④计划期内经济效益的预测。

2. 预测方法：

（1）经验判断法。根据以往经验，进行推理的预测，召集销售员共同商讨预测。

（2）数学分析法，预测程序：

①确定预测的目的、对象、时间；

②选择预测方法；

③进行计算或测算；

④跟踪验证；

⑤提出预测报告。

七、售后服务

（一）定期、不定期进行客户访问，听取客户的意见，汇总反馈。

（二）对突发的用户对产品质量（包括服务质量）意见，及时处理，保证用户满意。

（三）每月汇总售后服务情况表

本标准的具体考核方法和程序按公司《管理标准与工作标准检查考核办法》的规定执行。

销售事务管理制度（一）

第一条　为加强公司营销管理，增强公司综合势力，特制定本办法。

第二条　交货、检查、配送：

（一）对已接受订单的工程，工务科应生产日报，使工程的进行程序得以明确，并在适当的机会通知发出订单的客户。

（二）当生产即将完成时，应与工务科协议，选择指定交货日前的适当时日，通知交货对象。如交货有迟延的顾虑时，也应事先通知对方，求得其谅解。

（三）在进行产品的检查时，应详细填写相关资料。

（四）依据传票发送出货产品，并在发送货时，详细填写相关表格。

第三条　销售额的计算及收款：

（一）在缴交产品时，应将交货单的副本交给会计科。会计科根据资料记入销售账中。

（二）如已经从客户处先收取订金或预付金时，应将此内容也记入销售账中。

（三）财会部门于每月的25日，依据销售账的资料算出每位客户的未付款项明细表（包括前月余额、本月销售额、应收账款），送交营业经理。

（四）营业经理得命令各负责人员在应付款项明细表的收款栏中记入预付金，经过调整后，再决定营业部的收款预定额，然后呈报常务董事签核。

（五）常务董事应先查阅营业部所呈的收款预定表，如有必要征求经管经理的意见，则由营业经理作说明后，裁定收款的预定计划。

（六）收款业务由营业部门负责，但有时也可委托经管（财会）部门的人员去进行。

（七）有关款项的催收是由销售科负责督促，销售科必须把相关资料记入收款预定表中，通知有关人员。

（八）财务科应将每月收款收据副本制作成表，在各册、各页上打上编号。并要求有关人员于每日业务终了时，交回这些单据证明。收据上盖有公司印章者，会计科应加以保管，并加盖部门印章。

（九）款项进来时，负责收款或处理款项人中应制作收账传票，并连同现金、收据副本，提交给财务科。

（十）根据上述的应收账款传票，将收得的款项记入销售账目中。记入内容除包括金额外，须再记入负责人员的名字。

第四条　书信的制作及资料整理：

（一）营业书信资料通常包括下列6项：书信、电报（发文、订单）；估价单、订购单、请讲单、规格明细单；交货单；请款单；收据；备忘录。

（二）交易上的发文资料，原则上都须复印并制成副本保存。另外，发文资料上应盖契印或负责人的印章。

（三）所有的书信资料，都应编列收受号码，并记入受信簿中，盖上收受日期印章。

（四）需要处理的文件，应按下列方式分类、归档。

1. 估计文件资料——将交易客户与自己公司方面的估价资料，依照发生的顺序，归类或存档。

2. 订购资料——依照顺序将合同书、请款单归档。

3. 存档资料。

（五）参考方面的资料，可按下列分类方式加以整理：

1. 市场资料。

2. 成本计算。

3. 同业的目录。

4. 交易资料。

第五条报告及会议：

（一）营业部必须将每日的活动及业务处理状况记入日报表，经由科长、经理，向总经理呈交。

（二）销售科应根据每月及上个月的订单量、转拨余额、本月接受订货的总额、本月的交货额、生产额、未收款项余额、各项接受订货的产品内容等制作月报表，并经由经理审编后呈报告给总经理。

（三）每月或每月月初的营业部与工厂方面，应召集经理，厂长、科长及其他负责人员，举行生产、销售联合会议。

销售事务管理制度（二）

一、销售

（一）营业科的外务负责人员在访问或开拓新客户时，应留意下列事项：

1. 透彻观察对方在买卖上的需求及判定对方在买卖上的立场；

2. 观察对方进货及销售的意愿；

3. 利用谈话、对应技术来引导对方购买的意愿；

4. 针对对方的买卖意识及对商品的认知程度，检讨它与我方计划的合适与否；

5. 检讨对方的销售政策与营业预算是否与本商品合适。

（二）营业科的外务负责人员应致力于商品知识、销售方法及市场知识的研究，同时须勤于调查销售客户的状况，随时以预算、效率化为基准，冷静且亲切地致力于销售活动。

（三）对客户提示重要事项或表达意向时，须取得经理的认可后才能执行。

（四）交易的开始有的是基于对方的申请，有的是出自我方的诱导，不管是何种方式，除了交易一开始即以现金往来的情况之外，都须事前对交易客户的资产、销售能力、负债、信用及其他评核事项进行调查，并向部长提出报告。

（五）对于各家客户须订明每月性的访问预定及收入预定，另外，对于客户的新开拓商品也须拟定每个月的大概预定额，根据这个来开拓新市场。

（六）不论老客户或新交易或预估的交易，都须私下迅速打听清楚，有了充分的调查，才能尽早与对方进行交涉。

（七）对于同业者的预估内容及交货实绩，须经常调查探听清楚，如此才能检讨自己在接受订货上的难易，另外，以于自己在预估及交货上的损失，应究明原因，以便修正制造技术及营业方面的缺陷。

（八）营业科应针对各方面的订货情况，进行广泛的调查，使销售活动的资料备齐，并传给各相关人员参考。

1. 从经济新闻上做剪报整理。

2. 参考经济杂志及其调查记录。

3. 将业界的讯息记录下来。

（九）将老客户及预定客户等的订货资料整理成卡片，并将下列十项事由记录下来经常做修正：

1. 资产、负债及损益。

2. 产品的种类、人员、设备、能力。

3. 销售状况及需求者状况。

4. 应收账款回收的实绩、信用状况。

5. 与过去客户的关系。

6. 电话、往来银行、代表者、负责人员。

7. 公司内容的订单发出手续、过程。

8. 付款的手续、过程。

9. 在业界的地位。

10. 组织、工资。

（十）与老客户应经常保持密切的联系，除了对订货情况及其他需求应探听清楚之外，尚须设法斡旋，使对方下单订货。为达成上述目的，可于必要时邀集对方举行研究会或是恳谈会。

（十一）在与对方交易的休息之际，应适当地提供餐饮、茶点及香烟等。尤其需要外出用餐时，应在之前提出预算，取得经理或代表（董事长）的认可。

（十二）开拓新交易通常经由已交易客户之手进行，或委托其斡旋，或要求其持续过去曾经有过的交易来拓展业绩。

二、估价

（一）商品的估价须根据下游生产及采购的估价统一来估算，做成后经由经理的决裁，提供给各客户作为参考。

（二）估价书的制作由营业科的内务负责，通常须先从客户处拿到正确的规格书后才着手进行。

（三）营业部必须完备下列各项资料作为估价参考资料：

1. 主要材料价格表

2. 预估成本计算表（主要材料费、副资材费、加工费）

3. 一般市价表

4. 标准品单价表

（四）营业科对于定期委托制造部生产的标准品，应要求制造部提出其主要材料价格表与估价成本计算表。

（五）对于标准品以外的交易或估价委托，每次都须经由制造部经理的裁决，以估价的价格方式处理。

（六）对客户做估价时，应尽速进行状况调查，尽速提出报告。

（七）将估价书送给客户之后，必须在估价账目表中提出日期及合同的成立与不成立等事项。

三、受理订货

（一）营业科在确定订货已成立时，应将工厂生产及出货的必要事项记入订货受理传票中，发函给相关单位。其规定如下：

1. 一般订货受理传票

本传票乃受理一般性订货时填定，通常印制成二份，一份交给本人，一份交给营业科受理科保管，在制成订货编号，并做好制造委托书（复印四份）后，将其中 A、B、C 三联交给制造部。

2. 特别订货受理传票

本传票主要为大量生产的商品或订有长期合同的商品、出口品填写，一共制成五份，一份由本人保，一份交给经理或代表（董事长）阅览后，由营业科受理科负责保管，另外二份交给制造部，剩余的一份交给总务部的总务科。本传票必须记明品名、规格、数量、单价、金额、交货日期、裁决条件、交货地点、捆包运送方式及其他必要事项。

3. 预估生产委托表？营业部在委托生产标准品的预估生产或其他特定

品的生产时，应填写本表。本表须记明品名、规格、数量、生产完成的希望日期及其他必要事项。填写并取得营业经理的认可后，交给制造部。

（二）所有电话、外部销售或来函的订货受理，不论外务或是内务，皆由受理订货的本人填写本订货受理传票。

1. 上月底的订货受理余额。

2. 本月份的订货受理额。

3. 本月份的交货量。

4. 上月底预估生产委托余额。

5. 本月份的预估生产委托额。

6. 本月份的预估生产额。

（三）营业科向制造部公告预估生产委托表时，应要求提出下列的处理报告，以说明其经过：

1. 制造品与在制品的区分

2. 制造品的交货预定

（四）营业部为执行各项计划，使销售、订货受理活动顺利进行，应与制造部保持密切联系，并随时准备下列三项资料：

1. 商品库存明细表。

2. 主要材料的进厂预定表。

3. 主要材料的库存明细表。

四、交货检验、配送

（一）营业科对于客户的订货商品及委托生产的商品的交货期，须经常与制造部保持联系，以掌握其经过情形及进行状况。

（二）营业科若已于指定交货日期前确定可以交货，应主动与客户联系确实的交货时间。

（三）当确定要货商品的交货日可能延迟时，应通知订货的客户以取得其理解。

（四）营业科在交货或查验商品时，应对照订货账单，以确定品名、品质、规格、单价、数量及其他事项是否符合。

（五）商品的交货与配送业务由营业科进出纲管理科负责。

（六）在交货或配送商品时应发行送货通知单。送货通知单的内容记载要项包括：

1. 客户名称。

2. 品名、规格、数量、单价、金额。

3. 明细、其他事项。

(七) 关于商品交货、配送后，客户拒绝收货、要求退货及其他等的抱怨问题，应取得负责人或营业经理的认可，设法寻求处理办法。

销售事务管理办法

第一条 目的：

为加强公司销售管理，提高公司综合营销能力，特制定本办法。

第二条 销售：

(一) 营业科的外务负责人员在访问或开拓新客户时，应留意下列事项：

1. 透彻观察对方在买卖上的需求及判定对方在买卖上的立场。

2. 观察对方进货及销售的意愿。

3. 利用谈话、对应技术来引导对方购买的意愿。

4. 针对对方的买卖意识及对商品的认知程度，检讨它与我方计划的合适与否。

5. 检讨对方的销售政策与营业预算是否与本商品合适。

(二) 营业科的外务负责人员应致力于商品知识、销售方法及市场知识的研究、同时应积极调查销售客户的状况，要全身心的致力于销售活动。

(三) 对客户提示重要事项或表达意向时，须取得经理的认可后才能执行。

(四) 交易的开始有的是基于对方的申请，有的是出自我方的诱导，不管是何种方式，除了交易一开始即以现金往来的情况之外，都须事前对交易客户的资产、销售能力、负债、信用及其他评核事项进行调查，并向部长提出报告。

(五) 对于各家客户须订明每月性的访问预定及收入预定，另外，对于客户的新开拓商品也须拟定每个月的大概预定额，根据这个来开拓新市场。

(六) 不论老客户或新交易或预估的交易，都须私下迅速打听清楚，有了充分的调查，才能尽早与对方进行交涉。

(七) 对于同业者的预估内容及交货实绩，需要了解清楚，如此才能检讨自己在接受订货上的难易，另外，对于自己在预估及交货上的损失，应究明原因，以便修正制造技术及营业方面的缺陷。

(八) 营业科应针对各方面的订货情况，进行广泛的调查，使销售活动的资料备齐。

1. 向竞争对手收集相关资料。

2. 经济新闻上做剪报整理。

3. 参考经济杂志及其调查记录。

4. 将业界的相关资料收集起来。

（九）将老客户及预定客户等的订货资料整理成卡片，并将下列十项事由记录下来经常做修正：

1. 资产、负债及损益。

2. 产品的种类、人员、设备、能力。

3. 销售状况及需求者状况。

4. 应收账款回收的实绩、信用状况。

5. 与过去客户的关系。

6. 电话、往来银行、代表者、负责人员。

7. 公司内容的订单发出手续、过程。

8. 付款的手续、过程。

9. 在业界的地位。

10. 组织、工资。

（十）与老客户应经常保持密切的联系，除了对订货情况及其他需求应探听清楚之外，尚须设法斡旋，使对方下单订货。为达成上述目的，可于必要时邀集对方举行研究会或是恳谈会。

（十一）在与对方交易的休息之际，应适当地提供餐饮、茶点及香烟等。尤其需要外出用餐时，应在之前提出预算，取得经理或代表（董事长）的认可。

（十二）开拓新交易通常经由已交易客户之手进行，或委托其斡旋，或要求其持续过去曾经有过的交易来拓展业绩。

第三条　估价：

（一）商品的估价须根据下游生产及采购的估价统一来估算，做成后经由经理的决裁，提供给各客户作为参考。

（二）估价书的制作由营业科的内务负责，通常须先从客户处拿到正确的规格书后才着手进行。

（三）营业部必须完备下列各项资料作为估价参考资料：

1. 主要材料价格表

2. 预估成本计算表（主要材料费、副资材费、加工费）

3. 一般市价表

4. 标准品单价表

（四）营业科对于定期委托制造部生产的标准品，应要求制造部提出其主要材料价格表与估价成本计算表。

（五）对于标准品以外的交易或估价委托，每次都须经由制造部经理的裁决，以估价的价格方式处理。

（六）对客户做估价时，应尽速进行状况调查，尽速提出报告。

（七）将估价书送给客户之后，必须在估价账目表中提出日期及合同的成立与不成立等事项。

第四条　受理订货：

（一）营业科在确定订货已成立时，应将工厂生产及出货的必要事项记入订货受理传票中，发送各相关单位。其规定如下：

1. 一般订货受理传票

本传票乃受理一般性订货时填定，通常印制成二份，一份交给本人，一份交给营业科受理科保管，在制成订货编号，并做好制造委托书（复印四份）后，将其中A、B、C三联交给制造部。

2. 特别订货受理传票

本传票主要为大量生产的商品或订有长期合同的商品、出口品填写，一共制成五份，一份由本人保管，一份交给经理或代表（董事长）阅览后，由营业科受理科负责保管，另外二份交给制造部，剩余的一份交给总务部的总务科。本传票必须记明品名、规格、数量、单价、金额、交货日期、裁决条件、交货地点、捆包运送方式及其他必要事项。

3. 预估生产委托表

营业部在委托生产标准品的预估生产或其他特定品的生产时，应填写本表。本表须记明品名、规格、数量、生产完成的希望日期及其他必要事项。填写并取得营业经理的认可后，交给制造部。

（二）所有电话、外部销售或来函的订货受理，不论外务或是内务，皆由受理订货的本人填写本订货受理传票。

1. 上月底的订货受理余额。

2. 本月份的订货受理额。

3. 本月份的交货量。

4. 上月底预估生产委托余额。

5. 本月份的预估生产委托额。

6. 本月份的预估生产额。

（三）营业科向制造部公告预估生产委托表时，应要求提出下列的处理报告，以说明其经过：

1. 制造品与在制品的区分。

2. 制造品的交货预定。

（四）营业部为执行各项计划，使销售、订货受理活动顺利进行，应与制造部保持密切联系，并随时准备下列三项资料：

1. 商品库存明细表。

2. 主要材料的进厂预定表。

3. 主要材料的库存明细表。

第五条　交货检验、配送：

（一）营业科对于客户的订货商品及委托生产的商品的交货期，须经常与制造部保持联系，以掌握其经过情形及进行状况。

（二）营业科若已于指定交货日期前确定可以交货，应主动与客户联系确实的交货时间。

（三）当确定要货商品的交货日可能延迟时，应通知订货的客户以取得其理解。

（四）营业科在交货或查验商品时，应对照订货账单，以确定品名、品质、规格、单价、数量及其他事项是否符合。

（五）商品的交货与配送业务由营业科进出纲管理科负责。

（六）在交货或配送商品时应发行送货通知单。送货通知单的内容记载要项包括：

1. 客户名称。

2. 品名、规格、数量、单价、金额。

3. 明细、其他事项。

（七）关于商品交货、配送后，客户拒绝收货、要求退货及其他等的抱怨问题，应取得负责人或营业经理的认可，设法寻求处理办法。

市场销售费用预测表

地区：　　　　　　　　　　　　　　　　　　　　　　　　　　单位：元

月份	人员费	广告费	交通费	邮电费	差旅费	公关费	营业额预计	比率
1								
2								
3								
4								
5								
6								
7								
8								
9								
10								
11								
12								
合计								

主管：　　　　　制表人：　　　　　制表日期：　　年　　月　　日

客户销售计划明细表

客户类别		去年同期		月计划		月计划	
		销售比重	金额	销售比重	金额	销售比重	金额
A级客户	1						
	2						
	3						
	4						
	5						
	6						
	合计						
B级客户	1						
	2						
	3						
	4						
	5						
	6						
	合计						
总计							

主管：　　　　　　　制表人：　　　　　　　　制表日期：　　年　　月　　日

市场营业目标管理表

地区：

营业所		店长		负责人	
	月份目标与实绩				
	目标	实绩	达成率	与上月比较	实绩累计
销售额					
毛利					
回收率					
本月目标					
活动报告					
事项记载					
下月目标					

	本月差额	下月目标	下月活动计划报告
销售额			
毛利			
回收率			

主管：　　制表人：　　制表日期：　　年　　月　　日

2. 执　行

市场营业日报表（一）

地区：　　　　　　　　营业所：　　　　　　　　　　　　　　单位：元

<table>
<tr><td colspan="3"></td><td colspan="2">本公司产品</td><td colspan="2">公司代产品</td><td>合计金额</td><td>累计金额</td></tr>
<tr><td rowspan="6">销售</td><td colspan="2">现金</td><td colspan="2"></td><td colspan="2"></td><td></td><td></td></tr>
<tr><td colspan="2">赊销额</td><td colspan="2"></td><td colspan="2"></td><td></td><td></td></tr>
<tr><td colspan="2">未收入款</td><td colspan="2"></td><td colspan="2"></td><td></td><td></td></tr>
<tr><td colspan="2">其他</td><td colspan="2"></td><td colspan="2"></td><td></td><td></td></tr>
<tr><td colspan="2">合计</td><td colspan="2"></td><td colspan="2"></td><td></td><td></td></tr>
<tr><td colspan="2">累计</td><td colspan="2"></td><td colspan="2"></td><td></td><td></td></tr>
<tr><td rowspan="4">净销售额</td><td colspan="2">赊销额</td><td colspan="2"></td><td colspan="2"></td><td></td><td></td></tr>
<tr><td colspan="2">其他</td><td colspan="2"></td><td colspan="2"></td><td></td><td></td></tr>
<tr><td colspan="2">合计</td><td colspan="2"></td><td colspan="2"></td><td></td><td></td></tr>
<tr><td colspan="2">累计</td><td colspan="2"></td><td colspan="2"></td><td></td><td></td></tr>
<tr><td colspan="3"></td><td>部1</td><td>部2</td><td>部3</td><td>部4</td><td>合计金额</td><td>累计金额</td></tr>
<tr><td rowspan="14">回收</td><td>现金</td><td>合计</td><td>销售</td><td></td><td></td><td></td><td></td><td></td></tr>
<tr><td rowspan="9">赊销额</td><td>累计</td><td></td><td></td><td></td><td></td><td></td><td></td></tr>
<tr><td>现金</td><td></td><td></td><td></td><td></td><td></td><td></td></tr>
<tr><td>支票</td><td></td><td></td><td></td><td></td><td></td><td></td></tr>
<tr><td>应收票据</td><td></td><td></td><td></td><td></td><td></td><td></td></tr>
<tr><td>经费扣除</td><td></td><td></td><td></td><td></td><td></td><td></td></tr>
<tr><td>折扣扣除</td><td></td><td></td><td></td><td></td><td></td><td></td></tr>
<tr><td>回扣扣除</td><td></td><td></td><td></td><td></td><td></td><td></td></tr>
<tr><td>合计</td><td></td><td></td><td></td><td></td><td></td><td></td></tr>
<tr><td>累计</td><td></td><td></td><td></td><td></td><td></td><td></td></tr>
<tr><td rowspan="2">未收款</td><td>合计</td><td></td><td></td><td></td><td></td><td></td><td></td></tr>
<tr><td>累计</td><td></td><td></td><td></td><td></td><td></td><td></td></tr>
<tr><td colspan="2">总合计</td><td></td><td></td><td></td><td></td><td></td><td></td></tr>
<tr><td colspan="2">总累计</td><td></td><td></td><td></td><td></td><td></td><td></td></tr>
</table>

主管：　　　　　　制表人：　　　　　　　　制表日期：　　年　　月　　日

市场营业日报表（二）

地区：　　　　　　营业所：　　　　　　　　　　　　　　　　单位：元

概况	本日销售额　　元　　与去年比例　　%						
特价品采购状况							
明日特价品	编号	品名	单价	数量	一般价格	购货处	备注
特别事项							
员工相关事项	相关变动	旷工					
		迟到					
		早退					
		请假					
		出勤					
		离职					
		其他					
		备注					

核准：　　　　　　主管：　　　　　　制表人：

制表日期：　　年　　月　　日

市场销售日报表

地区：　　　　　　　　　　　　　　　　　　　　　　　　　　单位：元

编号	客户名称	接洽人	订货名单	等级	数量	单价	金额	交货日期	其他接洽记录
1									
2									
3									
4									
5									
6									
7									
8									
9									
10									
11									
12									
合计									

今日访问数		本月累计访问家数		明日预定记问客户			

本月营业目标： 已完成目标累计：	当日收款总计： 未完成目标累计：

市场动态 品质反应		主管评估 工作价值	
总经理		主管	
经理		制表	

主管：　　　　　　　制表人：　　　　　　　　　制表日期：　　　年　　月　　日

市场销售明细表

地区：＿＿＿＿＿

客户名称		代理商				制造号码	
商品名称		商品规格				出口条件	
数量		单价		总价		佣金率	
包装规格						交货地点	
制造说明： 包装说明：预定出口期							
						装车标记：	
注意事项：		装车标记：					

主管：　　　　制表人：　　　　制表日期：　　年　　月　　日

业务代表工作日报表

次日	访问客户	访问时间	访问目的						商谈结果			客户类别			预定再访时间	其他记录
			订货	收款	开发	服务	说明	其他	决定	未定	失败	开发	新增	原有		

备　　注			
主管意见			

主管：　　　　　　　　制表人：　　　　　　　　　　制表日期：　　年　　月　　日

市场销售业务表

地区：________

营业所名		负责人		地址		电话	
潜在客户		地址		电话		传真	

对方人员	部门名称	职称业务	联系电话
日期	业务记录	日期	业务电话
月份	销售额	月份	销售额
1		7	
2		8	
3		9	
4		10	
5		11	
6		12	
上半年合计		下半年合计	
全年合计		月均销售额	

主管：　　　　制表人：　　　　制表日期：　　年　　月　　日

市场收付款条件变动表

部门名称：＿＿＿＿＿＿

客户名称		资本金额		业种	
信用度调查		交易品名			
原收款条件					
现收款条件					
供应厂商					
原付款条件					
现付款条件					
条件实施日期					
备注					

主管：　　　　制表人：　　　　制表日期：　　年　　月　　日

3. 控　制

市场销售目标与实绩对照表

地区：　　　　　营业所：　　　　　经办人：　　　　　单位：元

月份	目标	实绩	增（减）	差额	内容	备注
1						
2						
3						
4						
5						
6						
7						
8						
9						
10						
11						
12						
合计						

主管：　　　　　制表人：　　　　　制表日期：　　年　　月　　日

市场销售管理月报表

地区：　　　　　　　　　单位名称：

客户编号	客户名称	销售额	退货折扣	收款金额			收款余额	债权余额	毛利	毛利率	回收率	计划达成率	
				现金	票据	扣除						销售	毛利

主管：　　　　　　　　制表人：　　　　　　　　制表日期：　　年　　月　　日

市场销售实绩月份统计表

姓名	销售额	销货退回	销货折让	销货报损	销货净额	成本	毛利	个人费用				部门分摊	净利	收款记录			绩效
								薪津	旅费	其他	合计			应收	实收	未收	

主管：　　　　　　　　制表人：　　　　　　　　制表日期：　　年　　月　　日

4. 分　析

市场营业调查表

编号	调查对象	部门	负责人	地址	调查时间	调查动机	关注程度	经过进展
1							A B C D E	
2							A B C D E	
3							A B C D E	
4							A B C D E	

续表

编号	调查对象	部门	负责人	地址	调查时间	调查动机	关注程度	经过进展
5							A B C D E	
6							A B C D E	
7							A B C D E	
8							A B C D E	
备注	A 代表初次调查 B 代表寒暄调查 C 代表介绍调查 D 代表交易调查 E 代表例行调查							

主管：　　　　制表人：　　　　制表日期：　　年　　月　　日

企业销售业务管理统计表

年　　月　　日

编号	品名	现金销售				赊销				合计			
		本日		累计		本日		累计		本日		累计	
		数量	金额	数量	金额	数量	金额	数量	金额	数量	金额	数量	金额

主管：　　　　　　制表人：　　　　　　制表日期：　　年　　月　　日

市场销售业务负面情报分析改善表

公司负面评价

→ 公司整体的形象（1．忧郁　2．落伍的　3．不振　4．自私）
5．闭锁的　6．官僚的　7．其他）

→ 改善提案

承办者、产品负面评价

→ 承办者的负面批评 → 改善提案

→ 产品的负面批评 → 改善提案

→ 流通的负面批评 → 大盘改善　中盘改善　直销改善

→ 交货期的负面批评 → 改善提案

→ 付款的负面批评 → 改善提案

市场营业分析表

营业时间：　　年　　月　　日至　　年　　月　　日　　　　　　　　单位：元

区域 项目	区域1	区域2	区域3	区域4	区域5	区域6	区域7	区域8
营业额								
总营业量								
退货额								
退货量								
退货率								
毛利率								
人均营业额								
营业费用								
营业费用率								
人均营业费用								
营业费用/营业量								
本期净利润								
本期人均净利润								
应收账款率								
存货量								
存货额								
存货率								
其他								
备注								

核准人：　　　　主管：　　　　制表人：

制表日期：　　年　　月　　日

市场销售业务分析报表

内容＼部		部	部	部	营业所	营业所
推销员	员工人数					
	能力水平					
	教育成果					
客户	交易客户数					
	客户水平					
	有希望的客户					
促销	商品企划					
	广告宣传					
	促销活动					
	支援活动					
	技术服务					
销售管理	销售事务					
	交货运送					
	回收管理					
供货厂商						
综合评价						

主管：　　　　　　制表人：　　　　　　制表日期：　　年　　月　　日

年度业务报告格式

年度业务报告

[　　　　] 相关报告

年　　月　　日

报告人　　　　　　　　科

签章

1. 概要

逐月地报告工作（营业、销售、生产、管理等）

概况（好、不顺利、成长、停顿、低落等），在此简要地叙述其理由、情况。

随文附上说明之统计、资料等。

2. 检讨点

简单扼要地叙述以客观的事实就上列原因、要因、状况，所做的分析、检讨点。

3. 修正提案（提议）

①以记录客观的情势、状况分析为本，对于新的再出发、活动，提出自己的意见、构想。

②叙述重点

a. 避免自我强辩。

b. 避免推卸责任。

c. 审慎处理统计、数字。

d. 尽可能做成一张表的报告。

e. 统计、数字应一目了然。

市场营业经过报告表

单位：　　　　　　　　　　　　　　　　　　　　　　　　年　　月　　日

<table>
<tr><td rowspan="2">认可签章</td><td>董事长</td><td>总经理</td><td>经　理</td><td>部　长</td><td>组　长</td><td>经办人</td></tr>
<tr><td></td><td></td><td></td><td></td><td></td><td></td></tr>
<tr><td>要件</td><td colspan="6"></td></tr>
<tr><td>营业部经过报告</td><td colspan="6"></td></tr>
<tr><td>财务部</td><td colspan="3"></td><td>审查部</td><td colspan="2"></td></tr>
</table>

市场业务投标结果报告表

投标件名称：____________

投标厂商	投标日期	开标日期	投标者姓名	投标金额	再投标金额	落标金额	备注

填表人：　　　　　　　　　　　　制表日期：　　年　　月　　日

第三章　市场营销人员管理

1. 销售人员管理

销售经理管理手册

第一条　销售方针的确立与贯彻：

（一）销售方针的内容

1. 销售经理在自己所辖的业务范围以内制订销售方针。

2. 销售经理可以根据实际情况制订长期方针和短期方针。

3. 销售方针的确立须以公司经营的目的为基础。

（二）销售方针的制订

1. 销售方针的制订应根据公司业务的经营目标及董事长与直属上司的政策，制订合适的销售方针。

2. 销售必须具体、全面，主要包括市场开发、利润的提高、广告宣传、回收管理等。

3. 配合当年的营运重点及公司的经营方针，来订定销售方针。

（三）销售方针的贯彻

1. 要确保销售方针的正确实施。

2. 销售方针的制订要详尽明确，合理规范。

3. 销售方针公布实施后，要在实践中不断改进。

第二条　销售计划的重点：

（一）销售计划的内容

1. 销售经理所拟定的销售计划，不仅要有预算数值，并且要有实施的计划和实施的步骤。

2. 应包括销售组织、商品、消费者、售价、销售方法、促销（包括广告和宣传、销售预算等）的广义计划。

（二）销售计划注意事项

1. 配合已拟定的销售方针与政策，来制订计划。

2. 拟定销售计划时，不能只注重特定的部门（或人）。

3. 销售计划的拟定必须以经理为中心，全体销售人员均参与为原则。

4. 勿沿用前期的计划，或制订惯性的计划。必须要组合新计划，确立努力的新目标才行。

（三）销售计划实施与管理

1. 经理对于销售计划的彻底实施完全负责。

2. 拟定计划后，要确实施行，并达到目标。

3. 计划切勿随便修正，除非遇到情势的突变，或尽了一切努力，仍无法达成目标时，方可更改。

第三条　销售部内部组织的营运要点：

（一）销售组织与业务效率

1. 销售部内：

(a) 组织和推销人员的关系；

(b) 组织的编成方式和业务效率及销售有密切的关系。

2. 销售经理对于自己所辖部门的组织形态和有效率的营运，应经常留意。

3. 要对组织管理不断进行完善。

（二）组织营运的重点

1. 销售组织有效率地营运，首要关键在于销售经理的作法，尤以销售经理的领导能力的发挥最为重要。

2. 对于推销人员，要训练其团队精神。

3. 在销售组织里，要特别注意销售的分担与配置以及责任与权限的明确划分。

（三）权限内组织的修正

1. 销售组织的大纲，应由董事会或董事长裁决；具体细节由销售经理处理。

2. 在销售经理的权限内，应视环境的变化而修正组织，使之具有适应性；对于组织的合理化，亦需立即着手进行。

第四条　销售过程中的注意事项：

（一）根据公司发展情况准确定位

1. 对于业界、自己公司在业界里的立场、商品、资本、地理条件等，要有客观的认识，以采取适当的销售途径政策。

2. 独自的系统化，参与其他公司（或者是大公司）的系列。无论采取哪项政策，都要充分研究相互的得失关系。

（二）以效率为基本出发点

1. 不要以过去的情面、私情、上司的偶发意向，或仿效其他公司，来决定销售途径。

2. 不要仅凭借负责的推销员或顾客（代理商或消费者）等的意见或批评来下判断；必须根据客观而具体的市场调查，来决定销售途径。

3. 效率不高的销售途径，应果断地废止，重新编制新的销售途径。关于这一点，销售部的经理，必须及时向上司进言。

4. 交易条件和契约的订定必须格外地仔细，一切都要以书面形式进行。

（三）开拓新的销售途径

1. 销售经理必须调查研究，并努力企划更有效率的销售途径。

2. 纸上谈兵是无法知道确实的效果的。所以，应该在危险性较小的范围内，先试行看看。

第五条　市场调查注意事项：

（一）计划与策略必须详尽

1. 不管调查的目的和规模如何，实施的方法一定要有细密的计划。

2. 尽量以最少的费用、时间、人数来完成调查。

3. 在预备调查或正式调查期间，如发觉没有继续调查下去的必要时，应立即停止调查，不要碍于面子而拖延。

4. 尽量利用既有资料和实地调查的资料。

（二）调查结果的有效运用

1. 必须确实地整理调查的内容与严守提出报告的日期。

2. 负责调查者应使调查的结果能够有效地运用。

3. 调查结果应尽量予以运用，不可随便否定或忽视。

（三）公司外的专门机构负责调查时

1. 不要轻易地完全相信对方所说的话，必须先调查该机构的能力、实绩、信用等问题；负责市场调查的销售经理，应亲自去调查。

2. 调查前的商讨要能充分协调。本身的要求及希望应据实提出；调查结果不完整时，应重新调查。

第六条　新设立或撤销分公司、营业处的注意事项：

（一）新设立或撤销均要注意的问题

1. 分公司、营业处的存在，对于经营及销售方面，有利亦有弊。

2. 若利多于弊时，即应设立新的分公司或维持现状；当弊多于利时，即应缩小编制或撤销分公司。

3. 对于利弊的判断，不可依据主观或直觉；必须要凭借科学化的分析。

4. 新设立分公司时的注意事项

（1）事前的调查和利益的核算必须非常慎重。

（2）不要为了迎合上司的偶发意向而设立新的分公司或营业处；必须根据销售经理本身的想法及信念方可。

（3）尽量阶梯式地展开，先由小规模开始（以派驻人员的方式），再渐次扩大。

（4）分公司、营业处的负责人的选定最为重要，不可任意委派。

第七条　开发新产品的注意事项：

（一）避免委任其他部门

1. 供给商品的计划部门、制造的开发部门等，在组织上隶属其他单位时，也不可以完全委任对方。

2. 若商品的开发部门，在自己的管辖范围内时，也不可以委任对方。

3. 最重要的是，要与企划部门及开发部门共同研究。

（二）构想、情报的提供与协助

1. 任何构想及情报，都要毫不遗漏地提供给开发部门。

2. 代理商与消费者的意见特别重要。

3. 应积极地经常与开发部门（有关人员）协同研究，并举行研讨会。

（三）市场开发与销售

1. 如果没有得到销售部门的协助，无论商品多么优良，仍难有较高的销售量。

2. 不要对商品的可销性妄下结论。

3. 销售商品态度，不要敷衍了事，应颇具信心地去销售。关于这一点，销售经理应以身作则，并教导属下。

第八条　人员配置：

（一）适当人选的配置

1. 并非每个人都适合市场开发的工作，故要选用挑战意欲较强的推销员。

2. 以兼职的性质来从事市场开发是收不到效果的；故组织需重新编制。

3. 设立专门的部门及配置适当人选。

4. 公司内若无适当人选，可向外寻求。

5. 行动必须勤勉而积极，并需有耐性。

（二）销售经理应有的态度

1. 销售经理应身为表率，去对付更强的竞争者。

2. 当部属求援时，要及时行动。

3. 若市场开拓的情况未见好转（或趋向不利），切莫沮丧，要有信心及魄力，经常与部属接触。

第九条 信用调查的注意事项：

（一）信用调查的方法

1. 信用调查的方法分为两种：

（1）由公司内的专业部门或销售负责人去从事调查。

（2）借助公司外的专门机关进行调查。

2.（1）（2）均有优、缺点，故尽量合并两者来调查，最为理想。

（二）销售部门实行调查时的注意事项：

1. 编制信用调查的说明书，根据说明书来教导部属。

2. 为了便于判定调查结果，或避免遗漏调查项目，应将信用调查表定型化。

3. 重要的或是大客户的调查，必须由销售经理亲自负责。普通的调查，指定专人负责即可。

4. 对调查的内容有疑问时，不可随便处理，必须彻底查明。

5. 信用调查不仅限于交易前，交易后也要作定期的调查。

（三）借助公司以外的机构时

1. 选择信用调查能力卓越的机构；切不可以只依靠人事关系或贪求收费低廉。

2. 不要完全采用信用调查报告书，销售经理应培养正确地了解报告书内容的能力。

第十条 估价的注意事项：

（一）估价方式的决定

1. 不管估价内容的粗浅繁杂，都要决定固定的方式。

2. 新产品、改良品，应由制造部门、设计部门或其他部门累计成本后，再予以慎重地估价。

3. 估价的方式，必须请教有关人员，以求彻底的了解。

4. 销售经理一定要仔细看估价单。

（二）充分了解有关的情报

1. 估价单提出以前，必须尽量正确地收集顾客及同灶者（有估价竞争时）的情报。

2. 要积极地使用各种手段来收集情报。

3. 必须慎重考虑有无洽谈的必要及洽谈的方式。

（三）估价单提出后的追踪

1. 估价单提出后，必须收到迅速而正确的回馈。

2. 根据估价单的存根，作定期或重点式的研讨。

3. 当交易成功，经理必须出面时，要即刻行动。

第十一条　契约的注意事项：

（一）订定契约时愈慎重愈有利

1. 交易开始时的契约，不论是以书面或口头约定，都要格外地慎重。

2. 设想双方的财力关键，及随着交易所发生的一切条件，将之列入契约里。

3. 要有耐性地交涉，尽量争取有利的条件。

（二）拟定交易规定或契约书

1. 契约应依据国家的法律、法规及有关文件，尤以签订重要的交易或大批交易的契约时，应更加慎重。

2. 共同的、基本的交易，必须依交易规定来决定（如代理商的交易规定等）。

3. 重要的和交易内容复杂的契约书，必须请专家（公司内、外的）过目。

4. 任何一种契约书，经理都必须过目，对于特约事项，更需特别留意。

（三）违反契约或发生纠纷时

1. 销售经理必须亲自想好对策加以处理，不可完全交予部属去处理。

2. 不管是由那一方所引起，不可轻易地放弃或随意处理。

3. 不管任何纠纷，均应将情形呈报上司。

第十二条　顾客管理的注意事项：

（一）顾客总账的作法和活用

1. 根据一定的格式，作成顾客总账（或卡片）。

2. 顾客很多时，只要作重要的或大客户的总账即可。

3. 顾客的卡片往往容易被忽略，因此，关于如何有效地活用，经理应充分加以指示和指导。

4. 应随着顾客情况的变化，加以记录。

（二）与顾客保持良好的关系

1. 通过广告宣传、销售计划的综合对策及推销员的个别接触，与顾客保持良好关系。

2. 销售经理不要只去访问特定的顾客，而应普遍地作巡回访问。

3. 不管如何，与顾客沟通意见与保持良好的人际关系最为重要。

4. 销售经理必须充分了解每一位客户的销售、回收和经营的内容。

（三）指导顾客的方法

1. 积极地将有利的情报提供给顾客。

2. 对于改善销售及经营等问题，要经常地指导顾客。

3. 顾客提出意见时，要坦诚、热心地接受。

第十三条　对于代理商、特约商的注意事项：

（一）代理商制度是否适切

1. 目前的代理商、特约商制度，对于目前的情势是否恰当，必须经常加以分析、研讨。

2. 也要经常不断地研究代理商的增减、编制和变更交易条件等问题。

3. 新制定代理商制度时，必须特别慎重，若处理不当，将来会造成行销通路上的困扰。

（二）把握各代理商的实况

1. 销售经理对于各代理商、特约商的实况，应有详细的了解。

2. 代理商总账（卡片亦可），对方的销售或变更事项，应随时加以记录。

3. 不能仅依靠推销员的报告，销售经理也要亲自去访问，以便更加认识各种实况。

（三）与代理商保持良好的关系

1. 不但要与代理商维持良好的关系，同时，要尽一切努力，让代理商协助自己的公司。

2. 对于代理商的请求，亦应尽量予以协助（但要衡量自己公司的力量）。

3. 对于代理商的销售及营业促进有帮助的情报提供与指导，要积极地进行（没有专任人员时，经理必须负责）。

第十四条　促进销售的重点：

（一）一般的重点

1. 公司及销售部门必须具有综合性的促销计划和实施方法。

2. 在决定销售方针、销售政策前，必须充分调整综合性的效率。

3. 企划、计划的事项必须在不失时效的条件下，确实地施行。

（二）直销部门应注意的事项

1. 不要做出与自己公司的营业和销售实情不合的推销方法。

2. 倘若销售不佳，不可只责备推销员（直销部门），应视为大家共同的责任，而加以反省与检讨。

3. 不可太固执于自己的企划；应随着情势的变化，迅速地修正企划。

（三）销售部门应注意事项

1. 关于销售的促进，不可以完全依赖销售企划部门。

2. 让各科实行独自的销售计划。

3. 综合性的、基本性的销售计划所需的情报和构想，应由销售经理提供。

4. 销售部门是否能够提高销售，这完全是经理的责任。

第十五条　协助经销商的注意事项：

（一）有效的实施方法

1. 有关协助经销商方面，销售部门要制订年度方针和实施计划。

2. 设有专门组织（销售企划科等）时，应该让经办的科长，计划和细则。

3. 指导、援助经销商前，要特别研究，应使用何种具体的方法，才会收到最理想的效果。

4. 预算必要的经费和提出这些经费的依据。

5. 除了资金或物质方面的协助外，还要特别注重人事方面（特别是经营、销售等方面的技巧）的协助。

（二）培育指导人员

1. 最重要的是，培育专业的指导人员，才能指导经销商，使之增加销售。

2. 不要让经销商以他们个人的经验来经营或求发展，而应有组织、有制度地教导他们。

（三）与负责的推销员紧密联系

1. 要与负责的推销员经常洽商，以便密切地交换情报。

2. 适时地测定销售效果。

第十六条　广告、宣传的要诀：

(一) 宣传、广告政策

1. 应将宣传、广告政策，当做市场开发的一环。

2. 根据营业与销售的基本政策、销售战略，制定与之有密切关系的宣传、广告政策。

3. 有关宣传、广告方面，应同业务部门的干部开研讨会，及调整政策。

(二) 宣传、广告业务的管理

1. 宣传、广告业务的管理应由宣传科或销售促进科或销售企划科等专任管理，并且，最好能够予以专门化。

2. 宣传、广告预算要在年度计划中，依广告主题、内容、方法编列预算。

3. 当销售各科一起研商时，不要以个人的构想，或外行人的技术为凭借，应尽量采用专家的意见。

(三) 借助公司外的机构、专家时

1. 不要以过去的人际关系、惯性等而随便签约。

2. 应该保持自主性，不可完全依赖他人。

3. 签约时，应毫不客气地提出自己的意见、期望及条件。

4. 对于每一次的广告主题，都要充分地洽商、研究。

第十七条　展示会、旅行招待会的实施要诀：

(一) 共通的要点

1. 企划时，不要完全依赖以下做法：

(1) 高阶层上司的构想；

(2) 经理的构想；

(3) 特定部下的意见；

(4) 过去计划的惯性；

(5) 同行业的做法。

2. 要特别重视利润。利润的算法可以采用：个别计算各展示会、旅行招待会的利润，以及综合计算一定期间内，所有的展示会、旅行招待会的利润等两种。

3. 尽早订立计划。计划前应充分地调查、分析、研讨。

4. 会场上要用和谐的态度，主动地招待顾客。

(二) 展示会的要诀

1. 不可依照销售经理的喜好，来选择展示会的商品。

2. 销售经理应亲临租用的会场察看。

3. 销售经理要亲自邀请主要的客户务必莅临。

（三）旅行招待会的要诀

1. 事前要确知参加者的姓名、人数，并特别留意参加者是否携带家眷或同伴。

2. 分配房间时，销售经理应成为中心人物，尽量使气氛热闹。

第十八条　情报管理的要诀：

（一）情报的内容

1. 情报越多越好，其内容要彻底地研究。

2. 取决情报的内容，应从营业销售促进、业务的经营等不可或缺的部分开始。

3. 销售经理、科长及关系者应共同协商，对于情报的内容，加以取舍选择。

（二）情报的收集法

1. 情报收集的来源，分为公司内部和公司外部。

2. 有关公司内的情报及收集情报的方法，由销售部门作决定，并由各特定的人员负责。

3. 对于公司外的情报的收集法，更应讲究。特别是对于非公开的、机密性的情报，要个别研究其收集法。

（三）情报的活用

1. 情报应有系统地分类整理，以便随时采用。

2. 情报的目的在于活用，因此，应让关系者彻底地明了情报的内容及其活用的方法。

3. 情报、资料应不断地更新。

第十九条　销售方面计数管理的注意事项：

（一）计数管理的内容

计数管理的主要项目如下：

1. 与销售及利润有关的销售额、退货减价、进货、毛利、存货额、存货周转率、经费、收款、回收率及其他。

2. 与劳动生产力有关的个人平均销售额、附加价值、利润、其他交易额、出勤率、工作效率等。

3. 各种计划的预估与实绩间的差异。

4. 计数分析数值。

5. 其他。

（二）计数意识及正确的实施法

1. 管理者应让部下了解数字的重要性、计数所产生的计划与行动、根据计数所作的评价等。

2. 切莫捏造数字或玩弄计数。

（三）预估、实绩的研讨与对策

1. 销售经理果断地研究自己所管部门的科、股、个人（个别的推销员、客户、商品等）的预估与实绩。

2. 要查明预估与实绩间产生差异的因素，及时拟定对策与方法。

第二十条　配销的实施要诀：

（一）销售目标的修订要诀

1. 依分公司、科、个人的努力，编订可能实现的销售目标。

2. 尽量依照利润本位（营业利润、毛利、大概的附加价值等），分配销售目标。

3. 分配销售目标时，要考虑各部门、各人的能力、特质等。

（二）尽量朝着目标管理的方向努力

1. 要将上司分配的销售目标，当做自己（或者是科、股）的挑战目标，努力实行。

2. 个人的销售额总计，最好能符合公司的销售目标。

3. 销售经理应教导部属，使之具有达成目标的观念。

4. 管理者应努力提高部属的观念，这是欲达成目标所需的最重要工作。

（三）分配额的研讨与调整

1. 公司内、外的情势激变时，要慎重地调整分配目标。

2. 不可忽略实绩与结果的检查，以作为再挑战的参考。

第二十一条　交货、送货的注意事项：

（一）严守交货日期

1. 有些推销员或出货、交货的经办人不太重视交货日期，这种观念要改进。

2. 接受订单时，对交货日期要有把握方可。

3. 接受已无存货的订单时，需先确定进货的时间。

4. 销售经理应经常留意下属是否严守交货日期。

（二）出货的注意事项

1. 最好设置出货、交货的专门部门或负责人。

2. 交货期较长的，或分期交货的，应依订单的内容作交货管理。

3. 若发生迟延交货的情形，或送错货物的情况时，应分析其原因，并图谋对策。

(三) 委托公司外的专门业者时

1. 欲决定是否应委托公司外的专门业者时，除了考虑经济因素外，亦需考虑营业、销售的综合利润。

2. 应对专门业者作必要的教导与指示，以防客户对公司产生不良的印象。

3. 要与专门业者密切地洽商、联系。

第二十二条　货款回收的注意事项：

(一) 最重要的是防止呆账

1. 要让推销员彻底地明了收回货款才算完成销售。

2. 以信用制度交易前，应彻底做好信用调查，并决定正确的信用限度。

3. 交易开始后，需定期性地重新研讨信用限度。

4. 应迅速获得客户经营或支付情况的异常情报。

5. 若发现异常情况，应即采取必要措施（限制销售、促进回收货、设定担保物、其他）。

(二) 债权管理及促进回收

1. 债权管理虽然属于推销员及财务经办人所辖，但不可将全部责任委任他们。

2. 销售经理对于各自的销售额、收款额、未收款额等，应经常留意是否异常。

3. 要特别注意把握实态，以免部属对未收货款、回收情况等，计算错误或作为呆账等。

4. 有关货款的回收，应经常叮嘱经办人，以期收到良好的效果。

第二十三条　减价退货的实施要诀：

(一) 决定实施标准

1. 不可让推销员依个人的判断，随意决定减价或退货。

2. 应列出减价及退货的限度及其标准。

3. 减价及退货均应获得销售经理的同意始可。

(二) 把握实际的情况

1. 减价、退货时，一定要开传票，以保留确切的记录。

2. 把握全体及个别（经办人类别、客户类别、商品类别、季节类别及其他）减价、退货的金额、比率、件数等。

3. 需和财务部门（或负责账务者）保持业务上的密切联系。

（三）减价、退货的减少及预防政策

1. 应加强指示及提醒关系者有关减少、防止减价与退货方面的问题。

2. 彻底分析减价、退货的原因，从主要原因着手处理。

3. 切莫强迫推销员达成一定的销售额，以免遭致退货。

第二十四条　处理索赔问题的注意事项：

（一）销售上的索赔，大多是有关交易方面的问题，即商品、价格、交货期、服务及其他方面的问题。

1. 对于索赔，无论大小，应慎重处理。

2. 防止索赔问题的发生才是根本的解决问题之道，不可等索赔问题发生时，才图谋对策。

（二）销售部门的处理

1. 要迅速、正确地获得有关索赔的情报。

2. 索赔问题发生时，要尽快制定对策。

3. 销售经理对于所有的资料均应过目，以防部下忽略了重要问题。

4. 每一种索赔问题，均应制定标准的处理方法（处理规定、手续、形式等）。

（三）要与制造部门等联络

1. 有关商品（制品）方面的索赔，大多与制造部门有关。

2. 要访问经办人，或听其报告有关索赔的对策、处理经过、是否已经解决等。

3. 与制造部门保持联系，召开协议会。

第二十五条　标价包装的注意事项：

（一）销售部的注意事项

1. 厂商、批发商等，有时会集中在销售商的管辖内，做标价、品质检验、包装等工作。

2. 这是商品的最后作业，对品质及交货日期的管理是相当重要的工作，经办的销售经理切不可忽视。

（二）作业效率化

1. 经常与顾客及制造包装的厂商交涉，以减少作业量。

2. 经常研讨设备、机械、工程、作业方法等，设法提高作业效率。

3. 积极地采用作业者的意见及构想。

4. 力求作业环境的舒适

（三）质量管理的注意事项

1. 质量管理兼具检查的工作，故应制定质量检验的标准。

2. 错误的标价及不良的包装，除了会造成直接的损害外，公司的营业政策亦会蒙受不利，故应提高质量意识，彻底地实施管理与监督。

第二十六条　销售事务管理的注意事项：

（一）销售事务的重视与指导

1. 销售事务是销售服务上的关键，切不可有错误发生。

2. 除了销售事务经办人等专门人员外，有不少推销员忽视事务性的工作，或处理事务的能力不足。

3. 销售经理对事务需具备正确的了解与知识，并反复地指导部属。

4. 务必让所有的关系者遵守事务的处理法规。

（二）销售事务的组织与制度

1. 销售事务在组织上应专业化，并设立专职的职员。

2. 尽量让推销员专心销售，不要让他们处理事务性的工作。

3. 销售事务是根据询价—估价—接订单—制造（出仓）—交货—收款—进账等的综合效率所定的事务制度。

（三）销售事务的改善

1. 研究效率最高的事务处理法，并经常予以研讨。

2. 利用电子计算机及其他机械，以求机械化、省力化。

（四）与分公司保持良好的关系

1. 总公司的销售部主动与分公司竞争是一种好现象，但不能导致对立或不协调。

2. 销售经理需特别留意，保持相互间的良好关系。

（五）协调与联络

1. 要密切地实施销售战略上的协调与业务上的联络、洽商及情报交换。

2. 应特别注意彼此间意见的沟通，以免发生误会或不协调。

（六）访问、指导、激励

1. 总公司销售部的经理，应尽量找机会访问分公司，不可总是把分公司的人叫到总公司来。

2. 访问分公司时，需作必要的指示、教导、激励与慰问。

3. 不要仗着总公司的威风，烦扰分公司的人。

第二十七条　推销员的活动管理要诀：

（一）推销活动的特征

1. 推销员必需离开公司，远离上司，依自己的责任行动。

2. 推销活动的管理以自我管理为主体，故提高推销员的道德心及责任感为最重要的事。

（二）行动报告制

1. 各推销员的行动预定表，应由他们自己制作、自己提出；以一个月或一个时期为单位，记录每天访问的地点及事项。

2. 按日报告（或按周报告）不仅达到行动管理的目的，同时，也是情报管理上的重要事项。

3. 每日（早晨或黄昏）开会需以上司为中心，以作必要的指示及正确的指导。

（三）出差管理

1. 近距离或住宿出差，要让职员提出申请（预定），并审阅出差内容。

2. 长期性的出差，有关经过与成绩应让部属作定期性的报告与联络（利用文书、电话等）。

3. 应规定期限内，完成旅费的清算。

第二十八条　销售会议的处理要诀：

（一）必要时才开会

1. 必要、不可缺的洽商、讨论时，才召开会议。

2. 销售部门的主要会议为销售干部会议，各科、股的洽商会议，与制造部门（或提供货源的厂商）的协调会议等。

（二）会议的进行法

1. 议题要在事前通知参加者。

2. 要严守时间（开始与结束的时间）。

3. 理该参加者，均应出席。

4. 设一司仪，依程序进行会议。

5. 不可变成特定者或个人的讲演会。

6. 尽量让多数人发言。

7. 最后应将决议事项整理好，让参加者确认。

8. 应在短时间内完成会议（时间不加节制的会议，徒浪费时间而已）。

（二）销售经理的注意事项：

1. 不要随便开会，不要变成喜欢开会的人。

2. 不要变成销售经理个人的演讲会。

3. 会议中所决定的事情，要确实地施行。

第二十九条　销售经费管理的注意事项：

(一) 经费

1. 销售投资、促销费用（广告宣传费、交际费等）。

2. 附带经费。

1. 及 2. 应分别处理，尤其是 1. 的费用若随便限制、减少的话，销售活动将不能活泼，而益趋衰退。

任何投资都要得到效果，因此，必须节省不必要的经费。

(二) 独立的会计制度或预算控制制度

1. 销售经费需依各种科目，编列年、月预算。

2. 除编列预算的金额外，并应列预算所根据的数值、实施的项目及方法。

3. 销售经理对于细目均应亲自过目、研讨、审阅。

(三) 经费管理的办法

1. 要迅速正确地把握预算与实绩的差异。

2. 要仔细研讨变动费用（运费、出差旅费等）与销售额间的关连。

3. 销售经理需不断地加强节省经费、成本意识等的教育。

第三十条　销售统计注意要点

(一) 统计内容的决定

1. 做太多的销售统计，徒劳而无功；故只要把必要的加以统计并迅速正确地做好即可。

2. 应以销售经理为中心，与有关人员共同协议，确定何种统计为必要的。

3. 适时地检讨统计的内容，就会发觉有些统计是不必要的。

(二) 统计的作法

1. 尽量节省手续及时间。

2. 有效地利用电子计算机及其他计算机器。

3. 利用其他部门（如财务、企划、制造部门）所作的统计资料。

4. 当同一销售部门的各单位需作同样的统计时，应由一个单位做好后，再送给有关的单位。

(三) 统计资料的有效运用

1. 统计的结果大多与经验或直觉不尽相符，故不可轻视统计。

2. 能够有效地运用统计于销售促进方面，才是最重要的。销售经理与全体有关人员应对统计资料发生兴趣，并运用于销售的业务上。

第三十一条　店内的配置、陈列注意事项：

（一）集思广益

1. 应集思广益，以使店内有更好的配置及陈列。

2. 内容包括：客户的意见、批评，从业员的意见、构想，其他公司（或其他店）的情报，专家的智慧等。

3. 不可按照销售经理个人的喜好或偶发的构想来配置、陈列。

4. 要力求简单，不必太花费功夫、费用，应作各种尝试。

（二）改装、增新设备的问题

1. 事前需作充分的调查、分析及仔细的企划。

2. 要预估改装、增新设备所引起的损益是否合算。

3. 尽量排除乐观性的预测，要以客观的态度计划与实施。

（三）请教专家

1. 若公司内有专门的单位或人才，应予利用。

2. 若进货的厂商或批发商有专门的机构（或人），应主动地请求意见。

3. 若欲利用分公司以外的专家时，应先充分地确定对方的能力。

第三十二条　进货管理的注意事项：

（一）指定进货的承办人

1. 若进货事项归销售部门管辖，那么，一定要指定进货的承办人。

2. 要选用具有商品知识、通晓进货厂家、有交涉能力、办事周详、诚实的人。

3. 销售经理应常留意进货业务。

（二）进货计划与管理

1. 进货计划以销售计划及存货计划为基础，故应先确立基本的计划方可。

2. 若依各销售部、分店、营业处独立进货与存货所发生的浪费现象，则必须注意总体性的控制。

3. 进货及付款的日期，需与财务部的经办人联络、协调。

4. 若有资金调动优先的情况时，要特别严守其进货管理（要与财务部保持联系）。销售经理应详查有无过度进货。

（三）进货来源的管理

1. 作进货来源卡，以判断各进货来源的动向与成绩。

2. 销售经理应尽量访问进货厂家，与之保持良好的关系，并收集促销的情报。

第三十三条　商品管理的注意事项：

（一）适当的存货

1. 商品应设立适当的存货标准，据以补货（或退货）。

2. 除了从销售方面检查适当的存货外，亦应从利息方面检查存货量。

3. 若另外设立商品中心（销售部管辖外），应与之保持适当的联系。

（二）商品的进货与出货手续

1. 若有正式的存货设备，存货量多时，应设仓库的负责人（专任者）。

2. 进货、出货均应按所规定的传票实行。总公司与分公司间的进货、出货亦应比照规定。

3. 进货、出货的记录，应考虑记录的利益与记录所需的手续的相关性，应采取利益多的记录方法。

4. 样品的管理容易受忽视，关于这一点，要加以注意。

（三）盘存的清查

1. 尽量每个月清查盘存，至少应三至六个月作一次。

2. 清查盘存可明了公司全部营业的正确损益情形，这是公司的盈亏管理所必需的手续。

第三十四条　管理者的基本条件：

管理者必须发挥领导精神，这种精神是各种条件的总和。

下面列举管理者所需的主要条件，管理者本身应努力加强各种条件的强化及进步。

（一）统率力

若不能完全掌握及统率部属，就没有管理者存在的意义。

（二）指导力

管理者本身纵使很优秀，若不能指导、栽培部属，亦不能成事。

（三）洞察力、判断力

要洞察各事项的本质，才能作正确的判断。

（四）创造力

除了利用部属的创造力外，销售经理本身也应具备优秀的创造力，这样才能相得益彰。

（五）体力、意志力

若身体虚弱、意志薄弱，是无资格当领导者的，因有很多事情，需要销售经理亲自作决定。

(六) 政治力

即交涉方面的能力。

(七) 个人的吸引力

最低限度不要让他人对自己生厌，获得部属的好感及尊敬，这是领导者应有的条件。

第三十五条　管理者所需的自觉与矜持：

(一) 有自觉才会有正确的行动

1. 销售经理本身往往缺乏干部的自觉，才会有错误的行动及失误的情况发生。

2. 无论面对何种事态、对象、场面，均不可失去管理者的自觉。

(二) 自觉心

1. 销售经理（干部、管理者）首先需了解自己的职责后，才会产生自觉心。

2. 了解身为干部者的职责后，才能言行一致，产生正确的自觉意识。

(三) 干部应有的矜持

1. 矜持亦即自尊心。销售经理首先需对自己（管理者）的立场和能力有自尊心，而维持自尊心的方法，亦因人而异。

2. 缺乏自尊心与信心，是懦弱而无主见的人；这种人是没有资格当管理者的。

第三十六条　销售经理的职责：

(一) 有些销售经理并不了解自己的职责

1. 要全面地、正确的了解销售经理的职责。

2. 站在当事人（销售经理）的上司或部下的立场来看，往往有很多销售经理常做出不适合自己职位的工作或事务。

(二) 把握的原则

1. 首先，销售经理对自己应做哪些事情，需要学习。

2. 其次，应依自己公司的组织、职务规定等把握销售经理的责任范围。

3. 再者，需视情况的变化，判断何事最重要，何者应先处理。

(三) 不能偏爱于自己的喜好

1. 销售经理因易专注于自己拿手或喜欢的事务，而忽略其他事务（例如专注于销售活动，忘却全体的管辖责任）。

2. 往往自己不拿手或讨厌的事情，却是管理者应尽的职责。

第三十七条　管理者的配置方法：

(一) 分担的工作适量、适质

1. 每个部门的业务分担，可依分担规定等实施，重要的是销售经理本身应分担何种工作。

2. 个人的业务分担，量的方面不可过多或过少，质的方面应求适合。

(二) 把握实际情况

1. 身为销售管理者，应该知道自己的部属负责何种工作。

2. 最好能制作一张图表，以了解各部属的工作情形。

3. 人数多时，定期地作个人职务分析与工作分担调查，也是一种方法。

(三) 重点应放在重要的工作上

1. 个人分担的工作，应从最重要、不可缺的工作开始。

2. 管理者不要因工作太多，或工作忙碌，而忽略了工作的分担。

3. 销售业务的重要性依内外情势的变化而有所不同，故不可把分担的工作，固定让一个人处理。

第三十八条　权限委让的方法：

(一) 权限的内容

1. 权限委让一般是根据职位（经理、科长、股长等）划分的。

2. 权限分：(a) 共同权限；(b) 个别权限；(c) 职务间共同的；(d) 因职务不同而有所不同。

(二) 权限规则的决定

1. 对主管以上的人，因有公司性的权限规定（虽然有些事情没有规定），依此规定执行即可。

2. 主管以下，即股长、主任及一般职员，亦需明确地规定其责任权限。

3. 销售经理应在可能的范围内，决定自己的部属的责任与权限。

(三) 委让的要诀

1. 若欲将工作的决定及处理委让给部属，应视部属的能力来处理。

2. 各部属能力的判断，应公正客观地把握。

3. 虽然有些不放心，但是亦应将简易的事情委让给部属，否则，部属永远不会产生真正的能力。

第三十九条　命令部属的方法：

(一) 命令系统的确立与遵守

1. 命令系统是联络组织上下的系统，但有些组织并未明确地设立此种系统，致使指示、命令发生冲突。

2. 原则上，命令系统应将命令依序下达（经理下达给科长，科长下达给股长)，若有特殊情况，需直接命令时，应将命令告诉受命者的直属上司。

（二）命令的内容要明确

1. 命令的内容应具体、简洁、易于了解。有时，自己认为易于了解，但对方（受命者）可能并不明了。

2. 命令的内容中，切勿加上希望、注意事项或抱怨等。

（三）要确定受命者是否完全了解

1. 最好让对方复诵一次，以确认他是否了解。

2. 一定要让受命者带着备忘录，以便把内容记下来。

（四）经过结果的追踪

1. 不要以为命令下达，便算了事。

2. 若受命者未提出报告，应主动地追踪、观察其结果。

第四十条　接受部属报告的方法：

（一）报告制度的确立

1. 应于事前决定提出报告的对象、事情、时间及方式。

2. 一定要让部属遵守报告制度。对于不遵守者，应加以强调（或反复地说)，促其履行。

（二）接受报告时

1. 应让提出报告者先说出结论，若有时间，应尽量听其说明经过。

2. 口头报告时，接受者需保持热心倾听的表情及态度。

3. 对于书面报告，应审阅。

4. 不管是口头或书面报告，若部属的报告不得要领时，身为上司者，应教导他。

（三）安抚、指导、与支援

1. 部属完成报告后，一定要加以安抚与激励。

2. 必要时，应作指导，若认为部属需要支援时，应立即行动。

第四十一条　褒奖部属的方法：

（一）褒奖的重要性

居于下列理由，用人时，褒奖是不可缺少的。

1. 褒奖后，部属会产生信心。信心就是力量。

2. 受到褒奖，心境自然愉快；碰到困难的事，也不觉得苦。

3. 受褒奖后，会增加对上司的信赖感。

（二）褒奖的要诀

1. 褒奖就是承认对方优秀、进步，及对其深具信心。

2. 褒奖时①要了解值得褒奖的事实，②若固执自我，将看不见他人的优点，更遑论说出褒奖的话了。

（三）不可过于奉承

1. 奉承与褒奖在意义上稍有不同。奉承将褒奖的话说得太夸大，或任意褒奖。

2. 奉承之事，偶尔为之，并无大害，但常常如此，会致使①部属变得无能，②甚或对上司失去信赖感。

第四十二条　告诫及责备部属的方法：

（一）告诫及责备的必要性

1. 褒奖会使人内心舒适，是用人所不可缺的；但若要栽培部属，告诫及责备亦是必要的。

2. 部属受了上司的告诫、责备后，就会自我反省，因而有所进步。

3. 告诫与责备是领导者的重要责任。

（二）要设身处地为对方着想

1. 不可因自己的情绪或脾气，随意地告诫、责备部属。

2. 若以博爱、诚意、诚实与关怀的态度提出告诫或责备，对方一定会愉快地接受。

3. 若用会损及对方的自尊心、面子的方法，是不会有效果的（如在他人面前指责等）。

（三）注意事项

1. 要以褒奖三次，指责一次的比例。

2. 先褒奖，再提出告诫。

3. 告诫、责备的时间越短越好。

4. 要选择对方在心理上能够接受的时候。

第四十三条　管理部属的方法：

（一）把握应注意的重点

1. 要正确了解管辖部门的全体和各部属的情形，先决条件是留意各细节。

2. 销售经理若对重要的事情不甚留意，或管理不得要领，自己的能力必会遭致部属怀疑，而失去权威。

（二）管理的方法

1. 根据数值

应注重计划、预估与实绩数值的差异。

2. 根据报告

从口头、书面报告，掌握各问题的内容及重点，以便管理。

3. 根据会议、检讨会等

若销售经理经常不在公司内，这种方法最为有效。

4. 根据观察

在室内，可静坐观察；在室外，则应以巡视、巡回等方法观察。

(三) 以自我管理为原则

1. 只有在上司监督下，才会努力工作的人，实在太没有敬业精神了。

2. 要培养不管上司在不在，都会尽力工作的人，以创造良好的工作气氛。

第四十四条　指导、培育部属的要诀：

(一) 要有计划、持续性的实施

1. 身为管理者的销售经理，应有指导、培育部属的强烈观念。

2. 应制订全体的（部门）、个别的（各人）教育计划、指导计划，据以培育、指导部属。

3. 培育一个人，需要长久的时间，万不可期望速成，故需有耐性，继续不断地努力。

(二) 选定指导的方法

1. 教育、指导方法分为集体指导与个别指导，又分为会议式的、讨论式的、OJT（经由实务、工作来学习），Role Playing（让职员假扮某种职位，以培养办事能力）等。

2. 对教育对象、教育内容、预算、时间、设备等作综合性的判断后，再选择最理想的教育方法。

(三) 重视个别教育

1. 身为主管者，应特别注重个别教育。

2. 个别教育、指导最好由经理、科长亲自作，同时，也要让部属的直接上司实施。

3. 评价教育、指导的效果。

第四十五条　与上司关系的注意事项

(一) 把握上司的方针

1. 销售经理的上司是高阶层人士，故需要正确地把握其上司的方针与想法。

2. 若对上司的方针不了解，便要主动地请示。

（二）指示与命令的接受法

1. 接受时，需求明确，若有不明了处，应以礼貌的态度请示。

2. 要以愉快、热心、诚恳的表现、态度接受。

3. 重要的事要记录在备忘录里。

（三）报告、联络的要诀

1. 需依规定实行报告、联络。

2. 报告时，应先提出结论；其经过的说明，要配合上司的询问及时间的限制。

3. 书面报告应站在审阅者的立场来实施。

（四）告诫、责备的接受法

1. 对告诫、责备应虚心地接受，绝对不可当场辩解。

2. 若上司的告诫有明显的错误，应另外找时机，委婉地说明。

销售经理本身若能恰当地实行上述各点，对部属亦能保持上司应有的正确态度。

第四十六条　与其他部门的联络与协调：

（一）特别重要的联络、协商

1. 销售业务内容特别复杂或重要的案件。

2. 销售业务需要和其他部门共同协调处理时。

3. 互相间存在着误会或双方步调不一致时。

4. 案件的处理，对其他部门有很深的关连性时。

（二）联络、协调方法

1. 利用会议

应视案件的重要性，经常召开。

2. 利用电话、文书等

案件的内容特别重要时，经常使用电话、文书等。

（三）应采取主动的态度

1. 不可嫌麻烦，应主动与其他部门联络、洽商。

2. 不要存着“对方应该会与我联络”的观念。

第四十七条　销售业务的改善与合理化：

（一）销售经理应保持正确的观念

1. 干部对该如何有效地处理自己所管部门的业务，应深切地表示关心。

2. 除有正确的观念外，不可忽视或压抑部属的改善意见、构想、提案等。

（二）改善与合理化的手续

手续的原则如下：

1. 决定改善、合理化的对象（尽量把重点放在效果大的事项上）。

2. 相关业务的实态与调查分析（调查越广泛，越能清楚地了解）。

3. 改善、合理化的案件的检讨与决定，需有充分的人员和时间。

4. 案件的实施与修正应迅速地执行（使用新方法，发生障阻时，应除去障阻，修正案件）。

（三）改善与合理化的范围

1. 对全公司的事务或特定的事项，若有专门负责合理化的部门时，除了此一部门应处理的事务外，其余的问题均归自己所管的部门负责。

2. 只要是销售经理的责任权限内的事务，均不可怠忽。

第四十八条　销售经理执行职务的方法：

（一）部属是自己的镜子

1. 要了解领导者的才能如何，观察他的部属便可一目了然，销售经理应记住此事，以为处事、行动的准则。

2. 若有不能进步的部属、不能充分发挥能力或不能主动办事的部属，销售经理应视之为自己的责任。

（二）最重要的是以身作则

1. 想用口头或小技巧指导他人，是不会有效果的，必须身为表率，部属才服从。

2. 上司是部下的模范，若上司经常迟到，就不能对迟到者提出告诫。

3. 干部要怀有先忧后乐的态度。

（三）经常反省

1. 虽然自己认为没有错，但若站在别人的观点，就会发觉自己的言行，或对事务的处理，有很多有待改进之处。

2. 若能经常自我反省，就可发现自己的缺失。这时，应有坦率接受的勇气，并立即改正。

第四十九条　自我启发的要诀：

（一）自我启发的重要性

1. 自我启发对所有的人都是必要的，对身为销售业务领导者的经理，更是重要的事。

2. 人大多有好逸恶劳的本性，即使销售经理也不例外。

（二）自我启发的方法

1. 工作方面

对自己的工作，尽全力以赴，自然就会进步。

2. 生活方面

若能适当地安排自己的生活，使之更充实，也是一种自我启发。

3. 要作各种努力、学习

阅读、听取他人的意见、自我学习、参加研习会、参观等，都可以增广见闻。只要努力，学习的方法是无穷的。

（三）继续不断的努力

1. 人的成长需要长时间，继续不断的努力。

2. 没有耐心，或三分钟热度的学习方法，是不会有效果的，每一个人都应该继续不断地努力。

销售部经理岗位职责规定

第一条　在总经理领导下，全面负责公司产品的市场开发、客户管理和产品销售组织工作。定期组织市场调研，收集市场信息，分析市场动向、特点和发展趋势，制定市场销售策略，确定主要目标市场、市场结构和销售方针，报总经理审批后组织实施。

第二条　根据企业的近期和远期目标、财务预算要求，协调各部门的关系，提出销售计划编制原则、依据，组织销售部人员分析市场环境，制定和审核销售预算，提出产品价格政策实施方案，向销售部人员下达销售任务，并组织贯彻实施。

第三条　掌握国内外产品市场的动态，每周在总经理主持下，分析销售动态、各部门销售成本、存在问题、市场竞争发展状况等，提出改进方案和措施，监督销售计划的顺利完成。

第四条　协调销售部和各经济组织的关系，经常保持同客户的密切联系，并同客户建立长期稳定的良好协作关系。

第五条　提交产品重要销售活动和参加国际、国内产品展销活动实施方案，组织人员，准备材料，参加销售活动，广泛宣传本公司产品和服务，对销售效果提出分析，向总经理报告。

第六条　经常和客户保持联系，掌握客户意向和需求，并提出签约原则的价格标准。

第七条　定期检查销售计划实施结果，提出销售计划调整方案，报总经理审批后组织实施。

第八条　掌握产品价格政策实施情况，控制公司不同客户对象及其不同季节和价格水平，定期检查计划实施结果，及时提出改进措施，保证企业较高的平均赢利水平。

第九条　定期走访客户，征求客户意见。掌握其他公司销售情况和价格水平，分析竞争态势，调整产品销售策略，适应市场竞争需要。

第十条　参加公司收款分析会议，掌握客户拖欠款情况，分析原因，负责客户拖欠款催收组织工作，防止长期拖欠。

第十一条　培训和造就一支不同年龄和不同层次的产品销售专业队伍。

第十二条　制定销售部管理制度、工作程序，并监督贯彻实施。严格控制销售费用开支，规定开支范围和标准，监督销售费用的使用。

销售人员标准作业手册

第一条　办理客户业务前的基本准备工作：

营业助理应及时复查上次该客户当面所交代或离开后来电或来函所应办工作是否已完成，如未完成应速办妥。

（一）营业助理对客户所寄来拟在仿制的原样品，如需准备报价、样品、印盒、纸套、标纸、标头、陈列箱、说明书等资料，应即准备齐全，如有问题不能解决，应即向主管经理请示如何处理。

（二）营业助理须将客户所欲购的项目，应准备最新报价，以满足客户再订购的需要。

（三）营业助理应客户所需代订饭店房间，并于前一天再与饭店联络，不可有误。

（四）营业助理须通知装押助理，最迟于于客户来前一日办妥 OOL。

（五）如需采购部有关科长配合准备工作者，营业助理应协调妥善对大客户来应预到公司日期。

第二条　客户接待工作：

（一）如需到机场迎接，营业部助理应向总务科安排接机事宜，并应于飞机抵达前 2 小时与航空公司机场办事处联络班机确定到达时间。必须提前 5 分钟抵达机场或饭店将客人接来公司。

（二）如客户需赴工厂察看，营业助理应事先与工厂联络，安排行程。

（三）如客户需要游览名胜古迹，营业助理应事先安排观光行程。

第三条　客户来访接待：

（一）赴机场或饭店接客户前，营业助理应将有关资料、档案、样品等置于业务洽谈室。

（二）如客户需要饮料、食品等，营业助理应通知样品室准备。

（三）如需采购部有关科长备询时，营业助理应事先通知待命。

第四条　客户接洽业务：

（一）营业部经理及助理陪客户挑选样品。

（二）经客户挑选的有兴趣产品，营业助理应即记录详细资料及产品编号、规格、包装明细、材数，最近工厂价格。如有必要，得与有关科长协调报价。如客户是以 C&F 或 CIF 条件采购者，应即计算所拟报单位数量的运费，如该产品客户以前曾购买者，则应记录前次厂价与卖价。

（三）与客户洽谈中，对报价及客户所特有要求的规格、形态、大小、尺寸、厚度、结构材料、颜色、包装、品质、订购数量等，营业助理均应详细列入记录，必要时画上该产品草图。

（四）如客户当日未能决定采购者，须待次日继续洽谈时，营业助理应将所挑选出来的样品，留条嘱咐样品室暂保留于业务洽谈室架子内。以免下次洽谈时重复挑选。(保留期限不得超过一星期)。

（五）如客户不予洽谈或已洽商完毕的样品，营业助理应嘱咐样品室归还原处。

（六）客户如有任何询问应即查核答复，如不能即时答复，亦应向客户说明原因并告以何时答复。

（七）与客户洽谈中，对客户所交代的工作应于下次洽谈前完成。

第五条　整理报价单：

（一）应客户需要，将洽谈中感兴趣的产品，营业助理与采购部有关科长协调整理报价单，经主管经理核阅后打出交给客户。

（二）客户订购产品，营业助理应于客户离公司的当日或限内将报价单单项总价及全部总价底稿整理妥当，呈主管经理阅后，把报价单所规定份数增加二份。如是 C&F 或 CIF 时，报价单上的材料不予打出。

（三）营业助理，应即核对报价单是否与底稿相符，如有错误即自行修改确实无误，然后抽出一份报价单请示经理后，开国内订单，连同国内订单装运联一并交装押助理。

第六条　开国内订单：

营业助理应时常查核自存的报价单，并尽速请主管经理会同有关采购科长发出国内订单，并在存档报价单及资料卡或 PRICELIST 上注明承制工厂、厂价、国内订单号码及日期。

(一) 订单上唛头可采用刻章或打字。

(二) 如国内订单上数量、价格、包装、规格、唛头有变更时，即发出“订单更改通知”，并与原国内订单留底联装订一起。

(三) 如是将国内订单改开另一工厂，则应于国内订单留底联、验货联、装运联上注明，“本订单是原订单鬃号重开，原订单作废”并于存档报价单联及资料卡或 PRICELIST 上更改国内订单号码、日期、承制厂名称价格，但在工厂联及签回联上绝对不可注明该订单是重开，并即将装运联直接交装运押助理。

(四) 原国内订单如是改开别家工厂时，须用特别编号。

举例如下：

KR—××××（此为改开订单号码）

K—××××（此为原订单号码）

(五) 需动退的货，外箱上要打记号，应于订单上特别注明，告知工厂。

(六) 如是纺织品的订单，亦应于订单上注明需办 GUOTA 才可出口。

(七) 印制样品请款时，务必附上样品才可付款。

(八) 订单一个 ITEM 在 5000 元人民币以上，科长在时一定要让科长签字，才能寄出，如科长不在而急需寄出的订单由营业部自行决定。此订单进否要由科长签字才寄出，但如未经科长签字的订单，采购科长应协助出货，而催货则由营业部负责。

(九) 凡向工厂催货（包括配件及印刷品）一切的责任由营业助理负责，但装押助理协助催货。

第七条　开好国内订单：

(一) 国内订单开妥后，须校对与报价单上所列的包装、数量是否相符。

(二) 开妥国内订单送主管经理核阅签名后：

1. 留底联存查。

2. 工厂联及签回联及验货联交管制中心。

3. 装运联连同报价单一份交装押助理保存出货用。

4. 签回联逾 10 天工厂未自动签回时，由管制中心过滤，如该订单单项金额超过美金 2000 元（或人民币 8 万元）者，通知有关副（助）理或外务员负责签回，（如金额未超过以上金额者不必硬性签回），如超过美金 5000 元者，务必由各有关科长签回。

5. 管制中心收到签回联时，核对单价、数量后，如签回联上有更改部分，应由管制中心通知各承办助理，再交行政助理处理后转交各有关人员更改样品室价格。

（三）营业助理收到出货样品时，须详查出货样品的品质规格是否符合客户要求，如符合则呈阅主管经理后将出货样品自行保管，否则即刻请示主管经理如何处理，验货平面由主管经理核阅后收回再保留。

1. 营业助理取回出货样品，仍交由管制中心销案后，自行保管。

2. 送他仓库的出货样品亦需取回，但贵重及体积太大的，助理可自行决定是否取回。

（四）工厂收到订单要求承办助理改价，须由经理决定不可自作主张。

第八条　索取样品：

（一）客户未订购，但要求样品的项目应请示主管经理会同采购部有关科长向工厂索取样品，并填妥样品索取函，以三联交收发中心以一承留底。

（二）客户已订购者，应按报价单国内订单上规定数量向有关工厂索取样品。

（三）索取样品如急迫时，以电话与有关工厂及外务员联络。

（四）重要样品如在限期内仍未收到回音时，应即填写“重要样品逾期追问单”，交有关采购科长采取紧急措施。

（五）对外务人员交办的事项，应随时督促如期完成，如有任何困难时请示主管经理处理。

（六）收到工厂样品后应即详细检查是否完好无缺，如有规格不符或损坏应速通知工厂重寄，并嘱咐注意改善及小心包装。

（七）向工厂索取样品时，要注明该工厂产品的编号，如无工厂编号，须附上草图或相片。

（八）向工厂索取样品时，请勿写客户及地区名称。

（九）外借样品申请单上一律附上“2×3”相片留底。

（十）内借（暂借）样品应于资料中心登记。

（十一）凡一个 ITEM 拍成一张的相片均以“2×3”为主。[附件]

索取样品职责的划分：

1. 旧样品一律由营业部直接向工厂或外务员索取，若无法取得，请科长提供资料，由助理继续索取，到完成为止。

2. 新样品一律要科长负责索取，所谓新样品包括：

（1）客户送来的样品（图片）。

(2) 旧样品但有部分更改者。

①外务员编制隶属采购部，但其工作直接对营业部负责。

②有订单的新样品由科长负责索取样品留底。

③无订单的新样品索取期限已届，科长无法完成，应呈所属经理，说明理由。

第九条　寄样品给客户：

在收到工厂所寄来的样品上，贴妥本公司标签与 ITEM NO. 品名：

(一) 如以海邮或空邮寄出者，应打收件人地址、姓名、电话、标签及 SAMPLE INVOICE 五联，在第四联上签名及注明日期交包裹组寄出，将第三联随同样品装入箱内。第一联寄客户，第二联交收发归档，第五联自存。

1. 如样品数量过多或价值过高，而交涉仍需付样品费者，应于 SAMPLE INVOICE 上注明 SAMPLE CHARGE 并去函向客户索取样品费及邮费。

2. 每 3 个月依自存的第五联 SAMPLE INVOICE 清理客户未寄来样品费邮费或其他费用，打 DEBIT NOTE 用会计科长名义向客户索取。

3. 寄国外包裹，由各助理自行包好，装入箱内。

4. 如寄出 SMP 需办出口配额者，承办助理应特别注意事先办理。

(二) 如以航空货运方式寄出者，应打 SAMPLE INVOICE 六联单价打上虚价（不实的价格）第一联于样品寄出后随函寄给客户，第五联由航空货运公司签名后交秘书室收发人，六联自存。收到航空货运公司提单应核对航空运费、客户地址及班机是否正确，如航空货运公司计算佣金时核对，其余交秘书室存档，如航空运费为本公司支付者，须客户确实收到货品时才可签付运费。

(三) 所有寄出国外的样品须由经理过目，再行寄出。

第十条　客户来电来函来样品：

(一) 收到客户来电来函，应立即请示经理如何处理。

(二) 收到客户来拟仿制的样品，或寄来的目录相片及其开发报价等，应即请示主管经理。

(三) 主管经理外出时，营业助理应在自己能力范围内所能管的事先行管理，主管经理返公司后，再呈报处理经过，如系紧急事项，应设法与主管经理取得联络，以便迅速处理。

第十一条　须经确认样品、印刷品：

(一) 如国内订单上载有样品、印刷盒、纸套、标纸、标头经国外客户确认通过后，立即以公司印的表格，寄交工厂及有关外务员，留底一份交装押签收，并在原国内订单装运联上登记后再交回营业助理留存。如以电话通知工厂，应补寄通知以便安排出货。

（二）客户正式确认通过的样品，应会知有关外务员或科长，规格正确以便验货。

第十二条验货：

（一）如非专案订单因订购数量小或外务员忙碌，因地区偏远无法前往承制厂商货或因承制厂商品质差，外务人员不能决定可出货时，外务人员来电或来函通知，营业助理应即请示主管经理如何处理。但××地区不论任何情况，应通知外务员必须亲往验货。

（二）营业助理因解决重要问题须往工厂时，应填出差申请表返回公司后凭出差报告表，向总务科请领差旅费。

（三）所有订单的验货联均由管制中心直接寄交外务员，以便协助催货，如助理需到仓库验货，自行找装运联或留底联。

第十三条　申请国外（内）佣金赔偿：

（一）营业助理填妥申请书，送呈主管经理、总经理签名核准送交押汇科长，如赔偿须扣工厂者于表上注明并另填写扣款单一份交会计，一份交稽核，一份交采购科长，一份留底，以便工厂请款时扣除，如是亲自来的客户，须备妥收据及护照影本送交会计制单。

（申请书为四联，其中一份留底）

（二）在支付国外佣金时必须：

1. 与国外公司订佣金可在任何地点支付的契约影本交会计。

2. 每支付前由对方公司来信指定由某人携带该公司开立的收据支领。

（三）押汇科长收到国外汇款支出申请单，送交有关会计签收一份，另一份交稽核。

第十四条　对样品处理：

（一）出货样品：营业助理必须取得并切实负责验货无误后予以自行保管或予补样。

（二）收到工厂新样品，呈阅主管经理后，应附厂商住址、电话及负责人姓名及价格资料即送采购部有关科长编资料。

（三）承办助理收到新样品，应从速送采购部，如获订单，可得奖金。

（四）有秘密样品（专利或只能卖给专门客户）不可随便陈列于样品室。其订单及样品函的科长栏应改填经理名。

（五）如需向商业部门借出样品时，应填写“样品外借申请单”连同彩色照片呈总经理核后方可借出。

（六）如有不可陈列的印刷盒，由承办助理于出纲 SMPL 上注明“不可陈列”字样，先交管制中心销案后，再由管制中心送交承办助理保管。

第十五条　注销国内订单：

（一）营业助理向装押助理签收“营业部订单货款支付核准单”须详细核对单价、数量及扣款事项并作付款记录后交管制中心核对，无误后签名呈阅经理，并将原国内订单底上予以注销。

（二）凡有退关税或退货物税的工厂在未结关前请款一律保留 50%（包括送仓库货），如工厂急需货款，亦应先开来保证票。

第十六条　接到报价单与国内订单：

装押助理收到由营业助理转来的报价单与国内订单时，应核对报价单与国内订单上包装、数量是否完全相符，如发生错误或有疑问时，应即与营业助理协调或请示主管经理如何处理。

第十七条　签收 L/C 影本：

（一）押汇科长收到 L/C 后，即影印一份送交营业经理签收，再转交营业助理核阅并在存档的 O/C 上登记 L/C 号码、S/D、V/D 以及金额后，交装押助理。

（二）L/C 可能发生的问题如下：

1. 收到 L/C 时须先核对总金额、数量、单价是否正确。

2. 收到 L/C 当天时，如距有效日少于 3 天，即须向主管经理提出。

3. 通常 L/C 是可分批，如不可分打，须向主管经理提出。

4. 如由广东无直接船可到达的港口，须看 L/C 是否可以转船，如不可以须请示主管经理，必须特别注意出口港不能指定为广州。

5. 核对受益人全名、地址有无错误。

6. 核对交易条件是为 FOB、CIF、C&F 是否相符。

7. L/C 内容有无错误字。

8. 有无规定整批或限装货柜或特别指定船公司。

9. 如同一客户有数张 L/C 时须看有无规定可予合并。

10. 如 L/C 直接由国外客户寄来，而未经银行登记，须即请示主管经理是否送银行核对其签字是否符合。

11. 如远期付款的 L/C 应查看利息，是否由买方负担，如否，应立即请示主管经理。

12. 如有怪异字眼，或条款有违常理者，应立即请示主管经理。

第十八条　装船通知单：

(一) 依照国内订单的规定交货日期一个月至一个月前开始作业，由装押助理按外勤人员的报告或直接与工厂联系后填写装船通知单。

送货柜场者：共四联

第一联：寄工厂，由装押助理写好厂商信封交营业助理签字后再送收发。

第二、三联：（1）寄有关外务员，在第二联上填妥确定出货日期、净重、毛重、体积、未能如期交货原因后寄回经理，再交装押助理协调安排出货。(2) 如每一 ITEM 超过美金 5000 元者，第二联交有关科长，第三联仍寄交外务员。

第四联：装押助理存查。

货送仓库者：填“送仓库船通知单”，共二联

第一联：寄工厂，由装押助理写好厂商信封交营业助理签字后，再送收发。

第二联：装押助理存查。

如重要订单未能如期交货，得填写“重要订单逾期追问单”交有关科长协助处理。

(二) 如国内订单规定收到 L/C 后才通知生产者，收到 L/C 当日即在装船通知单上注明“L/C 已收到”，船期通常以 S/D 期限前三星期为宜。(弹性应用)

(三) 如国内订单规定须等样品确实通过才生产者，当收到客户确认函电时，由营业助理填写确认函交工厂，并将留底联交有关装押助理签收，并在国内订单装运联上登记后，再交回营业助理，以便安排船期。

(四) 需确实注意出口货品是否含有须办退税进口零件，协调报关行后与有关部门办理手续。

第十九条　催货：

(一) 送货柜场的装船通知单发出后一星期内如无回音交货，应该会同营业助理向工厂或外勤业务人员催货。

(二) 退税资料寄来本公司时，应先告知工厂填明承办人姓名，否则经常很多助理有同一家工厂的货，退税资料往往误传，而发生工厂不能退税的麻烦。

第二十条　收到仓库送来的进货单：

(一) 装押助理收到进货单应即核对，对所列的唛头、数量、包装情况

表是否与国内订单符合，如需更正即刻通知仓储科长处理。

（二）收到进货单后，需通知助理前往仓库验货，并制订“某部订单货款支付核准单”。

（三）如未通知送货柜场而擅自送来仓库者，应扣运费。

第二十一条　签订S/O：

（一）依据出货明细表及国内订单装运联所示大约材数计算体积重量。

（二）向拟装运的船公司或报关行查是否确实签到S/O。

（三）船期如有提前或延后，应立即与工厂联系务必配合。

（四）打S/O时须查核是否每张均打，如有漏打，应即时补上，以免报关行在船公司重打，浪费时间。

（五）签S/O的时间应提早一星期或两星期，或事先以电话与船公司联络订船位。

（六）如装整台货柜时，货物实际重量不可超过船公司所规定的重量，如超过时应请示主管经理处理。

第二十二条　结关前工作：

（一）如由他库装货柜出货者，应提前将出货明细表一份交仓储科科长，以便送货。（货未到或尚未验货，应在明细表上注明）

（二）如由仓库出卡车者，须在结关前二天将出货明细表交押汇科长，以便及时通知卡车，货未到或尚未验货必须在明细表上注明。

（三）须密切注意仓库出货时间、车号、唛头、数量及送货地点，确定时应即通知报关行。

（四）于船期结关前一日，确定出货明细表的正确项目、数量，如所出的货有配件印刷工厂者，须于出货明细表上注明。

（五）打PACKINGLIST六份，并于其中三分抬头改成INVOICE并于其上注明每家工厂正确全名、统一编号、发票号码，交营业助理核阅。并填写出口登记本四联，第五联（财务）连同PACKINGLIST三份INVOICE二份送交押汇科长盖章后，连同退税资料交报关行，一份交会计科长，其中另一份INVOICE自行留底。

（六）出口登记本上所列规定送件日期及预计入账日期，应填写结关后7天，如有迟延应写原因。

（七）送货当天早上必须联络工厂确实出货时间、卡车号码及到达时间，确定时立即通知报关行。

（八）结关当天如有未能确定工厂出货把握者，须立即修改资料，将该纲报关。

（九）货如未依时间送达，所发生海关费用及规费应有记录，并于签订单支付核准单时填上应扣数目，注意请款时扣除。

（十）装押助理如当日有结关的货，须所有的货到达确实报关完毕，才可下班。

（十一）装押助理必须待进货柜场的货确已送达无误才可制“营业部订单货款支付核准单”。

（十二）工厂的出货发票要开送货当天的日期、配件，如分批出货，亦需于每一次出货（磅货）即开来当天的发票，不可延迟于送货。

（十三）工厂如在货未结关前，即已送达货柜场，而有需退货物税或关税者，请款时一律暂时保留 50%，并于货款支付核准单上注明此点。

第二十三条　结关后工作：

（一）装押助理须查询报关行及船公司，货是否确实出口无误，如确实无误，将出口明细表一份交会计，另一份送管制中心，并将营业部订半日货款支付核准单交营业助理。

（二）催 CBC 必须确实于结关次日取得，除非以错单出口者，须随时催报关行，最迟须于一星期内取得，否则须向主管经理报备。

（三）于 CBC 到达后，如要办理经济部产地证明书，须附上 INVOICE 一份，工厂已盖好章的原料来源加工切结书一份及 CBC 副本一份送交报关行，以便办理产地证明。

（四）在拿 B/L 前须将 S/O 留底正确无误一份交报关行，以便到船公司拿 B/L 时核对。（五）在收到 B/L 时立刻核对材数与运费与内容有无错误是否符合。

（六）B/L 如须预付运费，应会同营业助理填妥营业部杂费支付核准单交有关会计，如经理不在，为争取时效，可凭装押助理签名，即送会计付款，事后由会计送给经理、副经理、助理补签。

（七）将文件备妥，待文件齐全后，将全套押汇文件另加出货明细表 INVOICE，B/L 各一份连同出口登记本第三联（稽核）第四联（押汇）交押汇科长，将必要文件转送银行押汇，出口登记本第三联由押汇科长转送稽核，时间由结关日起不得超过七天，如有延误需写原因，并须扣各经理利息，并处罚装押助理。

（八）押准文件存档联及寄交客户，联经由营业助理呈阅主管经理后，分别寄出并在存档联上注明“归档”，交收发中心。

（九）押汇科长收到结汇证书连同信汇回条、出货明细表、INVOICE及B/L各一份送交有关会计。

第二十四条　打OOL：

视客户或经理需要，装押助理应按所办客户会同营业助理打OOL三份，一份由装押助理留存，一份交营业助理留存，另一份呈阅主管经理。

第二十五条　收到仓库存货周报表：

仓储科须于每周一上午11时半前将仓库周报表送交行政助理，行政助理于午前送交装押助理，装押助理收到后须填妥L/C期限栏及装船日期栏，并核对数量、唛头厂商无误后交营业助理核对，于每周二中午下班前交主管经理转交行政助理，如仓库存货周报表上有错误时须立刻去电话与仓储科长联系查明。

第二十六条　申请LOCAL L/C：

（一）向押汇科长取表填妥，即送主管经理，总经理签名核准交押汇科长申请，在开发本地信用状申请书上须注明开给何家工厂，手续费是否从工厂扣除。

（二）押汇时LACAL L/C复印件本一份需送押汇科长。

第二十七条　货完全出清时的工作：

（一）国内订单装运联待货完全出清不再使用时，自行烧掉。

（二）L/C影本待货完全出清不再使用时，应即交押汇科长。

第二十八条　核签报关费：

（一）核对唛头、件数是否无误，于出口登记本留底联注销并于出口登记本上报关费栏登记该批报关费，以免报关行重复请款。

（二）报关费如多出规定费用时，应签请经理核准。

营销人员人际关系分析表

营销人员人际关系分析表（一）

1. 是否重视现有的人际关系 检查
2. 是否积极地发展新的人际关系 检查
3. 是否重视同一辈的人 检查
4. 是否重视上一辈的人 检查
5. 是否重视下一辈的人 检查
6. 是否重视异性的生、熟人 检查
7. 是否与不同行业的人来往 检查
8. 是否有智囊团、顾问 检查

营销人员人际关系分析表（二）

1. 是否积极地努力发展人际关系 检查
2. 是否结交朋友的朋友 检查
3. 是否以有取有予的态度发展人际关系 检查
4. 是否本着信用、信赖发展人际关系 检查
5. 是否不辞辛劳地肯定对方的优点 检查
6. 是否积极地肯定对方的优点 检查
7. 是否对方的缺点视而不见 检查
8. 是否避免造成工作上的危险关系 检查

销售人员士气调查管理办法

1. 总则

1.1. 制定目的

为激励本公司销售人员工作士气，以提升销售绩效，达成销售目标，特制定本办法。

1.2. 适用范围

凡本公司销售人员，均应依照本办法之规定接受士气调查。

1.3. 权责单位

(1) 销售部负责本办法制定、修改、废止之起草工作。

(2) 总经理负责本办法制定、修改、废止之核准工作。

2. 士气调查规定

2.1. 调查主旨

(1) 销售绩效成果，除了本公司之组织运作外，最重要的在于销售人员之工作士气。

(2) 达成公司所设定的销售目标，销售人员的工作士气高昂。

(3) 在销售主管指导下，一致合作，愉快而积极地完成职责的一种集体工作热情。

(4) 本公司的销售人员士气调查，亦即销售工作情绪调查，其用意在于了解销售人员中有多少人热诚服务于工作目标，并探讨销售组织运作上的问题点，作为相关单位改进的指标。

2.2. 调查重点

销售人员士气调查重点如下：

(1) 对本公司是否具有向心力。

(2) 组织运作是否合理且有效率。

(3) 对主管的领导统御方式是否具有信心。

(4) 同事间相处是否和谐。

(5) 销售人员精神上是否健全。

2.3. 调查时间

本公司每年1月及7月，定期调查一次。

2.4. 调查方式

(1) 本公司销售人员士气调查应以无记名方式进行。

（2）以各销售单位为调查单位。

2.5. 调查程序

（1）总经理室应排定各销售单位接受调查的预定时间，并事前行文通知。

（2）总经理室于预定时间派员至各销售单位，集合全体销售人员，分发《士气调查问卷》，请大家填写。

（3）接受调查人员应详实填写《士气调查表》，以提供有效资讯作为公司制定政策的参考。

（4）总经理室应于调查完后一周内，将《士气调查表》统计分析并作成报告，报告应包括解决对策。

对策内容应包括下列各项：

A. 提出具体而明确的改善方针。

B. 销售人员适应性调整组合建议。

C. 对产生的问题点提出分析与检讨。

D. 提出如何增进组织运作与检讨。

（5）报告应呈总经理审核，副本转销售部各有关主管参考；必要时应召开会议，以商讨解决问题的方案和对策。

3. 士气调查问卷

总经理室应将每次的销售人员士气调查做成《士气调查问卷》，《士气调查问卷》应针对本办法的调查重点编制。

总经理室编制《士气调查问卷》，除了应考虑本办法的调查重点外，原则上仍应考虑下列各项调查内容：

（1）公司的方针或指示，是否都能彻底实施？

（2）你对自己目前的工作是否感到满意？

（3）是否有因为指挥工作的人过多，而感到无所适从的情形？

（4）职务或工作上的分配有没有偏颇现象，或感到不满？

（5）直属上司在工作上的指导是否适当？

（6）在工作上，是否需要学习更多的知识或技术？

（7）对于每天的工作，是否觉得倦累？

（8）休息时间是否能够充分利用？

（9）现有的设施，若运用得法，是否还能进一步提高效率？

（10）你认为薪资、奖金的决定公平吗？

（11）你知道你的薪资计算方法是否太过琐碎？

（12）你觉得工作环境中，哪个地方最不方便？

（13）你工作的四周有没有危险有害的地方？

（14）你知道你的薪资计算明细吗？

（15）你认为改善什么地方最能提高工作效率？

（16）你认为公司的干部是否十分了解员工的心情或思想？

（17）你认为公司的气氛很好吗？

（18）你是否打算一直在这家公司工作？

（19）你为工作上的事情常与上司商量吗？

（20）你曾为私人的事情常与上司商量吗？

（21）你是否希望常常有与公司干部聚集谈话的机会？

销售人员管理办法

格式范例

××公司销售人员管理办法

第一章　基本规定

第一条　为加强对营销人员的管理，提高公司营销水平，特制定本办法。

第二条　销售人员凡因工作关系误餐时，依照公司有关规定发给误餐费×元。

第三条　原则上，销售人员每日按时上班后，由公司出发从事销售工作，公事结束后返回公司，处理当日业务，但长期出差或深夜返回者除外。

第四条　销售人员对特殊客户实行优惠销售时，须填写“优惠销售申请表”，并呈报主管批准。

第五条　销售人员业务所必需的费用，以实报实销为原则，但事先须提交费用预算，经批准后方可实施。

第六条　部门主管按月视实际业务量核定销售人员的业务费用，其金额不得超出下列界限：经理××元，副经理××元，一般人员××元。

第二章　销售人员职责

第七条　除一般销售工作外，销售人员的工作范围包括：

（一）向客户讲明产品使用用途、设计使用注意事项；

（二）向客户说明产品性能、规格的特征；

（三）处理有关产品质量问题；

（四）会同经销商搜集下列信息，经整理后呈报上级主管：

1. 客户对产品质量的反映；

2. 客户对价格的反映；

3. 用户用量及市场需求量；

4. 对其他品牌的反映和销量；

5. 同行竞争对手的动态信息；

6. 新产品调查。

（五）定期调查经销商的库存、货款回收及其他经营情况；

（六）督促客户订货的进展；

（七）提出改进质量、营销方法和价格等方面的建议；

（八）退货处理；

（九）整理经销商和客户的销售资料。

第八条　在销售过程中，销售人员须遵守下列规定：

（一）注意仪态仪表，态度谦恭，以礼待人，热情周到；

（二）严守公司经营政策、产品售价折扣、销售优惠办法与奖励规定等商业秘密；

（三）不得接受客户礼品和招待；

（四）执行公务过程中，不能饮酒；

（五）不能诱劝客户透支或以不正当渠道支付货款；

（六）工作时间不得办理私事，不能私用公司交通工具。

第三章　工作计划

第九条　公司营销或企划部门应备有“客户管理卡”和“新老客户状况调查表”，供销售人员做客户管理之用。

第十条　销售人员应将一定时期内（每周或每月）的工作安排以“工作计划表”的形式提交主管核准，同时还需提交“一周销售计划表”、“销售计划表”和“月销售计划表”，呈报上级主管。

第十一条　对于有希望的客户，应填写“希望客户访问卡”，以作为开拓新客户的依据。

第十二条　销售人员应将固定客户的情况填入“客户管理卡”和“客户

名册”，以便更全面地了解客户。

第十三条　销售人员对所拥有的客户，应按每月销售情况自行划分为若干等级，或依营业部统一标准设定客户的销售等级。

第十四条　各营业部门应填报“年度客户统计分析表”，以供销售人员参考。

第十五条　销售人员应填具“客户目录表”、“客户等级分类表”、“客户路序分类表”和“客户路序状况明细卡”，以保障推销工作的顺利进行。

第四章　客户访问

第十六条　销售人员原则上每周至少访问客户一次，其访问次数的多少，根据客户等级确定。

第十七条　销售人员每日出发时，须携带当日预定访问的客户卡，以免遗漏差错。

第十八条　销售人员每日出发时，须携带样品、产品说明书、名片、产品名录等。

第十九条　销售人员在巡回访问经销商时，应检查其库存情况，若库存不足，应查明原因，及时予以补救处理。

第二十条　销售人员对指定经销商，应予以援助指导，帮助其解决困难。

第二十一条　销售人员有责任协助解决各经销商之间的摩擦和纠纷，以促使经销商精诚合作。如销售人员无法解决，应请公司主管出面解决。

第二十二条　若遇客户退货，销售人员须将有关票据收回，否则须填具“销售退货证明单”。

第五章　收　款

第二十三条　财会部门应将销售人员每日所售货物记入分户账目，并填制“应收账款日记表”送各分部，填报“应收账款催收单”，送各分部主管及相关负责人，以加强货款回收管理。

第二十四条　各分部接到应收账款单据后，即按账户分发给经办销售人员，但须填制“传票签收簿”。

第二十五条　财会部门向销售人员交付催款单时，应附收款单据，为避免混淆，还应填制“各类连号传票收发记录备忘表”，转送营业部门主要催款人。

第二十六条　外勤营销员收到“应收款催收单”及有关单据后，应装入专用“收款袋”中，以免丢失。

第二十七条　销售人员须将每日收款情况，填入“收款日报表”和“日差日报表”，并呈报财会部门。

第二十八条　销售人员须将每日业务填入“工作日报表”，逐日呈报单位主管。日报内容须简明扼要。

第二十九条　销售人员应定期（周和旬）填报“未收款项报告表”，交财会部门核对。

第六章　业务报告

第三十条　对于新开拓客户，应填制“新开拓客户报表”，以呈报主管部门设立客户管理卡。

第七章　附　则

第三十一条　销售人员外出执行公务时，所需交通工具由公司代办申请，但须填具有关申请和使用保证书。

第三十二条　销售人员用车耗油费用凭发票报销，同时应填报“行车记录表”。

员工建议改善办法

第一条　本公司为倡导参与管理，并激励员工就其平时工作经验或研究心得，对公司业务、管理及技术，提供建设性的改善意见，藉以提高经营绩效，特制定本办法。

第二条　本公司各级员工对本公司的经营，不论在技术上或管理上，如有改进或革新意见，均得向人事部索取建议书，将拟建议事项内容详予填列。如建议人缺乏良好的文字表达能力者，可洽请人事部经理或单位主管协助填列之。

第三条　建议书内应列的主要项目如下：

（一）建议事由：简要说明建议改进的具体事项。

（二）原有缺失：详细说明在建议案未提出前，原有情形之未尽妥善处以及应予兴革意见。

（三）改进意见或办法：详细说明建议改善之具体办法，包括方法、程序及步骤等项。

（四）预期效果：应详细说明该建议案经采纳后，可能获致的成效，包括提高效率、简化作业、增加销售、创造利润或节省开支等项目。

第四条　建议书填妥后，应以邮寄或面递方式，送交人事部经理亲收。

第五条　建议书内容如偏于批评，或无具体的改进或兴革实施办法，或不具真实姓名者，人事部经理得为内容不全，不予交付审议，其有真实姓名者，并应由人事部经理据实委婉签注理由，将原件密退还原建议人。

第六条　本公司为审议员工建议案件，设置员工建议审议委员会（以下简称审委会）由各幕僚单位主管为当然审议委员，经营会议经理为召集人，必要时，人事部经理并得与召集人洽商后邀请与建议案内容有关的主办单位主管出席之。

第七条　审委会的职责如下：

（一）关于员工建议案件的审议事项。

（二）关于员工建议案件评审标准的研订事项。

（三）关于建议案件奖金金额的研议事项。

（四）关于建议案件实施成果的检讨事项。

（五）其他有关建议制度的研究改进事项。

第八条　人事部收受建议书后，认为完全者，应即于收件 3 日内编号密封送交审委会召 集人，提交审委会审议。如因案情特殊，得由审委会另行洽请与该建议案内容有关的人员先行评核，提供审委会作为审议参加。

前项审委会的审议除因案件特殊者得延长至 30 天外，应于审委会召集人收件日起 15 天内完成审议工作。

第九条　本公司员工所提建议，具有下列情事之一者，应予奖励：

（一）对于公司组织研提调整意见，能收精简或强化组织功能效果者。

（二）对于公司商品销售或售后服务，研提具体改进方案，具有重大价值或增进收益者。

（三）对于商品修护的技术，提出改进方法，值得实行的。

（四）对于公司各项规章、制度、办法提供具体改善建议，有助于经营效能提高者。

（五）对于公司各项作业方法、程序、报表等，提供改善意见，具有降低成本、简化作业、提高工作效率的功效者。

（六）对于公司未来经营的研究发展等事项，提出研究报告，具有采纳价值或效果者。

第十条　前条奖励的标准，由审委会各委员依员工建议案评核表各个评核项目分别逐项研讨并评订分数后，以总平均分数依下表拟定等级及其奖金金额。

第十一条　建议案经审委会审定认为不宜采纳施行者，应交由人事部经理据实委婉签注理由通知原建议人。

第十二条　建议案经审委会审定认为可以采纳并施行于本公司者，应由审委会召集人会同人事部经理于审委会审定后3日内，以书面详细注明建议人姓名、建议案内容及该建议案施行后对公司的可能贡献、核定等级及奖金数额与理由，连同审委会各委员的评核表，一并报请经营会议复议后由总经理核定。

唯经审委会定其等级在第四等以下者，得由审委会决议后即按等级发给奖金。经经营会议复议后认为可列为十等者，应呈请董事长核定。

第十三条　为避免审委会各委员对建议人的主观印象，影响评核结果的公平起见，人事部经理在建议案未经审委会评定前，对建议人的姓名应予保密，不得泄露。

第十四条　建议的案件如系由二人以上共同提出者，其所得的奖金，按人数平均发给。

第十五条　有下列各情形之一者，不得申请核奖：

（一）各级主管人员对其本身职掌范围内所作的建议。

（二）被指派或聘用为专门研究工作而提出与该工作有关的建议方案者。

（三）由主管指定为业务、管理、技术的改进或工作方法、程序、表报的改善或简化等作业，而获致的改进建议者。

（四）同一建议事项经他人提出并已获得奖金者。

第十六条　本公司各单位如有任何问题或困难，需求解决或改进时，经呈请总经理核准后得公开向员工征求意见，所得建议的审议与奖励，得依本办法办理。

第十七条　员工建议案的最后处理情形，应由人事部通知原建议人，员工所提建议，不论采纳与否均应由人事部负责归档。经核定给奖的建议案，并应在公司公布栏及第二期月刊中表扬。

第十八条　本办法经呈请总经理核准后公布施行，修订时同。

业务员教育训练办法

第一条　针对“新进业务员”（含：刚由司机升为业务员者）：

1. 分公司经理应立即呈报营业部经理，由营业部经理安排“新进业务员”回总公司受训。

2. 讲师：厂长、营业部经理。

3. 受训的最后一节课由总经理讲话。

第二条　针对“分公司全体业务员”：

分公司全体业务员每年回总公司集训两次，每次两天。总公司将设计课程，安排讲师（含：内聘、外聘）。

第三条　总公司将安排分公司下列人员参加企管顾问公司的讲习课程：

1. 表现良好的业务员和表现良好的司机即将升为业务员者，参加“业务员训练课程”。

2. 分公司经理和主任参加“营业主管”、“行销”、“会计、财务”、“法务”、“领导统筹”等课程。

[注]：

(1) 请各分公司经理随时将表现良好的业务员和司机即将升为业务员的名单，呈报营业部经理并安排参加企管顾问公司的讲习课程。

(2) 分公司人员参加企管顾问公司的讲习课程，“学费”由总公司负担，其他“交通费、膳宿费”等由分公司自理。

(3) 参加企管顾问公司讲习课程的人员，将书面教材影印一份交总公司，供总公司今后有关人员进修研习。

2. 业绩管理

销售人员薪金管理办法

第一条　本公司根据各销售员的营业能力、工作实绩、出勤状况、劳动态度等要素，将销售人员划分为一级、二级、三级3个等级。等级划分首先由市场部主管考核，再报呈公司总经理确定。

各级别的标准如下：

1．一级：能够协助上级工作，对其他员工能起到指导、监督作用的，具备优秀品格的模范员工；一级销售人员要有2年以上从事销售工作的经历，并且在近半年的销售工作中取得优异的成绩；

2．二级：有半年以上销售工作经历，工作努力，经验丰富，勇于承担责任的业务骨干；曾由于不当行为严重损害企业利益者不能定为二级；

3．三级：经过短期培训的其他员工。

第二条　员工薪金为月薪制，由基本工资和津贴构成。

第三条　基本工资实行职务等级工资制。各职级内级差相同。如下表所示：

职务等级工资表

等级	一	二	三	四	五	六	七	八	九	十	十一	十二
金额(元)	×	×	×	×	×	×	×	×	×	×	×	×

第四条　工资等级的确定和升降，根据考核的结果，在每年2月、5月、8月、11月进行。对业绩显著低下者，要适当降级。

第五条　销售津贴以班组成为对象，根据本公司考核办法，用下述方法支付：

1．对突破销售目标的班组成，每得一分增加××元；

2．不属于上述情况的班组成，每得一分增加××元；

3．具体支付时间确定在次月薪金发放日；

销售人员每人每月付给××元销售津贴，凡旷工一日或迟到早退3次以上者，不发给津贴。如果是由于生病或其他难以避免的原因造成迟到、早退或旷工，经过上级主管批准，可以照常发放。

第六条　薪金的支付时间和方法如下：

1．薪金的计算截止到每月20日，25日是发放日；发放日为节假日时，改为前一日或次日发放；

2．月中进入公司者和中途退职、复职的情况下，按实际工作日对月标准工作日所占比例计算；每月计算基准日定为30日；

3．工作实绩不佳或出勤状态差的职员，最多发给基本工资的90%。

第七条　有关销售分数的计算和离、退休人员的报酬，另作规定。

公司外销人员薪金管理办法

（一）基本工资

第一条　基本工资分为固定工资与业绩工资两部分。对新进人公司者，各付一半。

第二条　固定工资按照各自的技能、经验、年龄、实绩和身份确定。

第三条　固定工资每年调整一次。

第四条　业绩工资根据各人的业绩，每3个月调整一次。调整方法是，以固定工资为基准调整业绩工资的比率。

第五条　业绩工资每年按实绩分4次（每季为一次）核定、增减。

第六条　业绩工资部分如持续2年保持稳定，则将其50%转为固定工资。

第七条　由于经济衰退而导致销售实绩下降情况时，不降低业绩工资。

（二）销售奖励制度

第八条　销售奖励分为团体销售奖、个人销售奖、开拓销售奖3种。

第九条　团体销售奖

1. 团体销售奖针对超过销售定额的销售实绩，分别针对部门负责人、一般职员和实习人员采取下述支付方法：

团体销售奖金表

1	2	3	4	5	6	7	8	
超额数		××元～××元	××元～××元	××元～××元	××元～××元	××元～××元	××元～××元	××元～××元
奖金	负责人							
	职员							
	实习生							

2. 销售定额通常以上年同期实绩为基准确定，在缺乏同期依据的场合可根据邻近月度的实绩计算，也可参照类似部门的计算方法核定。

第十条　个人销售奖

1. 个人销售奖以本人去年同期实绩和去年同期相邻月度的平均数为基

础，增减一定百分比确定个人销售平均定额，凡超过定额的，均予以奖励；

2. 本项奖金最低为××元，最高为××元，具体分配确定由企管、财务部门具体负责。

第十一条　开拓销售奖

1. 事先经公司批准，建立起新的客户关系，销售出第一批商品后，一次性发给××元奖金；但以开拓销售为专职的外销人员不在此列；

2. 从第二次交易开始，以一定月份为期，按照每月平均销售额支付奖金。支付办法见下表：

开拓销售奖金表

平均数	奖金额（元）
××元以上	____
××元以上	____
××元以上	____

（三）职位津贴

第十二条　职位津贴按月支付。由于任免时间形成的不足1个月的天数，按实际工作天数占月标准工作日的比例计算。

1. 部门经理：××元；

2. 主　　任：××元；

3. 班 组 长：××元；

兼职者按上一级职务对待。

（四）外销津贴

第十三条　外销津贴按照连续从事外销工作时间长短发给（不含主任以上负责人）：

1.A级：一天××元；

2.B级：一天××元；

3.C级（实习生、助手等）级：一天××元；

（五）奖金

第十四条　奖金一年核发2次；上半年在7月上旬，下半年在12月中旬。

第十五条　奖金金额按照业绩工资的一定百分比发放。

业务员开拓新客户奖励办法

（一）宗旨

第一条　为了开拓新经销店，强化销售渠道，提高企业利润，特制定本办法。

（二）奖励办法

第二条　期间：××××年×月×日至××××年×月×日。

第三条　奖励对象：营业部全体业务员。

第四条　奖励名额：10名。

第五条　奖励条件：依下列评审标准核计每一位业务员的“总点数”，前10名者入围。

1. 平均进货点数

核计方式：

（1）计算每一个新经销店每月平均进货金额，核定点数。

（2）合计该业务员的全部经销店网点，然后除以新网点，即得平均进货网点。

经销商进货点数统计表

新经销店每月平均进货金额	点数
50万元	32
40万元	24
30万元	20
20万元	16
10万元	11

2. 达成率点数

销售完成点数统计表

完成百分比	销售点数
120%以上	60
110%以上	55
100%以上	50
90%以上	42
80%以上	33
70%以上	26
60%以上	20
50%以上	15
40%以上	11
30%以上	8
20%以上	6

核计方式：

(1)（该业务员××××年×月×日总店数）－（××××年×月×日总店数）＝净增销售点。

(2) 净增＋销售点/规定开拓店数＝完成率。

(3) 以达成率核定销售点。

3. 开拓月份网点

开拓网点进度表

开拓月份	销售网点
1月	20
2月	18
3月	16
4月	14
5月	12
6月	10

核计方式:

(1) 业务员每一新经销店按其开始进货月份核定销售网点数。

(2) 合计业务员的全部新经销店网点，然后除以新网点，即得开拓月份网点。

销售人员考核与奖惩办法

(一) 总则

第一条　每月评分一次。

第二条　公司于次年元月核算每一位业务员该年度考核得分业务员该年度考核得分:(业务员该年度元月 - 12 月考核总分) ÷12

第三条　业务员的考核得分将作为“每月薪资的奖金”、“年终奖金”、“调职”的依据。

(二) 考核办法

第四条　销售：占 60%

当月达成率100%及以上	60 分
90%	50 分
80%	40 分

70%　　　　30分

60%　　　　20分

第五条　纪律及管理配合度：占40%

1. 出勤。

2. 是否遵守本公司营业管理办法。

3. 收款绩效。

4. 开拓新客户数量。

5. 既有客户的升级幅度。

6. 对主管交付的任务，例如市场资料收集等，是否尽心尽力完成。

7. 其他。

第六条　“奖惩办法”的加分或扣分。

第七条　各类人员考核办法如下：

1. 业务员的考核，由分公司主任评分，分公司经理初审，营业部经理复审。

2. 分公司主任的考核，按照所管辖业务员的平均分数计算。

3. 分公司经理的考核，按照该分公司全体业务员的平均分数计算。

4. 营业部经理的考核，按照本公司全体业务员的平均分数计算。

5. “考核”与“年终奖金”的关联。

销售人员考核奖金表

年度考核得分	90分（含以上）	80分（含以上）	70分（含以上）	70以下
年终奖金	底薪×3	底薪×2.5	底薪×2	底薪×1

（三）奖惩架构

第八条　奖励

1. 小功

2. 大功

第九条　惩罚

1. 小过

2. 大过

3. 解职

4. 解雇

第十条　具体奖惩办法

1. 全年度累计三小功＝一大功

2. 全年度累计三小过＝一大过

3. 功过相抵

例：一小功抵一小过

一大功抵一大过。

4. 全年度累计三大过者解雇

5.（1）记小功一次加当月考核 3 分

（2）记大功一次加当月考核 9 分

（3）记小过一次扣当月考核 3 分

（4）记大过一次扣当月考核 9 分

（四）奖励办法

第十一条　1. 提供公司“行销新构想”，而为公司采用，即记小功一次。

2. 该“行销新构想”一年内使公司获利 50 万元以上者，再记大功一次，年终表扬。

第十二条　1. 业务员主动反映可开发的“新产品”而为公司采用，即记小功一次。

2. 该“新产品”一年内使公司获利 50 万元以上者，再记大功一次。年终表扬。

第十三条　提供竞争厂牌动态，被公司采用为政策者，记小功一次。

第十四条　客户信用调查属实，事先防范得宜，使公司避免蒙受损失者（即：呆账），记小功一次。

第十五条　开拓“新地区”、“新产品”、或“新客户”，成效卓著者，记小功一次。

第十六条　1. 达成上半年业绩目标者，记小功一次。

2. 达成全年度业绩目标者，记小功一次。

3. 超越年度目标 20%（含）以上者，记小功一次。

第十七条　凡公司列为“滞销品”，业务员于规定期限内出清者，记小功一次。

第十八条　其他表现优异者，得视贡献程度予以奖励。

（五）惩罚办法

第十九条　挪用公司钱款者，一律解雇。本公司并循法律途径向保证人追踪。

第二十条　与客户串通勾结者，一经查证属实，一律解雇。

第二十一条　做私生意者，一经查证属实，一律解雇。直属主管若有呈报，免受连带惩罚。若未呈报，不论是否知情，记小过二次。

第二十二条　凡利用公务外出时，无故不执行任务者（含：上班时间不许喝酒），一经查证属实，以旷职处理（按日不发薪资），并记大过一次。若是干部协同部属者，该干部解职。

第二十三条　挑拨公司与员工的感情，或泄漏职务机密者，一经查证属实，记大过一次，情节严重者解雇。

第二十四条　涉足职业赌场或与客户赌博者，记大过一次。

第二十五条　1. 上半年销售未达销售目标的70%者，记小过一次。

2. 全年度销售未达销售目标的80%者，记小过一次。

第二十六条　未按规定建立客户资料经上司查获者，记小过一次。

第二十七条　不服从上司指挥者：

1. 言语顶撞上司者，记小过一次。

2. 不遵照上司使命行事者，记大过一次。

第二十八条　私自使用营业车辆者，记小过一次。

第二十九条　公司规定填写的报表，未缴交者每次记小过一次。

销售员实绩综合报告表

销售员姓名：　　　　　　　　　　　　　　　　　　月份：　　年　　月

日	星期	店面招呼客数	访问件数	送货件数	销售件数	收款件数	前月赊销额	销售金额	收款金额	赊销余额	备注
1											
2											
3											
4											
5											
6											
7											

续表

日	星期	店面招呼客数	访问件数	送货件数	销售件数	收款件数	前月赊销额	销售金额	收款金额	赊销余额	备注
8											
9											
10											
11											
12											
13											
14											
15											
16											
17											
18											
19											
20											
21											
22											
23											
24											
25											
26											
27											
28											
29											
30											
31											
当月计		人	件	件	件	件					
前月计		人	件	件	件	件					

业务人员销售统计表

年　　月

销售区或销售员													合计	
	金额	%	金额	%	金额	%	金额	%	金额	%	金额	%	金额	%

第四章　市场营销价格管理

1. 定　价

营销价格管理制度

估　价

第一条　估价要求：

1. 本公司估价活动必须遵守本制度之规定；

2. 新产品、改良产品，应由制造部门、设计部门或其他部门累计成本后，再予以慎重地估价；

3. 估价的方式，必须经有关专家予以确认后方可择定；

4. 销售经理必须仔细看估价单。

第二条　掌握情报：

1. 估价单提出以前，必须尽量正确地收集顾客及竞争对手（有估价竞争时）的情报；

2. 要积极地使用各种手段来收集情报；

3. 必须慎重考虑有无洽谈的必要及洽谈的方式。

第三条　估价单的回收：

1. 估价单提出后，必须保证正确而迅速的反馈；

2. 根据估价单的存根，进行定期或重点研讨。

订货价格

第四条　本部分旨在为营销人员接受订货过程中的价格决策确定明确的规范。

第五条　本公司的标准品、新产品和特殊产品的成本及销售价格的确定，由成本研究委员会负责。

第六条　成本室根据成本研究委员会确定的价格水平编制成本表和销售价格表，并负责检查营销人员交付的订货单所列示的价格是否正确。

第七条　订货价格的决定可分为两类：

1. 由营销人员自行决定；

2. 由总经理决定，或由成本研究委员会审定。

第八条　营销员在确定订货价格时，需兼顾本公司和客户的利益及业务关系，避免任何一方受到损失。

第九条　在接受订货时，应认真调查客户的支付能力，以免货款无法收回。

第十条　营销员依据自己的判断，能够自行决定订货价格的范围包括：

1. 以公司统一确定的价格接受订货；

2. 订货额在××万元至××万元之间，且降价幅度为××%的标准品订货；

3. 订货额在××万元以内，且降价幅度为×%的标准品订货。

第十一条　订货单由营销人员交成本室审核后，报销售主管核准。

第十二条　营销人员在第七条规定范围内进行折价销售时，应填制“折价销售传票”，一式四份。

第十三条　折价销售传票处理：

1. 折价销售传票，由营销人员保存，以作折价销售凭证之用；

2. 折价销售传票，由营销人员交付客户；

3. 折价销售通知单，由营销人员交付财务部；

4. 折价销售统计单，由销售主管转交事务部作统计资料之用。

第十四条　特价处理：

下列各项营销人员无权自行决定订货价格，须由总经理或成本研究委员会审议决定。1. 非标准品折价销售；

2. 特别订货品；

3. 因产品质量问题要求降价销售；

4. 因交货时间迟延而要求降价销售；

5. 因大批量订货而要求降价销售；

6. 外购产品；

7. 新产品订货；

8. 其他与上述各项相关的情况。

第十五条　订货价格决定：

在特别价格各项中，营销人员都需向成本室提交订货单，并经销售主管审查。销售主管审定订货单内容后，属前面四项内容的交总经理决定订货价格，属后面四项内容的交成本研究委员会确定订货价格。

成本研究委员会

第十六条　为准确地确定本公司产品价格，特设立成本研究委员会，委员会由下列成员构成：总经理（主任）、常务董事（副主任）、销售主管（委员）、财务主管（委员）、采购主管（委员）、制造主管（委员）。

第十七条　会议召开：

1. 例会每月固定时间召开；

2. 临时会议需要紧急确定订货价格时召开。

产品售价表

编号　　　　　　　　　　　　　　　　　　　　　　年　　月　　日订

<table>
<tr><td colspan="5">产品名称规格：</td></tr>
<tr><td>产品说明及图样</td><td colspan="4"></td></tr>
<tr><td rowspan="8">规定售价</td><td>销售条件说明</td><td>售价范围</td><td>决定者</td><td>备　注</td></tr>
<tr><td></td><td></td><td></td><td></td></tr>
<tr><td></td><td></td><td></td><td></td></tr>
<tr><td></td><td></td><td></td><td></td></tr>
<tr><td></td><td></td><td></td><td></td></tr>
<tr><td></td><td></td><td></td><td></td></tr>
<tr><td></td><td></td><td></td><td></td></tr>
<tr><td></td><td></td><td></td><td></td></tr>
</table>

总经理：　　　　　　审核：　　　　　　拟定：

产品估价单

客户名称＿＿＿＿＿＿　　日期＿＿＿＿　类号＿＿＿＿＿

产品名称编号＿＿＿＿＿

产品规格＿＿＿＿＿＿　　底价＿＿＿＿＿

		品名	规格	数量	单价	金额
直接材料	制造					
	包装					
	合计					

直接人工				成本汇总	直接材料		
					直接人工		
					小计		
					制造费用		
	包装				销售费用		
	小计				成本总计		
拟售价格				批示			

包装方法	每日生产打数		
外箱尺寸		件数	CIFT/箱
毛重	KGS.	实量	KGS/箱

经理：　　厂长：　　审核：　　估价：

产品报价单

报 价 单

公司

先生　　　　　　编号:

实号

壹、报价日期:　　　年　　月　　日

贰、报价有效日期:　　　年　　月　　日以前

叁、报价项目:

产品项目	规格说明	数量	单价	金额	交货日期
合计:					

一、付款条件:

二、附件:□样品　　件,□图片　　幅,□书面说明　页。

经　理________

经手人________

产品价格分析表

□ 外销______价
□ 内销______价

产品编号				产品名称规格			
说　　明	1	2	3	4	5	6	7
产品售价							
估计月销售量							
月销售额							
单位材料成本							
合　计							
总材料成本							
单位人工成本							
制造费用%							
销售费用%							
单位利润							
估计利润							
利 润 率							
裁决							

总经理：　　　　　审核：　　　　　拟订：

产品售价计算表

编号　　　　　　　　　　　　　　　　　　　　　　　　　　年　　月　　日

产品名称												
	成本项目	用量	售货类别									
			外销A价		外销B价		外销C价		内销中盘		内销零售	
			单价	成本	单价	成本	单价	成本	单价	金额	单价	金额
材料成本												
	合　计											
	损　耗											
	材料成品											
其他成本	项　目	单位成本	用量	成本	用量	成本	用量	成本	用量	成本	用量	成本
	人工成本											
	制造费用											
	销管费用											
	利　润											
	售　价											
备注												

总经理：　　　　　　　　经理：　　　　　　分析员：

产品价目表

产品价目表(一)

售价类别：　　　　　　　　　　　　　　　　　　　　　　　　有效日期：

产品类别	1		2		3		4		5		6	
	规格	售价	规格	售价	规格	售价	规格	售价	规格	售价	规格	售价

产 品 价 目 表(二)

产品类别	产品编号	产品名称	规格	规　　格						备　注
				外销A价	外销B价	外销C价	内销厂价	中盘价	零售价	

产品定价分析表

年　　月　　日　　　　　　　　　　　　　　　　　　　　编号:________

产品名称规格:	
顾客类型说明:	
目前本产品销量:	

成本分析	成本项目	生产数量									
			%		%		%		%		%
	原料成本										
	物料成本										
	人工成本										
	制造费用										
	制造成本										
	毛　利										
	合　计		100		100		100		100		100

产品竞争状况	生产公司	产品名称	品质等级	售价	估计年销售量	市场占有率	备注
	1						
	2						
	3						
	4						
	5						
	6						
	7						

比较图									订价分析	订价	估计占有率	估计占有率	利用率	利润
	单位							200						
								100						
								产品						
	占有率							10						
								20						
								30	决定售价:厂价　　零售价					

总经理:　　　　　　　经理:　　　　　　　分析者:

产品定价分析报告

（一）产品定价分析报告的基本含义

产品定价分析报告是指企业根据市场环境和企业自身实力并结合最终经营目标确定产品或服务最终价格的文书。

（二）产品定价分析报告的写作要点

通常来说，产品定价分析报告主要包括以下主要内容：

1. 产品的定价目标和定价范围；

2. 公司的基本情况；

3. 行业的基本情况；

4. 销售具体情况；

5. 定价预测；

6. 其他事项。

（三）格式范例

××公司产品定价分析报告

一、公司简介

公司主要经营包装纸板制造和纸箱制造，主要产品有箱纸板、瓦楞原纸、涂布白纸板、瓦楞纸板及纸箱。本公司是目前全国最大的包装纸板生产厂家和国家大型一档造纸工业企业，产量规模和经济效益连续多年居全国首位，××××年被××市认定为高新技术企业，是国家重点扶持的重点大型骨干企业之一。

二、基本情况

1. 有利因素

公司所属包装纸板行业，属于“绿色包装”范畴，是国际市场发展的趋势。据调查，在美国，绿色环保包装更容易受消费者的青睐，而我国的消费者也正在成熟，国内企业的产品无论是在国际市场还是国内销售，都必将遇到绿色包装的问题，因而整个行业的发展前景看好。公司实行严格的成本控制，原材料（国内废纸）主要由控股子公司提供，享受税收优惠。另外公司废纸回收工艺较为先进，每吨纸浆耗费量低于全国平均水平，使得公司原料成本较低，与同行业其他公司相比，具有较大优势。

2. 不利因素

随着我国加入 WTO，大量外资也随之而来，公司与新建的外资、中外合资企业相比，生产能力显得不足，规模效益也不明显。

一直以来，公司依靠举债经营，使得资产负债率较高，偿债风险较大。此次股票的发行，将使其资产负债率大大降低，偿债能力也将得到有效的改善。但是，随着公司偿债风险的降低，财务杠杆的作用对公司盈利能力的贡献也将受到很大的限制。同时，由于此次募股资金所产生的效用至少在短期内很难显现，因此我们认为，在经营环境没有太大变化的前提下，公司目前所经营产品的较高盈利能力在短期内很难得到维持。

3. 产品分析

公司隶属于包装纸板行业，成长性较好，主要产品销往经济发展情况较好、需求量大的地区，产品有一定的比价优势。

三、行业分析

1. 纸浆行业基本情况

造纸行业隶属国民经济的基础原料产业，与国民经济和人民生活息息相关，其增长速度高于整个国民经济的平均增长速度。我国是造纸大国，也是消费大国，在总量上供不应求，在结构上高、中档产品的供求矛盾突出。根据国家统计局及海关总署的统计，2000 年度我国纸及纸板消费总量为 3615 万吨，位居世界第二，而人均消费纸张 29 千克，仅为世界人均消费水平的一半，远远低于发达国家的水平。目前我国已从战略高度重视造纸业的发展，对此出台了一系列优惠政策，如将造纸工业列为经济结构调整的突破口之一，享有进口设备免征关税和进口环节增值税、暂停征收固定资产投资方向调节税等政策，相信以上政策的实施必将促进造纸行业的良性发展。但却给公司产品的销售带来一定冲击。近年来，国内各大纸厂都在进一步扩大生产规模，提高产品质量，降低产品成本，尤其是加入 WTO 以来，国外资本加速涌入，目前已相继在华南、华东地区建成较大生产规模的包装纸板合资企业，这使得行业内竞争不断加剧。但从进口纸浆及废纸来说，由于目前已实行零关税，加入 WTO 对此影响不大。

由此可见，我国纸品市场隐藏着巨大的潜力。

2. 包装纸板基本情况

虽然国内包装纸板产量从 1995 年至 2000 年每年以 9%以上的高比率增长，但由于国产纸普遍存在技术含量低、质量差的特点，因此，国内对以木质纤维为原料的高档纸及纸板的消费需求仍然主要依靠进口来解决，其中包装纸板进口量占总量的72%。据统计，2000年度我国消费包装纸板2112万吨，占纸及纸板消费总量的58%，而产量仅为1690万吨，有422吨的缺口。由此可见，目前该产品的进口依赖性较强。包装纸板属于“绿色包装”材料，符合“绿色包装”材料的所有特点，即经济便宜、重量轻、便于贮存、易加工、废弃物可以自行降解且易回收利用等。根据《造纸工业“十五”计划和2015年长远规划》和国家轻工业局1999年1月公布的《关于近期轻工重点行业结构调整和技术进步的意见》，2005年我国纸及纸板产量将达到3800万—4000万吨，其中包装纸板1740万吨，消费量将达到4500万吨，其中包装纸板2020万吨，中、高档产品占80%，国家将重点发展牛皮箱板纸、高强瓦楞原纸、涂布纸板、高档新闻印刷书写纸等品种。但我们同时注意到，目前我国包装纸板产品的平均关税水平为15%，而WTO国家水平为5%—6%，因而，在我国加入WTO后，包装纸板产品的进口关税可能会降低10个百分点，国外同类产品进口关税的预期下调，将进一步增强进口产品的市场竞争力。

四、公司主要产品销售分析

单位：万吨

主要品种	近3年产量			现有年生产能力
	1998年	1999年	2000年	
箱板纸	50755	59009	88662	100000
瓦楞原纸	22663	2734	37860	40000
涂布纸板	6073	10425	10048	13000
瓦楞纸箱	—	—	678	1500

从近3年的平均状况来看，公司的主要产品为箱板纸、瓦楞原纸和涂布纸板，该三种产品在公司销售收入中的比例基本保持稳定，可见箱板纸、瓦楞原纸和涂布纸板产销对公司经营影响很大。根据规划，2015年涂布纸板的产量将达到420万吨，比2000年增长223%，牛皮箱板纸产量将达到700万吨，比2000年增长400%。

由此可见，公司主导产品均为国家重点支持产品，市场潜在需求较大，前景广阔。

目前公司主要客户集中在华东地区及沿海省市，其中A省、B省、C

省、D省及E省实现的销售量占公司销售总量的95%，在A、C、D三地的销售量占66%。上述市场对包装纸板需求量大，发展较快，缺口大量依靠进口弥补。近年来，国内大型造纸企业、外资及中外合资企业均将目标瞄准这块市场，特别是随着加入WTO，外资迅速进入，竞争将更加激烈。虽然公司产品目前在上述市场区域有一定的竞争优势，但由于近年来国内各大厂商纷纷扩大生产能力，与新建的三资企业相比，公司产能偏小，产品中产能最大的箱板纸的年生产能力也仅为10万吨，规模效应不明显，使得公司核心竞争力略显不足。此次公司陆续投入巨资加大产品的产能，产品的技术含量也将大为提高，这有助于形成规模效益，增强公司的核心竞争力。

从主要原料来看，以废纸及商品纸浆为主，原料成本占总成本的66%。而其中又以废纸为主，商品纸浆为辅。由于无自制化学浆，不产生黑液，治污成本低。目前废纸原料主要由公司的控股子公司××公司提供。由于公司废纸回收工艺较为先进，加上公司属废旧物资回收企业，享受免征增值税的优惠，使得公司原料成本较低，与同行业其他公司相比，具有较强的优势。这是公司得以实施“同质低价”政策扩大销售的主要原因。

五、产品定价策略

根据公开资料，公司2001—2002年产品定价情况如下：

××公司产品定价情况

年份	产品销售收入	利润总额	产品单价
1998	××××	××××	××××
1999	××××	××××	××××
2000	××××	××××	××××
2001	××××	××××	××××
2002	××××	××××	××××

从以上资料可知，近3年公司销售收入较快增长，2001年预计比上年增长3%以上，2002年预计增长26%。之所以得出以上结论主要是因为2001—2002年度，公司将部分机组进行技术改造，在2001年底完成，可望在2002年产生效益。实际上，造纸行业机组改造调试的时间较长，产品推出也要一个较长的推广期，企业达到如此高的增长率有一定的难度。因此，产品必须定在合适的位置，以助于企业利润的形成。

业务投标估价结果报告

件名：　　　　　　　　出差地：　　　　　　　　　　　年　　月　　日

招标厂商	投标月日		开标月日		投标者姓名	投标金额	再投标金额	落标金额	备注

总经理	经　理	部长	组员	经理	主任	组员

2. 成　本

成本估价单(一)

	型号	品名规格	原料价格								
A原料	原料规格	单位用量	一		二		三		四		发料率
			厚度	成本	厚度	成本	厚度	成本	厚度	成本	
		码									
		码									
		码									
		码									
		码									
	原料成本										
	发料率及原料净成本										

B原料	一般物料	用量	单价	成本A	成本B	成本C	印刷包装料	用量	单价	成本A	成本B	成本C
	合　计						合　计					

C工资费用	类　别	成本	D FOB价格(元)	说明	A价	B价	C价	E其他追加价格(元)	说　明	追加价格
	裁　剪			原料						
	印　刷			物料						
	熔　接			工资						
	品　检			制造费用						
	包　装			合计						
	合　计			毛利率						
	制造费用			价格						

F备注	
	1.FOB 价格以 A 栏状况——之原料成本估计

审核：　　　　　　　　　制卡：

成本估价单(二)

产品编号________　　　　　　　　　　　　　　　　　　　年　　月　　日

产品名称规格　　　　　　　　　　　　　　　　　　　　　最低订量

A. 制造成本					
项　目	原材料 名称规格	单位	数 量	单 价	金额 (元)
(1)原料					
(2)物料					
(3)包装用料					
(4)直接工资		工时			
		工时			
		工时			
(5)损耗					
(6)合计	(1)+(2)+ (3)+(4) +(5)				
(7)制造费用					
(8)总计	制造成本 (6)+(7)	NT			

B. 营业成本		
项　目	分摊率	金额 (元)
(9)销管费用		
	(10)财务费用	
总成本	(8)+(9)+(10)	
	每打成本	
	报　价	
	利　益	
	利益率	

销售条件：

- □FOB
- □CIF
- □C&F
- □C&I

成品略图及说明

审核：　　　　　　制卡：

3. 调　价

调价管理办法

第一条　折扣和折让：

本公司产品的折扣和折让主要采取下列5种形式：

1. 数量折扣

主要是刺激客户大量购买而给予的一定折扣，购买量愈大，折扣愈大。

注意事项：

①折扣数额不可超过因批量销售所节省的费用额。

②数量折扣可按每次购买量计算，也可按一定时间内的累计购买量计算。

2. 功能折扣

即贸易折扣，是企业给中间商的折扣。不同的分销渠道所提供的服务不同，给予的折扣也不同；因批发商和零售商的功能不同，折扣也不同。

3. 折让

是降价的一种形式。其中以旧换新的折让居多，促销折让则是对中间商提供促销的一种报酬。

4. 现金折扣

在赊销的情况下，企业为鼓励买方提前付款，按原价给予一定折扣。

5. 季节折扣

也称季节差价，是企业为均衡生产、节省费用和加速资金周转，鼓励客户淡季购买（如夏季购进绒衣），按原价给予的一定折扣。

第二条　心理定价：

本公司产品的心理定价主要采取以下四种形式：

1. 参照定价

利用顾客心目中的参照价格定价。

2. 奇数定价

即尾数用奇数3、5、7、9定价，特别是“9”。可给购买者以价廉的感觉。

3. 声誉定价

把价格定成整数高价，以提高声誉。

4. 促销定价

利用顾客心理，将某几种商品定为低价（低于正常价格甚至低于成本），或利用节假日和换季时机，把部分商品按原价打折出售，以吸引顾客，促进全部商品的销售。

第三条　地区性定价：

本公司产品的地区性定价主要包括下列四种形式：

1. 区域定价

将产品的销售市场划分为两个或两个以上的区域，在不同的区域采取不同的价格。

2. FOB 原产地定价

由公司负责将产品装运到原产地的某种运输工具上交货，并承担此前的一切风险和费用。交货后的一切费用和风险包括运费则由买方承担。

3. 基点定价

由公司指定一些城市为基点，按基点到顾客所在地的距离收取运费，而不管货物实际的起运地点。

4. 统一交货定价

对不同地区的顾客实行统一价格加运费，运费按平均运费计算。

第四条　差别定价：

本公司产品的差别定价主要采取以下四种形式：

1. 不同时间定不同价格。

2. 不同的花色、式样定不同价格。

3. 对不同顾客群定不同价格。

4. 不同部位定不同价格。

第五条　提高价格：

本公司提价应变措施主要包括：

1. 限时报价

2. 在合同中规定随时调价的条款。

3. 把供货和服务分开，并分别定价。

4. 减少现金折扣和数量折扣。

5. 提高订货的起批点。

第六条　降价：

在下列情形下，本公司产品须采取降价策略：

1. 产量过多，库存积压，虽然采取各种营销手段仍然销路不畅，需采取降价手段。

2. 面临激烈的价格竞争，市场份额逐渐丧失，必须实施降价。

降价销售管理办法

通　则

第一条　本公司销售中所有降价销售业务的处理均按照本规定执行。

第二条　降价分营销人员自行判断决定和经过必要的申请手续。

第三条　营销人员在决定降价时，必须统筹兼顾，综合考虑，避免造成本公司的利益损失。

第四条　降价目的是扩大销售，坚决杜绝为满足个人的私利而抛售，降价必须做到公正、客观。

降价销售事务处理

第五条　营销人员自行判断降价，要遵循以下原则：

1. 客户支付额中未足的尾数。

2. 付款达×万元以上时，可以有 1/200 的浮动额，但让利总额不能超过×元。

3. 支付额未满×万元，但在×万元以上时，可以有 1/200 的浮动额，但让利总额不得超过×元。

4. 支付额未满×万元时，降价幅度应在××元以内。同时，无论何种情况，均须有充足的理由和严格的核算。

第六条　实施降价销售时，销售人员必须填写降价销售业务传票。

第七条　降价销售业务的清单处理：

1. 降价销售业务传票，由营销人员保存，作降价处理凭据之用。

2. 降价销售业务传票，本传票由营销员转交客户。

3. 降价销售通知单，交财务部进行财务处理。

4. 降价销售统计单，存业务部作统计资料之用。

第八条　降价销售申请：

1. 大量定货、特殊定货及客户降价要求超出规定限额时，营销人员须提交“降价销售申请”。

2. 降价销售申请提交给业务部，由业务部转交上级审批。特殊紧急情况下，可通过电话请求总经理裁决。

3. 电话申请批复时，营销人员须补送“降价销售申请”。

4. 降价销售申请一式两份，一份由申请者留存，以作降价销售的凭证依据，另一份送交业务科审查后，经营业部长送交总经理裁决，如总经理同意，返交业务部，再由业务部转交商品管理部。

5. 商品管理部据此填制“降价销售业务传票”。

6. 降价销售业务传票共五份，须进行以下处理：

(1) 降价销售业务传票由商品管理科留存。

(2) 降价通知（商品管理部—客户）。

(3) 货款扣除通知单（商品管理部—财务部）。由财务部据此从客户销售账上扣除等额赊销款。

(4) 降价销售核算单（商品管理部—财务部—客户）。与降价销售统计表一起送交财务部。

(5) 降价销售统计表（商品管理部—业务部）。由业务部据此进行该类降价销售统计。

降价洽谈要领

第九条　在大批量定货和特殊定货情况下，客户大都提出降价要求，营销人员如认为理由充足，且降价要求没有超出本公司指定限度，可自行决定降价。

第十条　如非降价销售品，营销人员应婉言谢绝。

第十一条　如客户的降价要求超出公司规定的降价限度，营销人员应讲明自己无权决定，然后可请示上级，或打电话请示，并要求对方压低降价幅度。

产品单价变动表

年　月　日

实　绩							估计、查询、调查			
月/日	地区	供应厂商	单价	付款方式	进货量	备注	月/日	地区	对方地址	单价	备注

单价变动记录报告书

供应商

编号	品名·规格	第一次变动		第二次变动		第三次变动		第四次变动		备注
		单价	月/日	单价	月/日	单价	月/日	单价	月/日	

第五章　市场营销客户管理

1. 客户开发

客户开发管理制度

第一条　新客户的选择原则：

（1）客户必须具备满足本企业质量要求的设备和技术要求。

（2）新客户必须具备按时供货的管理能力。

（3）新客户必须达到较高的经营水平，具有较强的财务能力和较好的信用。

（4）新客户必须具有积极的合作态度。

（5）新客户必须遵守双方在商业上和技术上的保密原则。

（6）新客户的成本管理和成本水平必须符合本公司要求。

第二条　新客户选择程序：

（1）一般调查

①候选客户向本公司提交企业沿革、企业概况、最新年度决算表、产品指南、产品目录等文件；

②与新客户的负责人交谈，进一步了解其生产经营情况、经营方针和对本公司的基本看法；

③新客户技术负责人与本公司技术和质量管理部门负责人进一步商洽合作事宜。

（2）实地调查

根据一般调查的总体印象作出总体判断，衡量新客户是否符合上述基本原则。在此基础上，资材部会同技术、设计、质量管理等部门对新客户进行实地调查。

调查结束后，要提出新客户认定申请。

第三条　开发选择认定：

(1) 提出认定申请报告

根据一般调查和实地调查结果，向市场主管正式提出新客户选择申请报告。

该报告主要包括以下项目：

①新客户交易的理由及今后交易的基本方针；

②交易商品目录与金额；

③调查资料与调查结果。

(2) 签订商品供应合同

与所选定的新客户正式签订供货合同，签订合同者原则上应是本公司的资材部长和新客户的法人代表。

(3) 签订质量保证合同

与供应合同同时签订的还有质量保证合同，其签订者与以上相同。

(4) 设定新客户代码

为新客户设定代码，进行有关登记准备。

(5) 其他事项

①将选定的新客户基本资料通知本企业相关部门；

②确定购货款的支付方式；

③新客户有关资料的存档。

新开发客户记录表

客户名称		电话	
公司地址		电话	
主办人员			
推销产品			
第一次交易额及品名			
开拓经过			
备注			
批示			

经理：　　　　　　　　报告者：

新商品销路调查表

年　月　日

品　名		售价	
购入客户		进价	（%）
引进日	年　月　日	发售日	年　月　日

状况判断 / 销售商店	缴纳预估	结果	未购买理由	月份销售预定	备　注

可否销售	月份进货量	一次订购量	标准库存量	最低库存量			
可　否							
销售期间	保管场所						

2. 客户资料管理

客户档案管理办法

第一条　目的：

本制度立足于建立完善的国际市场客户档案管理系统和客户档案管理规程，以提高国际营销效率，扩大国际市场占有率，与本公司交易伙伴建立长期稳定的业务联系。

第二条　适用范围：

企业的过去、现在和未来的国际市场直接客户与间接客户都应纳入本制度的适用范围。

第三条　内容：

1. 客户基础资料

客户资料的获取，主要是通过营销人员对客户进行的电话访问和电子邮件访问搜集来的。在档案管理系统中，大多以建立客户数据库的形式出现。

客户基础资料主要包括客户的基本情况、所有者、管理者、资质、创立时间、与本公司交易时间、企业规模、行业、资产等方面。

2. 客户特征

服务区域、销售能力、发展潜力、公司文化、经营方针与政策、企业规模（员工人数、销售额等）、经营管理特点等。

3. 业务状况

主要包括目前及以往的销售实绩、经营管理者和业务人员的素质、与其他竞争公司的关系、与本公司的业务联系及合作态度等。

4. 交易活动现状

主要包括客户的销售活动状况、存在的问题、保持的优势、未来的对策、企业信誉与形象、信用状况、交易条件和以往出现的信用问题等。

第四条　方法

1. 建立客户档案系统

本制度规定客户基础资料的取得形式如下，并采用数据库的形式进行：

（1）由销售代表在进行市场调查和客户访问时进行整理汇总。

（2）向客户邮寄客户资料表，请客户填写。

（3）委托专业调查机构进行专项调查。

2. 客户分类

利用上述资料，将企业拥有的客户进行科学的分类，目的在于提高销售效率，增加企业在国际市场上所占的份额。

客户分类的主要内容包括：

（1）客户性质分类。分类的标识有多种，主要原则是便于销售业务的开展。可按客户所在行业、客户性质、客户地域、顾客类型划分。

（2）客户等级分类。企业根据实际情况，确定客户等级标准，将现有客户分为不同的等级，以便于对客户进行渠道管理、销售管理和货款回收管理。

本制度规定客户等级分类标准如下：一是按客户与本公司的月平均销售额或年平均销售额分类；二是按客户的信用状况、将客户分为不同的信用等级。

（3）客户路序分类。为便于销售代表巡回访问、外出推销和组织发货，首先将客户划分为不同的区域；然后，再将各区域内的客户按照经济合理原则划分出不同的路序。

3. 客户构成分析

利用各种客户资料，按照不同的标准，将客户分类，分析其构成情况，以从客户角度全面把握本公司的营销状况，找出不足，确定营销重点，采取对策，提高营销效率。

客户构成分析的主要内容包括：

（1）销售构成分析。根据销售额等级分类，分析在公司总销售额中，各类等级的客户所占比重，并据此确定未来的营销重点。

（2）商品构成分析。通过分析企业商品总销售量中各类商品所占比重，以确定对不同客户的商品销售重点和对策。

（3）地区构成分析。通过分析企业总销售额中不同地区所占的比重，借以发现问题，提出对策，解决问题。

4. 客户信用分析

在客户信用等级分类的基础上，确定对不同客户的交易条件、信用限度额和交易业务信用处理办法。

第五条　客户档案管理应注意的问题：

在客户档案管理过程中，需注意下列问题：

1. 客户档案管理应保持动态性，不断地补充新资料。

2. 客户档案管理应重点为企业选择新客户，开拓新的国际市场提供资料。

3. 客户档案管理应“用重于管”，提高档案系统的质量和效率。

4. 客户档案系统应由专人负责管理，并确定严格的查阅和利用的管理办法。

客户名册管理办法

第一条　目的：

为加强客户管理，建立成熟稳固的客户系统，特制定本办法。

第二条　客户名册的分类：

1. 客户名册分为交易往来客户原始资料（以卡片方式一家公司使用一张）和交易往来客户一览表两种。前者存于经理室备用，后者则分配给各负责部门使用。

2. 交易往来客户原始资料是将交易往来客户的机构、内容、信用以及与本公司的关系等各种信息详细记录，而交易往来客户一览表则是对上述信息的简单记录。

第三条　交易往来客户原始资料的保管和阅览各部门在必要的时候，应按严格的登记程序向经理室借阅常备的交易往来客户资料。经理室对于资料的保管要尽职尽责，避免污染、破损、遗失等。

第四条　记录及订正：

1. 对于开始有交易往来的公司，各负责人要在“交易开始调查书”里记录必要事项，并且取得部门主管的认可后上报董事长。市场部在获董事长的批准后，须依照调查书制成交易往来客户原册，并在往来客户一览表里记录信息。

2. 市场部应一年分两次（2 月份、8 月份）定期对交易往来客户进行调查，如果有变化，应在交易往来客户原册及交易往来客户一览表里记录、订正。

3. 市场部对于有关交易往来客户的各事项的变化，应随时记录。

4. 交易往来客户如果解散或者与本公司的交易关系解除时，市场部应尽快将其从交易往来客户原册及交易往来客户一览表中除去。

第五条　各负责人的联络：

各负责人对于客户交易的状况要经常注意，如有变化，应向市场部及时反馈以保持交易往来客户原始资料及交易往来客户一览表的正确性。

第六条　资料的整理及处理交易解除后的资料要标明“交易终止”或者“交易解除”并进行整理。完全不可能恢复的交易客户资料经市场部主管批准后另行处理。

3. 客户信息管理

客户信息管理办法

第一条　目的：

为不断完善对客户信息的监督和管理，提高公司综合实力，特制订本章程。

第二条　报告种类：

1. 日常报告：口头。

2. 紧急报告：口头或电话。

3. 定期报告：提交《客户信息报告》。

第三条　客户分类：

根据客户信用状况，分为甲、乙、丙三个等级。

甲、乙级由营业主管划分确定，其余客户均列为丙级。

1. 甲级：企业形象好、知名度高，在同行业中有竞争优势，信用问题确有保证（与本公司的交易规模大小无直接关系）。

2. 乙级：信用状况一般。大多数客户应列入此类。

3. 丙级：需要关注防范。

第四条　定期报告：

业务人员根据上述分类，依照《客户信息报告》规定事项，向上级主管进行定期报告。上级主管对报告审核整理后，按下列要求经由总经理向董事会报告。

1. 甲级：6个月一次（每年3月和9月）。

2. 乙级：3个月一次（每年2月、5月、8月和11月）。

3. 丙级：每月一次。

第五条　报告程序报告于每月底向营业主管提出，营业主管应在5日内提交总经理。

第六条　日常报告的提交方法依另行规定的《客户信息报告》中的规定办理。

第七条　紧急报告当发生拒付或拒付可能性较大的信用问题时，依实际情况应尽可能迅速通报上级和有关部门。

客户需求信息处理办法

第一条　目的：

为加强对客户的管理和对需求信息的搜集、整理、加工和上报，特制定本办法。

第二条　需求信息处理的基本步骤为：

1. 确定搜集需求信息的基本方针和需求。
2. 确定具体的业务分工和职责分担。
3. 选择最佳搜集和调查的方法。
4. 制作详细的信息报告。
5. 根据需求信息，确定扩大客户定货的基本方针。
6. 信息报告的分类归档。
7. 通过信息发布，促进营业部销售人员的推销工作。
8. 在公司内外实行信息提供奖励制。

第三条　需求信息的搜集整理及日常管理工作由企划部负责。

第四条　需求信息搜集工作的基本方针由企划部经理确定，并负责组织实施。

第五条　企划部制订信息搜集和市场调查规范，并负责培训指导有关人员。

第六条　所有需求信息都应交到企划部，由企划部进行归类、分析和保存。提供信息者要填制信息提供记录卡。

第七条　在综合分析的基础上，企划部对各种信息的内容、可信度、使用价值等做出分析判断，并提供给有关部门。

第八条　各营业部门要将近期工作重点、业务内容、需要的信息种类等及时通报企划部。

第九条　对确有实用价值或采用后取得明显效果的信息提供者，给予×××元至×××元的一次性奖励。

第十条　与主要客户和与本公司有业务关系的企业、机构、组织等保持联系，及时了解其需求动向，并通过它们搜集各类间接信息。

第十一条　制订信息搜集管理计划，根据计划合理分工，并派专人负责。

第十二条　做好基础工作，如建立客户档案和客户名录，掌握全国主要工商企业的名录及通讯联系方法等。

第十三条　在具体实施过程中，应根据信息的性质和信息源的特点，选择不同的搜集调查方法。

第十四条　为此项工作提供充足的经费和物质条件保证。

第十五条　信息搜集工作不能局限于专职人员，要使公司每一位员工都关心和参与。

第十六条　需求信息的信息源主要包括：

1. 政府部门。
2. 各种协会、团体。
3. 各类事业单位、研究机构。
4. 各类工商企业。
5. 各类信息机构。
6. 各种传播媒介。

第十七条　在上门访问客户取得定货信息时，应注意：

1. 在正式访问前，应对其营业状况进行观察，了解基本情况。
2. 善于从对方话语中获取信息。
3. 要给对方以亲切感和信赖感。
4. 避免单刀直入，应多听多问。
5. 善于把握话题，围绕既定目标展开谈话。

第十八条　获取的信息应及时整理，对重要信息要向上级提交信息报告。

客户销售统计表

月价 页次

产品名称	预计	实际	预计	实际	预计	实际	预计	实际	预计	实际	预计	实际	预计	实际	预计	实际
合　计																
上　期																
增加率																

客户公司信用度分析表

○业界动向

□1. 生意往来企业之业界动向是好是坏	
□2. 现今国际环境、状况下之动向如何	
□3. 金融环境如何	
□4. 业界未来之展望是光明还是黑暗	
□5. 业界之长期展望如何	

○经营素质

□1. 生意往来企业之经营是法人还是个人（同族）	
□2. 其资本、资金如何	
□3. 同行的评价如何	
□4. 总公司、关系企业、主要银行的信赖如何	
□5. 融资关系如何	

○评语

□1. 是否有不当交易的谣传	
□2. 是否有政治性不明朗的谣传	
□3. 与问题多之外部团体的联系如何	
□4. 是否有计算上不公正的谣传	
□5. 税务是否正当	

○市场

□1. 主力商品之利润率多少	
□2. 销售战略是否困难	
□3. 批发商或零售商品是否安全	
□4. 对新产品开发、技术开发是否热心	
□5. 库存管理、交货措施是否安全	

○财务状况

□1. 过去之平均利润如何	
□2. 公司的资产怎样	
□3. 贷款是否适当	
□4. 过剩投资是否安全	
□5. 是否有不良的债权	
评价	

客户职员信用度评价表

○士气

□1. 全员的士气很高昂	
□2. 全员有干劲	
□3. 很多诚实、亲切的人	
□4. 很多职员都有谦虚的品性	
□5. 职员间很和睦	

○向上心

□1. 经常教育、训练职员	
□2. 贯彻公司商品的知识	
□3. 热心于产品开发	
□4. 热心于设备的革新	
□5. 热心于技术的革新	

○评语

□1. 没有派系对峙的传闻	
□2. 没有花边新闻的丑闻	
□3. 没有职员受贿赂的丑闻	
□4. 没有劳资对立的谣传	
□5. 没有职员间对立的谣传	

○工作态度

□1. 勤勉	
□2. 服装整洁	
□3. 工作岗位的整理、整顿做的很彻底	
□4. 机敏的工作态度	
□5. 有效率、机能的	

○薪资等

□1. 薪金在一般水平	
□2. 没有不公平的薪金制度	
□3. 没有延误发薪的传闻	
□4. 适切地使用营业费	
□5. 职员的储蓄率很高	
评价	

企业问题客户检核表

公司名称	销售负责范围及所在位置	移动方向	问题点	对策

4. 客户投诉处理

客户投诉管理办法

第一条　目的：

为求迅速处理客户投诉案件，维护公司信誉，促进质量改善与售后服务，制定本办法。

第二条　范围：

包括客户投诉表单编号原则，客户投诉的调查处理、追踪改善、成品退货、处理期限、核决权限及处理逾期反应等项目。

第三条　适用时机：

凡本公司 PCB 产品遇客户反应质量异常的申诉（以下简称“客户投诉”）时，依本施行办法的规定办理。（如未造成损失，业务部或有关单位前往处理时，应填报“异常处理单”，反映有关单位改善）。

第四条　处理程序：

客户投诉处理流程，如表：

项目	客户投诉调查及处理				成品退回处理		客户投诉改善及追踪				
	客户投诉反应	调查	责任归属判定	处理期险管理	检验	收料	改善表提出	改善项目拟定	改善项目确认	改善项目执行	改善项目督促
主办部门	业务部门	制造部质量管理部	总经理室生产质量管理组	总经理室生产质量管理组	品检科	仓储单位	总经理室生产质量管理组	制造部	总经理室生产质量管理组	有关部门	总经理室生产质量管理组

第五条　客户投诉分类：

客户投诉处理作业依客户投诉异常原因的不同区分为：

1. 非质量异常客户投诉发生原因（指人为因素造成）。

2. 质量异常客户投诉发生原因

第六条　处理部门：

第七条　处理职责：

各部门客户投诉案件的处理职责：

1. 业务部门

(1) 详查客户投诉产品的订单编号、料号、数量、交运日期。

(2) 了解客户投诉要求及客户投诉理由的确认。

(3) 协助客户解决疑难或提供必要的参考资料。

(4) 迅速传达处理结果。

2. 质量管理部

(1) 综理客户投诉案件的调查、提报与责任人员的拟定。

(2) 发生原因及处理、改善对策的检查、执行、督促、防之提报。

(3) 客户投诉质量的检验确认。

3. 总经理室生产管理组

(1) 客户投诉案件的登记，处理时效管理及逾期反应。

(2) 客户投诉内容的审核、调查、提报。

(3) 客户投诉立会的联系。

(4) 处理方式的拟定及责任归属的判定。

(5) 客户投诉改善案的提出、洽办、执行成果的督促及效果确认。

(6) 协助有关部门接洽客户投诉的调查及妥善处理。

(7) 将客户投诉处理中的意见提报有关部门追踪改善。

4. 制造部门

(1) 针对客户投诉内容详细调查，并拟定处理对策及执行检查。

(2) 提报生产单位、机班别、生产人员，及生产日期。

第八条　客户投诉处理表编号原则：

1. 客户投诉处理的编号原则：

年度（××）月份（××）流水编号（××）

2. 编号周期以年度月份为原则。

第九条　客户反应调查及处理：

1. 业务部人员于接到客户反应产品异常时，应即查明该异常（编号、料号、交运日期、数量、不良数量）、客户要求，并即填具“客户抱怨处理表”连同异常样品签注意见后送总经理室办理。

若客户要求退（换）货数量因客户尚在加工中而无法确定时应于“客户

要求”栏注明：“客户加工中未确定”。

2. 客户投诉案件若需会勘者，业务部门在未填立“客户抱怨处理单”前为应客户需求及确保处理时效：业务人员应立即反应质量管理部人员（或制造部品保组）会同制造部门人员共同前往处理，若质量管理部人员无法及时前往时由总经理指派有关人员前往处理，并于处理后向总经理报告。

3. 为及时了解客户反应异常内容及处理情况，由质量管理部或有关人员于调查处理后3天内提出报告呈总经理批示。

4. 总经理室生产管理组接到业务部门的“客户抱怨处理表”后即编列客户投诉编号并登记于“客户抱怨案件登记追踪表”后送质量管理部追查分析原因及判定责任归属部门后，送生产单位分析异常原因并拟定处理对策，并送经理室批示意见，另依异常状况送研发部提示意见，再送回总经理室查核后送回业务部门拟定处理意见，再送总经理室综合意见后，依核决权限呈核再送回业务部依批示处理。

5. 业务人员收到总经理室送回的“客户抱怨处理表”时，应立即向客户说明、交涉，并将处理结果填入表中，呈主管核阅后送回总经理室。

6. 总经理室生产管理组接到业务部填具交涉结果的“客户抱怨处理表”后，应于一日内就业务与工厂的意见加以分析作成综合意见，依据核决权限分送业务部经理、副总经理或总经理核决。

7. 判定发生单位，若属我方质量问题应另拟定处理方式，改善方法是否需列入追踪（人为疏忽免列案追踪）作明确的判定，并依“客户投诉损失金额核算基准”及“客户投诉罚扣判定基准”拟定责任部门损失金额，个人惩处种类呈主管批示后，依罚扣标准办理，若涉及行政处分则依“客户投诉行政处理原则”办理。

8. 经核签结案的“客户抱怨处理表”第一联质量管理部门存，第二联制造部门存，第三联送业务部门依批示办理，第四联送会计科存，第五联总经理室存。

9. “客户抱怨处理表”会决后的结论，若客户未能接受时业务部门应再填一份新的“客户抱怨处理表”附原抱怨表一并呈报处理。

10. 总经理室生产管理组每月10日前汇总上月份结案的案件于“客户投诉案件统计表”会同制造部、质量管理部、研发部及有关部门主管判定责任归属确认及比率并检查各客户投诉项目进行检查改善对策及处理结果。

11. 业务部门不得超越核决权限与客户做任何处理的答复协议或承认。对“客户抱怨处理表”的批示事项据以书信或电话转答客户（不得将“客户抱怨处理表”影印送客户）。

12. 各部门对客户投诉处理决议有异议时得以“签呈”专案呈报处理。

13. 客户投诉内容若涉及其他公司，原物料供应商等的责任时由总经理室会同有关单位共同处理。

14. 客户投诉不成立时，业务员于接获“客户抱怨处理表”时，以规定收款期收回应收账款，如客户有异议时，再以“签呈”呈报上级处理。

第十条　客户投诉案件处理期限：

1. “客户抱怨处理表”处理期限自总经理室受理起国内 13 天国外 17 天内结案。

2. 各单位客户投诉处理作业流程处理期限。

第十一条　客户投诉金额核决权限：

客户投诉金额	100000 元以下	100001—150000 元	150000 元以上
核决权限	业务部门经理	副总经理	总经理

第十二条　客户投诉责任人员处分及奖金罚扣：

1. 客户投诉责任人员处分

总经理室生产管理组每月 10 日前应审视上月份结案的客户投诉案件，凡经批示为行政处分者，经整理后送人事单位提报“人事公布单”并公布。

2. 客户投诉绩效奖金罚扣

制造部门、业务部门及服务部门的责任归属单位或个人由总经理室依客户投诉案件发生的项目原因决定责任归属单位，并开立“奖罚通知单”呈总经理核准后复印三份，一份自存，一份会计单位查核，一份送罚扣部门罚扣奖金。

第十三条　成品退货账务处理：

1. 业务部门于接到已结案的“客户抱怨处理表”第三联后依核决的处理方式处理：

折让、赔款：业务人员应依“客户抱怨处理单”开立“销货折让证明单”一式二联，呈经（副）理、总（副）经理核签及送客户签章后一份存业务部，一份送会计做账。

(2) 退货、重处理：即开立“成品退货单”注明退货原因，处理方式及退回依据后呈经（副）理核示后，除第一联自存督促外其余三联送成品仓储据以办理收料。

2. 会计科依据“客户抱怨处理表”第四联中经批示核定的退货量与“成品退货单”的实退量核对无误后，即开立传票办理转账，但若数量、金额不符时依下列方式办理：

(1) 实退量小于核定量或实退量大于核定量于一定比率（即以该客户订制时注明的“超量允收比率，若客户未注明时依本公司规定）以内时，应依“成品退货单”的实退数量开立“传票”办理转账。

(2) 成品仓储收到退货，应依业务部送来的“成品退货单”核对无误后，予以签收（如实际与成品退货单所载不符时，得请示后依实际情况签收)。“成品退货单”第二联成品仓储部存，第三联会计科存，第四联业务部存。

(3) 因客户投诉之故，而影响应收款项回收时，会计部门于计算业务人应收账款回收率的绩效奖金时，应依据“客户抱怨处理表”所列料号之应收金额予以扣除。

(4) 业务人员收到成品仓储填回的“成品退货单”应在下列三种方式中择一取得退货证明：

①收回原开立统一发票，要求买受人在发票上盖统一发票章。

②收回注明退货数量、单价、金额及实收数量、单价金额的原开立统一发票的影印本，且必须由买受人盖统一发票章。

③填写“销货退回证明单”由买受人盖统一发票章后签回，取得上述文件后与成品销货退回单一并送会计部作账。

(5) 客户投诉处理结果为销货折让时，业务人员依核决结果开立“销货折让证明单”依下列三种方式取得折让证明：

①收回注明折让单价、金额及实收单价、金额的原开立统一发票影印本，影印本上必须由买受人盖统一发票章。

②填写“销货折让证明单”由买受人盖统一发票章后签回。

取得上述文件之后与“销货折让证明单”一并送会计科做账。

第十四条　处理时效逾期的反应：

总经理室于客户投诉案件处理过程中，对于逾期案件应开立“催办单”催促有关部门处理，对于已结案的案件，应查核各部门处理时效，对于处理时效逾期案件，得开立“洽办单”送有关部门追查逾期原因。

第十五条　实施与修订：

本办法呈总经理核准后实施，修订时亦同。

客户投诉行政处罚准则

第十六条　凡发生客户投诉案件，经责任归属判决行政处分，给予一个月的转售时间，如果售出，则以 A 级售价损失的金额，依责任归属分摊至个人或班。未售出时以实际损失金额依责任归属分摊。

第十七条　客户投诉实际损失金额的责任分摊计算：

由总经理室每月 10 日前汇总结案与制造部依发生异常原因归属责任，若系个人过失则全数分摊至该员，若为两人以上的共同过失（同一部门或跨越部门）则依责任轻重分别判定责任比例，以分摊损失金额。

第十八条　处分标准如下表：（经判定后的个人责任负担金额）。

责任负担金额	处分标准	备注
10000 以下	检讨书，另扣每基点数 200 元	
10001—50000 元	申戒一次	
50001—100000 元	申戒两次	
100001—200000 元	小过一次	主管连带处分，以降一级为原则
200001—400000 元	小过两次	主管连带处分，以降一级为原则
400001—1000000 元	大过一次	主管连带处分，以降一级为原则
1000001 以上	大过两次以上	主管连带处分，以降一级为原则

第十九条　客户投诉行政处分判定项目补充说明：

1. 因票据错误或附样等资料错误遭客户投诉者。
2. 因财务错误遭客户投诉者。
3. 未依“制作规范”予以备料、用料遭致客户投诉者。
4. 经剔除的不合格产品混入正常品缴库遭致客户投诉者。
5. 成品交运超出应收范围未经客户同意遭客户投诉者。
6. 擅自减少有关生产资料者。
7. 业务人员对于特殊质量要求，未反映给有关部门遭客户投诉者。
8. 订单误记造成错误者。
9. 交货延迟者。

10. 装运错误者。

11. 交货单误记交运错误者。

12. 仓储保管不当及运输上出问题者。

13. 外观标示不符规格者。

14. 检验资料不符。

15. 其他。

以上一经察觉属实者，即依情节轻重予以行政处分，并以签呈总经理核示后会人事单位公布。

第二十条　行政罚扣折算：

1. 警告一次，罚扣 400 元以上。

2. 小过一次，以每基数罚扣 800 元以上。

3. 大过以上者，当月效益奖金全额罚扣。

第二十一条　以上处分原则，执行时由总经理室依应受处分人及情节的轻重，确定以签呈会各责任部门，并呈总经理核示后会人事单位公布。

客户投诉损失金额核算基准

损失别	
索赔	依实际赔偿金额计算损失
折让	依实际赔偿金额计算损失
退回	依实际退回数量以实际售价的 20% 核算损失金额
重修	依重新处理的工缴费用加搬运费核算损失（含损耗）

客户投诉经济处罚准则

第二十二条　客户投诉罚扣的责任归属，制造部门以各组单元为最小单位以归属至发生各组单元为原则。未能明确归属至发生组单元者方归属至全科。

第二十三条　业务部门、服务部门以归属至个人为原则，未能明确归属至个人者，才归属至业务部门、服务部门。

第二十四条　客户投诉罚扣方式：

1. 客户投诉案件罚扣依“客户投诉罚扣判定基准”的原则，判定有关部门或个人，予以罚扣个人效益奖金，其罚扣金额归属公司。

2. 客户投诉罚扣按件分别罚扣。

3. 客户投诉罚扣标准依“客户投诉损失金额核算基准”罚扣，责任归属部门的营业人员，以损失金额除以该责任部门的总基点数，再乘以个人的总基点数即为罚扣金额。

4. 客户投诉罚扣最高金额以全月效率奖金 50%为准，该月份超过 50%以上者逐月分期罚扣。

第二十五条　制造部门的罚扣方式：

1. 归属至发生部门者，依“客户投诉罚扣标准”计扣该部门应罚金额。

2. 归属至全科营业人员，依“客户投诉罚扣标准”每基点数罚扣计全科每人的基点数。

第二十六条　服务部门的罚扣方式：

1. 归属至个人者比照制造部各科的发生部门罚扣方式。

2. 归属至发生部门者比照制造科全科的罚扣方式。

客户投诉案件处理办法

第一条　为保证客户对本公司商品销售所发生的客户投诉案件有统一规范的处理手续和方法，防范类似情况再次发生，特制定本办法。

第二条　本办法所指客户投诉案件系指出现第三条所列事项，客户提出减价、退货、换货、无偿修理加工、损害赔偿、批评建议等。

第三条　客户的正当投诉范围包括：

1. 产品在质量上有缺陷。

2. 产品规格、等级、数量等与合同规定或与货物清单不符。

3. 产品技术规格超过允许误差范围。

4. 产品在运输途中受到损害。

5. 因包装不良造成损坏。

6. 存在其他质量问题或违反合同问题。

第四条　本公司各类人员对投诉案件的处理，应以谦恭礼貌、迅速周到为原则。各被投诉部门应尽力防范类似情况的再度发生。

第五条　业务部所属机构职责：

1. 确定投诉案件是否受理。

2. 迅速发出处理通知，督促尽快解决。

3. 根据有关资料，裁决有关争议事项。

4. 尽快答复客户。

5. 决定投诉处理之外的有关事项。

第六条　质量管理部职责：

1. 检查审核投诉处理通知，确定具体的处理部门。

2. 组织投诉的调查分析。

3. 提交调查报告，分发有关部门。

4. 填制投诉统计报表。

第七条　各营业部门接到投诉后，应确认其投诉理由是否成立，呈报上级主管裁定是否受理。如属客户原因，应迅速答复客户，婉转讲明理由，请客户谅解。

第八条　各营业部门对受理的投诉，应进行详细记录，并按下列原则做出妥善处理：

1. 凡属质量缺陷，规格、数量与合同不符，现品与样品不符，超过技术误差时，填制投诉记录卡，送质量管理部。

2. 如纯属合同纠纷，应填制投诉记录卡，并附处理意见，送公司有关领导裁定处理。

3. 如属发货手续问题，依照内销业务处理办法规定处理。

第九条　质量管理部在接到上述第一种情况的投诉记录卡时，要确定具体受理部门，指示受理部门调查，记录卡一份留存备查。

第十条　受理部门接到记录卡后，应迅速查明原因。以现品调查为原则，必要时要进行记录资料调查或实地调查。调查内容包括：

1. 投诉范围（数量、金额等）是否属实。

2. 投诉理由是否合理。

3. 投诉目的调查。

4. 投诉调查分析。

5. 客户要求是否正当。

6. 其他必要事项。

第十一条　受理部门将调查情况汇总，填制“投诉调查报告”，随同原投诉书一同交主管审核后，交质量管理部。

第十二条　质量管理部收到调查报告后，经整理审核，呈报营业部主管，回复受理部门。

第十三条　受理部门根据质量管理部意见，形成具体处理意见，报请上级主管审核。

第十四条　受理部门根据上级意见，以书面形式答复客户。

第十五条　客户投诉记录卡中应写明投诉客户名称、客户要求、受理时间和编号、受理部门处理意见。

第十六条　客户投诉记录卡的投诉流程为：

第一联，存根，由营业部留存备查。

第二联，通知，由营业部交送质量管理部。

第三联，通知副本，由营业部报上级主管。

第四联，调查报告，由受理部门调查后交质量管理部。

第五联，答复，由质量管理部接到调查报告，经审核整理后，连同调查报告回复受理部门。

第六联，审核，由质量管理部上报审核。

第十七条　调查报告内容包括发生原因、具体经过、具体责任者、结论、对策和防范措施。

第十八条　投诉处理中的折价、赔偿处理依照有关销售业务处理规定处理。

第十九条　质量管理部应于每月初五日内填报投诉统计表，呈报上级审核。

客户投诉处理报告

(一) 客户投诉处理报告的基本含义

客户投诉处理报告是指企业对客户的投诉或抱怨进行记录与解决的汇报材料。

(二) 客户投诉处理报告写作要点

客户投诉处理报告通常包括以下内容：

1. 投诉的受理时间；
2. 投诉的受理者；
3. 投诉内容；
4. 原因调查；
5. 其他事项。

（三）格式范例

××公司客户投诉处理报告

一、投诉受理日期

二、投诉受理方式

□信　　□ FAX　　□电话

□来访　　□店内

三、投诉内容

1. 品质（有杂物）：

2. 品质（故障）：

3. 品质（损坏）：

4. 品质（其他）：

5. 数量：

6. 货期：

7. 态度：

8. 服务：

四、投诉见证人

地址：

五、处理情况

1. 处理紧急度：

□特急　　□急　　□普通

2. 承办人：

3. 处理日：

4. 处理内容：

5. 费用：

6. 保障：

六、事由调查

1. 原因调查人员：

2. 原因：

□严重　□偶发　□疏忽大意　□不可抗拒

3. 记载事项：

七、检讨

（略）

客户提案意见处理规定

第一条　目的

本制度旨在正确处理客户意见，使客户的提案与意见处理规范化、标准化，做到广泛听取、及时处理、迅速反馈。

第二条　对象

以本公司销售的全部产品为对象，公司的全部客户都应视为提案（意见或合理化建议）的提出者。

第三条　提案内容

客户购买、使用本公司产品，最终目的在于降低使用成本，因此提案内容归结为降低使用成本，提高产品质量两方面，主要包括：

1. 提高产品标准化程度的有关建议。

2. 降低物流成本，改善销售渠道与方式的建议。

3. 有关为提高加工组装和质检效率等方面的技术性建议。

4. 提供新材料、新零部件方面的信息。

5. 有关改善售后服务等方面的建议。

6. 其他。

第四条　提案目标

市场部每半年提出提案目标和提案收集计划，并及时通知客户。

第五条　提案的受理与处理方法

1. 客户将自己的提案填入统一表格，返还市场部。

2. 市场部受理后，进行受理记录，送交相关部门研究分析。

3. 相关部门的研究分析时间原则上不超过一个月，否则应报告具体日程安排。

4. 相关部门将研究结果记入提案表，返还市场部。

市场部告知客户提案采纳与否的同时，并就实施时间、改进措施等通报客户。

5. 因客户提案而产生产品技术所有权问题时，如属本公司开发研制，则归本公司所有；如属本公司与客户共同开发研制，双方协议解决。

第六条　提案成果分配

1. 提案成果享有权为一年，其分配比例为本公司40%，客户60%。

2. 提案实施一年后，其成果为本公司独享。

第七条　表彰与评价

1. 对提案成果明显的客户，依据《客户提案表彰规定》，予以表彰奖励。

2. 提案的评价标准以供求计划确定时的成本降低额和提案件数为依据。

第八条　本制度自颁布之日起施行。

客户投诉案件登记追踪表

年　　月　　　　　　　　　　　　　　　　　　　　　　　　No. ______

件数	受理		客户	交货单编号	品名规格	交运		不良数量	客户投诉内容	制造部门	处理方式	损失金额	责任归属		个人惩处		处理时效							督促记录（日期/文号）	结案编号
	日期	字号				日期	数量/金额						部门	比率%	姓名	类别	收件	质管部门	会签部门	业务部门	总经理室	结案	合计		
1																									
2																									
3																									
4																									
5																									
6																									
7																									
8																									
9																									
10																									
11																									
12																									
13																									
14																									
15																									
16																									
17																									
18																									
19																									
20																									

5. 客户关系维护管理

客户关系管理制度

总　　则

第一条　适用范围：

本公司在国际市场上的所有直接客户与间接客户都应纳入本制度管理范围。

第二条基本原则：

1. 客户关系管理应根据客户情况的变化，不断加以调整，并进行跟踪记录。

2. 客户关系管理的重点不仅应放在现有客户上，而且还应更多地关注未来客户或潜在客户。

3. 将客户关系资料以灵活的方式及时全面地提供给销售经理和销售代表。同时，应利用客户资料进行更多的分析，使客户关系数据库充分发挥作用。

4. 客户关系数据库应由专人负责管理，并制订严格的查阅利用和管理制度。

操作方法

客户交易业绩分析方法

第三条　客户构成分析方法：

1. 不同业种客户分析步骤：

(1) 对自己负责的客户进行下列区分：

①国际零配件销售商。

②国际性用品商。

③地区电气店。

④地区专营店。

⑤地区批量销售店。

⑥地区 DIY 店。
⑦其他。
(2) 小计各分类的销售额。
(3) 合计各分类的销售额。
(4) 以各分类的小计额除以合计额，提出各分类所占比重。
(5) 以公司的经营方针为基础，把握和比较自己所负责客户的构成。
2. 具体业种的客户构成分析步骤
(1) 将自己负责的客户，进行下列区分：
①国际性零配件销售商。
②国际性用品商。
③地区电气店。
④地区专营店。
⑤地区 DIY 店。
⑥地区批量销售店。
⑦其他。
(2) 各分类中，将客户按销售额高低排序。
(3) 计算出各客户在该分类中占分类销售额的比重并计算出该分类的累计销售额。
(4) 将客户分为三类：
A 类占累计销售额的 75%左右；
B 类占 20%左右；
C 类占 5%左右。
3. 客户与本公司交易业绩分析步骤
(1) 首先掌握客户月交易额和年交易额。
具体方法包括：
①直接询问客户本年度的交易额。
②查询客户的本年度销售计划。
③询问客户由公司购入的预定量。
④由公司营销额推算其销售额。
⑤根据库存情况，推算商品周转率，进而推算销售额。
⑥取得对方的决算书。
⑦询问其他企业。
(2) 计算出客户与公司的月交易额或年交易额。

（3）计算出客户占公司总销售额的比重。

（4）检查该占有率是否达到公司所要求的水平。

第四条　销售状况分析步骤：

1. 季节推算分析方法

（1）统计各客户以往3年的各月销售额。

（2）汇总3年的总销售额。

（3）计算总销售额的平均值，即得每年平均销售额。

（4）将平均销售额累计起来。

（5）上述累计额除以12。计算出月平均销售额。

（6）月平均额除以年平均额，乘以100%即得季节指数。

（7）各月季节指数除以12，即可计算出各月的销售额构成比。

（8）各月销售额构成比乘以客户的年销售目标额，即为各月应达到的销售目标。

2. 不同商品的销售构成分析步骤

（1）将客户销售的商品，按销售额由高到低排序。

（2）合计所有商品的累计销售额。

（3）计算出各种商品销售额占累计销售额的比重。

（4）检查是否完成公司规定的商品销售任务。

（5）确定对不同客户的商品销售的倾向及存在的问题，检查营销重点是否正确，将畅销商品努力推销给具有潜力的客户。

3. 不同商品毛利润额和毛利润率的核算方法

（1）将自己所负责的对客户销售的商品按毛利润额大小排列。

（2）计算出各种商品的毛利润率。

4. 商品周转率的核算方法

（1）按以下方法核定经销商品的库存量。

①月初客户拥有的公司商品库存量。

②月末客户拥有的公司商品库存量。

③根据（a+b）÷2算式，可计算出平均库存量。

（2）销售额除以平均库存量，即得商品周转率。

5. 交叉比率的核算方法

将已计算出的毛利润率乘以商品周转率即是交叉比率。

6. 贡献比率的核算方法

（1）将已计算出的不同商品的交叉比率乘以不同商品的销售构成（比

重），即得贡献比率。

（2）对不同客户商品销售情况进行下列分析比较：

①是否完成了公司规定的商品销售任务。

②对某一客户热销，而对另一客户滞销的原因何在。

③应重点推销的商品（贡献比率高的商品）是什么。

客户信用调查方法

第五条　调查机构的选择：

1．外部机构

（1）通过金融机构（如银行）调查。

（2）通过专业资信调查机构调查。

（3）通过客户或同行业组织调查。

2．内部调查

（1）借助同事进行调查。

（2）分析新闻报道。

第六条　调查方法：

1．关于经营者的调查主要是从其家庭气氛、店铺气氛、夫妻关系、行为嗜好、工作热情、社区服务、工作作风等方面展开。

2．企业内部状况

关于企业内部状况的调查，主要从员工的团队意识、服从命令的态度、工作效率、流动率、工作行为等方面展开。

3．资金筹措

在把握客户资金筹措状况时，应注意以下方面：

支付状况、贷款提前回收的可能性、票据业务、债务状况、与业务银行关系、银行账户、与主要股东关系等。

4．支付情况

对客户支付情况的调查，应注意付款时间、付款构成、支付方式、支付态度、票据行为、银行账户以及是否受过银行的强制性处分等。

第七条　调查结果的处理：

1．编写客户调查报告

（1）营销人员必须将营销过程中进行的客户信用调查结果及时报告给主管上司。

（2）报告的方式可分为日常报告、紧急报告和定期报告三种。

2. 信用状况骤变情况下的对策

(1) 营销人员如发现自己所负责的客户信用状况发生变化，应直接向上司报告，并寻求解决对策。

(2) 对所发现的异常情况，按“紧急报告”类处理，口头或电话报告。

(3) 采取的对策措施，必须有上司的明确指示，不能擅自处理。

(4) 对信用状况恶化的客户，原则上可进行以下处理：

①客户提供担保人和连带担保人。

②增加信用保证金。

③交易合同取得公证。

④减少供货量，或进行发货限制。

⑤接受代位偿债和代物偿债。

合同有担保人时，向担保人追索债务；合同中有抵押物担保时，接受抵押物还债；有前两者抵押债权时，从后至前交涉，返还债权。

信用限度的确定方法

第八条　信用限度的含义：

信用限度又称信贷限度，其含义包括：

1. 对某一客户，唯有在所确定金额限度内的信贷才是安全的。

2. 只有在这一范围内的信贷，才能保证对客户营销活动的正常开展。

3. 确定信用限度额的基准是对客户的赊销款和未结算票据余额之和。

第九条　不同客户的信用限度确定基准：

1. 不同客户的信用限度划分

(1) 根据实际情况（特别是业务规模），划分出下列各类信用限度：

①甲类：企业规模较大，信誉好，经营业务稳定（在此不考虑其与公司的交易量大小）。

②乙类：大多数客户信誉良好，信用状况一般。

③丙类：中间批发商；债权余额在 10 万美元以上的非甲类客户；债权余额不足 10 万美元，但与本公司交易量较大的客户；员工不足 100 人的小企业和新成立企业；出现过不守信用问题的客户等。

(2) 确定信用限度基准后，在交易过程中还须注意下列问题：

①以往货款回收情况。

②以往几年回收累计额与平均毛利润率。

③其他企业确定的信用限度额。

2. 例外处理的信用限度

在下列情况下可以不依据信用限度确定基准，例外处理：

(1) 在营销主管为扩大交易规模，进行特别批示的情况之下。

(2) 当出现了银行拒付或拒付可能性较大、票据延付、信用恶化等情况之下。

3. 信用限度额

(1) 公司对每一客户的信用限度额以不超过××万美元为限。

(2) 责任销售代表在客户的赊销款与未结算票据余额合计额接近或可能超出规定的××万美元时，应事先向主管上司汇报，并征求处理意见。

(3) 如超出信用限度额，营销主管须向总经理汇报，确定处理办法。责任销售代表须密切关注客户的赊销款和未结算票据的变化。

交易开始方法与终止方法

第十条 交易开始：

1. 填制交易卡

(1) 首先进行客户访问

①制订详细的营销代表客户访问计划。

②营销人员如访问某一客户5次以上而无实效，则应从访问计划表中删除该客户。

(2) 在交易开始时先填制"客户交易卡"。

(3) 客户交易卡一式两份，有关事项交客户填写。

(4) 填制完的交易卡，一份由销售代表留存，另一份由经理转交总公司。

(5) 交易卡中所有栏目都必须填满，不得留有空白。

(6) 交易卡的主要项目包括：名称，总部所在地，交易对象所在地，通讯联络地址和电话及公司网址，开业时间，资本额，员工人数，管理者人数，设备和不动产明细表，经营者年龄结构，信用限度申请额。

(7) 交易卡的项目不拘泥于客户申报内容，交易开始前后，可根据实际情况，适当调整和修改。

(8) 向营销经理提交交易卡，得到认可后，再向总公司提交报批手续，方可进行与新客户的交易。

2. 设定附加条件

(1) 无论是新客户还是老客户，都可依据信用调查结果或根据其经营能力，设定不同的附加条件。

（2）附加条件的设定由经理依据责任销售代表提供的信用调查报告，根据企业的经营方针进行。

（3）对客户的附加条件：

主要包括：

①交换合同书。

②提供个人担保。

③提供连带担保。

④提供抵押担保。

第十一条　中止交易：

1. 应急处理

（1）营销人员必须经常进行信用调查，研究客户的最佳信用限度，分析设定附加条件的必要性。

（2）在调查研究过程中，如发现有客户存在的问题和异常之处，应及时报告上司。

（3）作为应急措施，营销人员有权暂时停止贷货。

2. 中止交易要点

（1）当客户的票据和支票被拒付，或延期支付时，营销人员应向上司提出详细报告。

（2）此时应采取的对策是，尽一切可能收回货款，将损失降到最低点。

（3）营销人员向主管上司提交危险客户报告。

（4）营销人员根据上司的具体指示，通知客户中止双方间的交易。

特殊客户申请表

申请人：

负责客数别地区：

客户数目：

单价：元

厂商名称	负责人	经营项目	支年交易金额	本年预计金额	拟给予优惠	批示
		批示			审核	

经理：　　　　主管：　　　　制表日期：　年　月　日

一级客户记录表

客户名称	负责人员	经营项目	年交易额	优惠产品及价格

特殊客户优惠申请表

申请人：
负责客数别地区：
客户数目：　　　　　　　　　　　　　　　　　　　　　　　　单价：元

厂商名称	负责人	经营项目	本年交易金额	本年预计金额	拟给予优惠	批示
			批示		审核	

经理：　　　　　主管：　　　　　　　　　　　制表日期：　　年　　月　　日

非重要客户转为重要客户的评核表

公司名称	移动的大小	问　题　点	对　　策

6. 其　他

客户管理办法

格式范例

××公司客户管理办法

为加强客户管理，提高公司营销水平，不断增强公司综合实力，特制定本办法。

第一条　新客户的选择原则

1. 新客户必须具备满足本企业质量要求的设备和技术要求。

2. 新客户必须遵守双方在商业上和技术上的保密原则。

3. 新客户必须具有积极的合作态度。

4. 新客户必须达到较高的经营水平，具有较强的财务能力和比较好的信用。

5. 新客户必须具备按时供货的管理能力。

6. 新客户的成本管理和成本水平必须符合本公司要求。

第二条　新客户选择程序

1. 一般调查

①候选客户向本公司提交企业沿革、企业概况、最新年度决算表、产品指南、产品目录等文件。

②与新客户的负责人交谈，进一步了解其生产经营情况、经营方针和对本公司的基本看法。

③新客户技术负责人与本公司技术和质量管理部门负责人进一步商洽合作事宜。

2. 实地调查

根据一般调查的总体印象作出总体判断，衡量新客户是否符合上述基本原则。在此基础上，资材部会同技术、设计、质量管理等部门对新客户进行实地调查。

调查结束后，要提出新客户认定申请。

第三条　开发选择认定

1. 提出认定申请报告

根据一般调查和实地调查结果，向市场主管正式提出新客户选择申请报告。该报告主要包括以下项目：

①与新客户交易的理由及今后交易的基本方针。

②交易商品目录与金额。

③调查资料与调查结果。

2. 签订商品供应合同

与所选定的新客户正式签订供货合同，签订合同者原则上应是本公司的资材部长和新客户的法人代表。

3. 签订质量保证合同

与供应合同同时签订的还有质量保证合同，其签订者与以上相同。

4. 设定新客户代码

为新客户设定代码，进行有关登记准备。

5. 其他事项

将选定的新客户基本资料通知本企业相关部门；确定购货款的支付方式；新客户有关资料的存档。

情报管理制度

第一条　报告义务：

业务员对“顾客情报报告书”的各项目应不断地注意并向上司报告。

第二条　报告的种类及方法：

1. 日常报告：口答。

2. 紧急报告：口答或电话。

3. 定期报告：依照“顾客情报报告书”。

第三条　顾客的级别分类依顾客的信用状况，将其分为 3 个等级：

A 等级：以公司的大小，对信用问题能安心者（与本公司现在的交易大小没有关系）。

B 等级：普通的信用状态。大多数的优良顾客属于此项。

C 等级：要注意的店。

1. 中间批发商（比较大的店也将其列入注意团体里）。

2. 尚欠账款者（达50万元以上）A等级以外的公司。

3. 尚欠账款者达20万元或未满的公司，其大小比例与本公司的交易额比较多的店。

4. 从业人员20人以下的小公司或个人商店。

5. 有前例的公司。

6. 评判不好的公司。

7. 新开发顾客（不问其规模如何，一年间将其列为C等级）。

A等级的"业界的一流公司"及B"大多数的优良顾客"并不由所长来做判断，而由营业主管来分级，指定以外的顾客都列为C等级。

第四条　定期报告：

1. 业务员对于A、B、C各等级的分类，依照"顾客情报报告书"向所长做定期报告。

2. 主管对上项报告做整理，依下列事项经由总经理向董事做报告。

A等级：6个月一次（每年9月、3月）；

B等级：3个月一次（每年1月、4月、7月、10月）；

C等级：每月一次。

第五条　报告书于每月底向营业主管提示，营业主管从第2天算起5日内向总经理提示，总经理阅览后送到总公司。

第六条　日常报告：

以"顾客情报报告书"的各项准则实行。

第七条　紧急报告：

拒付发生，拒付的可能大的支票的延期提议等紧急情报，依各情况尽可能以最迅速的方法做报告。

订单情报处理制度

通　则

第一条　有关订单的情报的获得、报告、整理、订单活动有关事项，依本要领所定条例来实施。

第二条　本要领订立以下的事项：

1. 订单情报获得的活动方针的决定及指示，及以此为基准做负责区域的指示和通路的把握。

2. 打听及各种的调查方法。

3. 情报报告的做成记录。

4. 报告的整理及账目记录。

5. 记单获得的促成及联络。

6. 对于内外情报提供的奖励制度的实施。

第三条　行销企划部门依照本要领的实施和管理来工作。

情报的获取和处理

第四条　对于订单情报的获得的活动方针是经由部长的裁决来订立，全体应彻底实施。这个是有组织的计划之、实施之、在固定的期间，营业部员要每月举行一次。

第五条　打听及调查的要领，另行订立并对负责者实施训练。

调查和整理

第六条　在做打听调查的时候，应在调查记录上记录重要事项，并向行销企划部门报告。

第七条　查所得资料也是同样的应将其资料送给行销企划部门。

联　络

第八条　行销企划部门在从营业各单位得到以上的报告时，应将其内容做一番检查，当然亦要评估报告价值。如果认定其为有价值时，应对营业单位做各种行销计划。

第九条　营业单位在接到贩卖活动的目标指示的时候，应订立日程表并通知其计划日程，以此作为活动基准，而其结果亦要经常向行销企划部门做报告。

管　理

第十条　行销企划部门亦要对其预定日程和实际业绩，经常做评估并且管理。

第十一条　对于所提出的情报，经过审查的结果，如果承认其适宜且有效的时候，应支付费用。

一般的情报，以此为基准，当接受订单时，亦应呈上谢礼。

个人调查实施方法

第一条　个人调查的要项：

何时调查、什么目的、何种对象、以什么方法来实施等的计划的建立。然后再将其具体的策略做检查分析，收集资料的工作。然后再将收集得来的资料做整理，做成报告书。

第二条　个人调查的进行：

对于个人调查的实行，各调查员如果发问不关连的问题的话，回答者将会做各种不同想法上的判断，问题的规格必须做到统一。

（一）调查监督员和调查员开协议会议，将调查的目的、调查方法、问题事项、回答书回收时间等做好协议，并对各调查做同一行动。

（二）调查员

1. 调查员应对问题内容做好理解，决定问题顺序。

2. 研究要调查地区的地图、交通工具、调查对象的在家时间等，以便达到花最少的时间精力，而收获最大的成效。

3. 准备调查用的印刷物。

4. 实际调查时，要做到不看问题书，也能很顺利地将问题问完。

（三）以上各项准备完成后，才能在实际中实行，其方法依下列各要领：

1. 接近方法

（1）不能像是在审问犯人似地问问题，也就是说，要保持尊重的态度。

（2）首先考虑初见面的问候，给人好的第一印象，并有自信。

（3）在人群当中，有配合调查的人，也有不配合的人，更有反对排斥的人，对于各色人等要随机应变，将调查工作做好。

2. 问问题的方式

（1）从第一个问题就可知道其对调查的主题有多少的关心度或者多少的知识，所以问题应该是平易的、自然的。

（2）让对方在不知不觉之中，进入调查的主题。

（3）不对问题的内容作说明。

（4）依问题书的问题顺序发问。

（5）问题以外的事项不做交谈。

（6）问题书里的问题，一题不漏地问完，对问题不做自身的考虑，会影响对方的心情。

（四）对方如果说得离题太远时，应将其拉回主题上面，并要注意说话技巧。

（五）不和对方做争论。

（六）如果是对问题做了不适当的回答时，自己应判断其说话的态度、真实性等，而移向下一个问题。

（七）“不知道”回答时，在任何调查中都占有10%左右，这是很普通的事。但却可判断教育的普及程度、常识的程度等，不可轻率地处理。

（八）如果有模棱两可的回答时，应引导其“在原则上同意吗”等的回答。

（九）如果是使用卡片的情况，在对方书写时不可凝视，使对方能在正常下顺利地写完，并且将时间定为10分钟左右。

第三条　记录的处理：

（一）一般当自己的回答被做记录时，都是比较不经思考的问题回答，也有因为被记录，而不愿做回答的人，所以向对方说明其回答是绝对保守秘密的，取得其理解。

（二）如果因记录还是拒绝回答的时候，就应该放弃记录，而将其记在脑里，一旦离去后，速作记录。

（三）如果对做记录不反对的话，可以将问题书拿出，表示调查员并不会加入自身意见，而将其回答依样记入。

（四）选择性回答的记录处理。

（五）自由性回答的记录处理。

前面的问题应向对方说明其宗旨，取得理解后，再要求回答。

（六）确实听取所说的话，并迅速确实的记录。

（七）避免漏掉记录努力的要求回答，对方也很诚意的回答，却因调查员的不注意，而漏掉记录，所有努力都是白费了，造成调查的不正确，这是调查员的大失误。

（八）个人的自身事项

男女性别、职业种类、年龄、生活程度、家族关系、教育程度、财产关系等，要做好记录，并严守秘密。

（九）面试结束后，应表示谢意，使用了对方宝贵的时间，并保证绝对保密，并希望将来能再协助。

（十）依照上列事项，调查大概终了，但调查员的工作并不是到此为止，在当天不可疏忽做下列的整理。

1. 整理回答卷。

2. 做回答者的观察记录。

3. 整理调查对象表。

4. 做当日的报告书，向调查监督者揭示。

第四条 调查员的资格：

（一）遵从调查监督者的指示，忠实的实行调查事项对于回答偏向一方，在无意识的情况下造成的错误，不能完全达成调查目的等，为避免上面事项，这是非常必要的。

（二）圆满的人格者

如果有圆满的人格的人做调查员的话，可以给予对方好感，变得亲密，得到好意的回答。

（三）能忍耐者

调查员并不是要和对方做争论的，也不是调查对方或询问对方，而是要听对方说话，对方有时会自傲，会对调查做批判或议论，不要让对方觉得焦躁，而是要有引导对方进入主题回答问题的忍耐性。

（四）宽容的人格者

调查时，其对象有可能是官方的人，有可能是公司或个人。如果以职业来区别，可能是公务员、商人、农民、打工的劳动者等都有可能，应对其人做服装上、言语上、态度上的转变。想得到正确的回答，就必须有宽容的态度。

（五）有正确判断和理解力的人物

调查员在做调查时，对方所说的事情，要能做正确的判断，对方如不能用嘴巴说出想表现的事，也要能做明确的判断、理解。或者言语技巧很好的人，也要有把握主旨的能力。

（六）具有丰富的一般常识

调查员必须要有丰富的常识。

竞争对手调查实施要点

第一条 从经营者的动向来把握情报：

（一）虽然是没有什么变化的事情，如果仔细做分析的话，将会有一些深入的发现，至于能否发觉问题就要看营业员了。

（二）对经营者的评价往往是信用调查中最困难的一环。

（三）对经营者进行评价时应和本人保持密切的接触，而依此来作判断虽然是原则性的，但如果不可能做到或者有困难的情况时，应配合联系依几个已知的要素来做推测的方法。

（四）如果将经营者评价作区分的话，可将其大致分为：

1. 经验。

2. 能力。

3. 性格三点。

如果能做到不偏向任何一方，而取其平均的话，就可称其为优秀的经营者了。

（五）“经验”并不只意味着经历。虽然说其有10年的事业经历，但是过去在事业上有没有失败过，或者在经历上有没有不凡的风格和实绩，这些都是非常重要的评估资料。

（六）“能力”有着许许多多的要素，行销能力、计数能力、劳务能力、管理能力、金融能力等是主要的，这些可从日常的营业活动中得知。

（七）经营者的“性格”，是可以从营业员的身上反映出来的。营业员的言语、作为、动作中就可判断其经营者是否为一个不平凡的人物。

第二条　从营业状态中抓住情报：

（一）所谓营业状态，并不是指和本公司的交易额的多少，而是指顾客将售货款提高而得到利益，是否顺利的上升的事情。

（二）营业状态是经营实态把握的第一步，这是很容易从外观上抓住的，惟独营业员的判断是重要的。

（三）判断营业状态的基准，大致可区分为：

1. 营业情况；

2. 与交易往来户的关系；

3. 决裁条件、支付情况；

4. 与交易往来银行的关系和评价；

5. 业绩现况等。

（四）“营业情况”因范围广大，所以要将其重点抓住。不但不可轻视本身的感觉，同时绝对禁止只从外观上来作判断。广泛地根据同行业和交易往来户，再加上交易往来银行的评价，来作最终判断。

（五）从“交易往来户关系的好坏”就可以看得出其公司的将来极为重要的进货处的质量上、信用上是否有问题，而没有实力者是不行的。贩卖处也不只是贩卖处，连和他有交易来往的地方的好坏也要调查清楚。

（六）“决裁条件、支付情况”即可知其经营恶化的前兆。应注意其原因和理由及看其经过情况，是非常重要的。

（七）“与交易往来银行的关系和评价”虽然在调查上是相当困难的，但却可以知道许多事情真相。

（八）“业绩、现况”从头到尾所说的就是这点。营业员的顾客管理的原则就在这里，如果做不到，那就不算是个合格的营业员。

第三条　从会计方向来抓住情报：

（一）要从会计上来抓住情报的话，大前提就是要能拿到损益表。

（二）将自己的经营实绩展示给别人看并非是不好的事。营业员必须能有这种说话的工夫。

（三）在此之前，交易开始时即应确实将损益期中的损益表的交付、明确定立规则。所有的成员，都应有此概念来执行。

（四）如果不能拿到损益表，也可从许多情报中来做推测，情报的组合建立是营业员和管理者本身的事情。

（五）连续三至四期赔钱的企业是相当危险的。除了一些大企业或者优良企业，否则连续的赔钱，在金钱上当然没有理由能支持。

（六）如果支付期间是长期性的话，必须要有周密的检查追踪。本着公司的立场，是以缩短其支付期间为原则。

（七）在平常，就要做到严格地检查计算错误，而且要确实遵守已约束的支付条件。

（八）以损益表为基准，财务比率分析和损益表的分析是营业员必须的基础知识。

（九）损益表亦不可囫囵吞枣。

第四条　分析资产状态，获得情报：

（一）从借贷报告表中可得知资产有流动资产和固定资产，固定资产更可分为有形固定资产、无形固定资产、投资等。

（二）如果能拿到财务报表的话，就可以从数字上来作判断。

（三）一般对于流动资产的把握是很困难的。但是以决裁条件例如（现金的入账、支票付款期很短等）都可看出是不是好的往来对象。

（四）从外表惟一可以衡量的事物就是商品的库存量。不但要看实际的库存量，亦要检查其入货、出货的情况。

（五）固定资产在此指的大部分是事业用（并非贩卖用的）的土地和建筑物，在所辖的登记所里取得其不动产登记簿誊本。

（六）能知道其固定资产的价值额也是很重要的事情。

（七）在借钱的时候，不论是个人或者法人，在常识上一定有其担保的抵押品。如果分析其登记簿就可发现相当不可思议的事情，像企业的资金操作的状况，都可以分析出来而做判断。

（八）不要觉得一点点的费用和劳力是可惜的，而应要有那种对全部交易往来户做调查的气度才可。

（九）如要知道无形固定资产、投资的事情，几乎是不可能的。

业务接洽追踪办法

第一条　为使各企业部充分了解本部产品之推销情况，分析业务绩效，及增强各企业部间横向联系，特制定本办法，以收控制与拓展之效。

第二条　营业目标：

1. 各企业部应按照年度营业计划目标，逐月订立每位营业人员销货目标，并加以控制。

2. 各部营业人员应将每日接洽业务情况详细填入“业务接洽追踪记录卡”，于次日呈阅副总（协）（经）理，如当日无订货实绩或接洽时，亦应于3日内必须呈阅一次。

3. 各企业部副总（协）（经）理应于每日订定固定时间，召集营业主管及营业人员依据“业务接洽追踪记录卡”所列情况，开会检讨当日营业情况加以研究与决定。

4. 公司各企业部营业人员，应同时对有关客户推销其他企业部之产品，并联合争取，以达到整体目标。

第三条　填写记录卡注意事项：

1. 业主、负责人、地址、电话等均应详细填入。

2. 工程或货品内容（规格）尽可能详细填入，必要时可附简图或样品，以便研讨。

3. 工程开工及完工日期，或交货日期，应予注意，以便工厂配合争取业务。

4. 为便于分析及配合争取业务，依工程或产品成交可能性予以区分为A、B、C、D四级。

(1) A级以成交可能在80%以上者。

(2) B级以成交可能在60%以上，并需再加努力及上级主管协助可能成交者。

(3) C级以成交可能性在60%以下，并需长期努力追踪或上级主管协助始能成交者。

(4) D级为各种原因影响致不能成交者，但需具体事实，可作为改进及研究的参考。

5. 各企业部所填的记录卡为机密文件应缜密保管。

第四条　联络及追踪：

1. 营业人员应按记录卡所登记内容，采用紧迫盯人方式务必求得争取到业务为止。

2. 营业人员对所接的业务应设法了解已有或可能已与业主发生关系之同一目标竞争者，设法防止其先声夺人，更应探听其人事关系，以备采取策略之参考。

3. 各级主管除随时执导其所属营业人员采取各种方法，以求获得业务外，每日应按卡上记载情形督促营业人员如期与业主联系。

4. 营业人员外出时应委托本部同仁或主管如有业主外来电话，请代接听并予记录，以便继续联络。

5. 检讨记录卡内容时，务必商得策划结果，必要时可请示上级执导之。

第五条　奖惩：

1. 营业人员得按照“责任奖金的计算及分配办法”之规定，发给营业人员责任奖金，计算方法因各企业营业性质不同，得分别制订各部应公布奖金标准，使营业人员明了，以示激励。

2. 营业人员如果销售成绩优异，有事实可稽者，得按“员工核薪及升迁细则”规定办理之后，由各部主管签报总经理核定从优加薪及升迁以示鼓励。

3. 如甲部推销乙部之产品，或外界人士及公司同仁（不含业务人员）推销产品，成交后应照规定发给奖金，其奖金标准由各部订定核准后公布。使共同努力开拓业务。

4. 如营业人员连续6个月不能达到营业责任额时，应即时改调他职。

第六条　本办法经呈奉核定后公布实施，修改时亦同。

市场调查及预测工作管理制度

搞好市场调查及预测工作，并据此作出正确的经营方针，是企业提高经济效益十分重要的环节。为对广泛的市场信息进行有效的管理，从而作出近乎实际的市场预测，特制订本工作管理制度。

第一条　市场调查及预测工作在经营副厂长领导下由销售科归口，全质办、研究所、计划科、信息中心等有关科室参与共同完成此项工作。

第二条　市场调查及预测的主要内容及分工：

1. 调查国内各厂家同类产品在国内外全年的销售总量和同行业年生产总量，用以分析同类产品供需饱和程度和本厂产品在市场上的竞争能力。此项资料每年6月前由工厂信息中心提供。

2. 调查同行业同类产品在全国各地区市场占有量以及本厂产品所占比重。此项资料每年6月前由工厂信息中心提供。

3. 了解各地区用户对产品质量反映，技术要求和主机厂配套意见，借以提供高产品质量，开发新品种，满足用户要求。此项资料由全质办和研究所分别在每年6月前提出。

4. 了解同行业产品更新其改进方面的进展情况，用以分析产品发展新动向。此项工作由研究所在每年6月前提出。

5. 预测主机配套，全国各地区及外贸销售量，平衡分配关系，此项工作由销售科在当年6月前予以整理并作出书面汇报。

6. 搜集国外同行业同类产品更新技术发展情报，外贸对本厂产品销售意向，国外用户对本厂产品的反映及信赖程度，用以确定对外市场开拓方针。国外技术更新资料由研究所提供，外贸资料由销售科提供。

第三条　市场调查方式：

1. 抽样调查：对各类型用户进行抽样书面调查，征询对本厂产品质量及销售服务方面的意见。根据反馈资料写出分析报告。

2. 组织厂领导、设计人员、销售人员进行用户访问，每年进行一次，每次一个月左右，访问结束，填好用户访问登记表并写出书面调查汇报。

3. 销售人员应利用各种订货会与用户接触的机会，征询用户意见，收集市场信息，写出书面汇报。

4. 搜集日常用户来函来电，进行分类整理，需要处理的问题应及时反馈。

5. 不定期召开重点用户座谈会，交流市场信息，反映质量意见及用户需求等情况，巩固供需关系，发展互利协作，增加本厂产品竞争能力。

6. 建立并逐步完善重点用户档案，掌握重点用户需要的重大变化及各种意见与要求。

第四条　市场调查用户预测所提供的各方面资料，销售科应有专人负责管理，综合、传递并与工厂信息中心密切配合，做好该项工作。

售后服务管理办法

总　则

第一条　为加强公司营销管理，提高公司综合竞争力，特制定本办法。

第二条　本办法包括总则、服务作业程序、客户意见调整等三章。

第三条　服务单位的财务处理依本公司会计制度中“现金收支处理程序”及“存货会计处理程序”办理。

第四条　服务部为本公司商品售后的策划单位，其与服务中心及分公司间，应保持直接及密切的联系，对服务工作处理的核定依本公司权责划分办法处理。

服务作业程序

第五条　本公司售后服务分为：

1. 有费服务

为客户保养或维护本公司出售的商品，而向客户收取的服务费用者属于此类。

2. 合同服务

为客户保养或修护本公司出售的商品，依本公司与客户所订立商品保养合同书的规定，而向客户收取服务费用者属于此类。

3. 免费服务

为客户保养或维护本公司出售的商品，在免费保证期间内，免向客户收取服务费用者属于此类。

4. 一般行政工作

与服务有关之内部一般行政工作，如工作检查、零件管理、设备工具维护、短期在职训练及其他不属前三项的工作均属于此类一般行政工作。

第六条　有关服务作业表如下表报示：

编号	表报名称	说明
服表 001	服务凭证	商品销售时设立,作为该商品售后服务的历史记录,并作为技术员的服务证明
服表 001	叫修登记本	接到客户叫修的电话或函件时记录
服表 001	客户商品领取收据	凡交本公司修理商品,凭此收据领取
服表 001	客户商品进出登记本	于携回客户商品及交还时登记
服表 001	修护卡	悬挂于待修的商品上,以资识别
服表 001	技术人员日报表	由技术人员每日填报工作类别及耗用时数送服务主任查核
服表 001	服务主任日报表	由服务主任每日汇报工作类别及耗用总时数量服务部查核

第七条　服务中心或各分公司服务组，接到客户维修通知时，该单位业务员应即将客户的名称、地址、电话、商品型号等，登记于“叫修登记簿”上，并在该客户资料袋内，将该商品型号的“服务凭证”抽出，送请主任派工。

第八条　技术人员持“服务凭证”前往客户现场服务，凡可当场处理完妥者即请客户于服务凭证上签字，携回交于业务员于“叫修登记簿”上注销，并将服务凭证归档。

第九条　凡收取服务费较低者，应由技术人员当场向用户收费，将款交于会计员，凭此补寄发票，否则应于当天凭“服务凭证”至会计员处开具发票，以便另行前往收费。

第十条　对于现场不能处理的服务项目，应由技术员将商品携回修护，除由技术员开立“客户商品领取收据”交与客户外，并要求客户于其“服务凭证”上签认，后将商品携回交与业务员，登录“客户商品进出登记簿”上，并填具“修护卡”以凭施工修护。

第十一条　每一填妥的“修护卡”应挂于该一商品上，技术员应将实际修护使用时间及配换零件详填其上，商品修妥经主任验讫后在“客户商品进出登记簿”上注明还商品日期，然后将该商品同“服务凭证”，送请客户签章，同时取回技术员原交客户的收据并予以作废，并将“服务凭证”归档。

第十二条　第十条中携回修护的商品，如系有费修护，技术员应于还商品当天凭“服务凭证”，至会计员处开具发票，以便收费。

第十三条　凡待修商品，不能按原定时间修妥者，技术员应即报请服务主任予以协助。

第十四条　技术员应于每日将所从事修护工作的类别及所耗用时间填“技术员工作日报表”送请服务主任核阅存查。

第十五条　服务主任应逐日依据技术人员日报表，将当天所属人员服务的类别及所耗时间，填“服务主任日报表”。

第十六条　分公司的服务主任日报表，应先送请经理核阅签章后，转送服务部。

第十七条　服务中心及分公司业务员，应根据“叫修登记簿”核对“服务凭证”后，将当天未派修工作，于次日送请主任优先派工。

第十八条　所有服务作业，市区采用6小时，郊区采用7小时派工制，即叫修时间至抵达服务时间不得逾上班时间内6小时或7小时。

第十九条　保养合同期满前1个月，服务中心及分公司，应填具保养到期通知书寄与客户，并派员前往争取续约。

第二十条　维护与保养作业流程图附后。（略）

客户意见调查

第二十一条　为加强服务，并不断培养服务人员“顾客第一”的观念，特制定“客户意见调查表”，作为改进服务措施的依据。

第二十二条　客户意见分为客户的建议或抱怨及对技术员的品评。除将品评资料作为技术员每月绩效考核之一部分外，对客户的建议或抱怨，服务部应特别加以重视，认真处理，精益求精，建立本公司售后服务的良好信誉。

第二十三条　服务中心及分公司应将当天客户“叫修登记簿”于次日寄送服务部，以凭填寄客户意见调查卡。调查卡填寄的数量，以当天全部叫修数为原则，不采抽查方式。

第二十四条　对技术员的品评，分为态度、技术、到达时间及答应事情的办理等四项，每项均按客户的满意状况分为四个程度，以便客户勾填。

第二十五条　对客户的建议或抱怨，其情节重大者，服务部应即提呈副总经理核阅或核转，提前加以处理，并将处理情况函告该客户；其属一般性质者，服务部自行酌情处理之，唯应将处理结果，以书面或电话通知该客户。

第二十六条　凡属加强服务及处理客户的建议或抱怨的有关事项，服务部应经常与服务中心及分公司保持密切的联系，随时予以催办，并协助其解决所有困难问题。

第二十七条　服务中心及分公司对抱怨的客户，无论其情节大小，均应由服务主任亲自或专门派员前往处理，以示慎重。

第六章　市场营销渠道管理

1. 分销渠道管理

营销渠道管理规定

总　则

第一条　内涵

本公司的销售渠道是指产品从生产领域向消费领域转移时所经过的通道，这种转移需要中间商的介入。

第二条　适用范围。

本规定的主要对象为销售渠道的中间环节。

代理商

第三条　企业代理商是受本公司委托，根据协议在一定区域内负责代销本公司生产的产品的中间商。产品销售后，本公司按照销售额的一定比例付给其佣金作为报酬。

第四条　企业代理商与本公司是委托销售关系，代理商负责推销产品，履行销售业务手续，本身不设仓库，由顾客直接向本公司提货。

第五条　本公司可同时委托若干企业代理商，分别在不同地区推销商品，本公司亦可同时参与某些地区的直销活动。

第六条　销售代理商是一种独立的中间商，受托负责代销本公司的全部产品，不受地区限制，并拥有一定的售价决定权。

第七条　销售代理商是本公司的全权独家代理商。本公司在同一时期只能委托一家销售代理商，且本身也不能再进行直销活动。

第八条　销售代理商实行佣金制，但其佣金一般低于企业代理商。

第九条　寄售商委托进行现货的代销业务。根据协议，本公司向寄售商交付产品，销售后所得货款扣除佣金及有关费用后再交付本公司。

第十条　寄售商一般要自设仓库或铺面，便于顾客及时购到现货，且易于成效。

第十一条　经纪商既无商品所有权，又无现货，只为买卖双方提供有关价格、产品及一般市场信息，为买卖双方洽谈销售业务起媒介作用。

第十二条　经纪商与本公司不签订合同，不承担义务，与本公司无固定的联系，但在买卖过程中又可代表本方，商品成交后，从中提取一部分佣金，但其比例一般较低。

直销商店

第十三条　直销商店需划分为A、B、C、D四个等级，要求每户一卡。

第十四条　直销商店业务拜访次数规定为：A、B级店面每月不得少于5次；C、D级店面每月不得少于2次。

第十五条　所有直销商店必须执行统一的市场零售价，若经查直销店面的零售价不统一，必须追究该区业务员的责任。

第十六条　直销商店根据营业额可采用给扣制。

第十七条　商店货物摆放位置必须处于最醒目的位置，商店货架上货物规格必须齐全，摆放整齐。

第十八条　要求商店的货物必须先进先出，业务员随时清点对方库存及出厂日期，以便出现问题能及时解决，并以书面形式将公司的要求传达至客户，如对方库存过大时，需协商，请求主管调回公司仓库。

第十九条　商品在销售、运输及库存等环节出现破损，必须当日调换，不允许拖至下月调换。

第二十条　客户提出的任何意见或建议，业务人员必须当面记录，自己职权范围能予解决的当即解决，不能解决的上报公司主管，必须在3日内答复客户。

第二十一条　业务员必须非常熟悉辖区内每家商店的经理、会计、出纳、仓管、业务采购、柜台组长及营业员的情况，其中包括姓名、家庭住址、电话、爱好、生日及个别家属情况。

第二十二条　每逢元旦或圣诞节前夕，业务员应该自己花钱寄贺卡给客户。

经销商

第二十三条　经销商业务必须由公司经理经营，或由经理指派的业务代表经营，公司内人员具体负责办理业务。

第二十四条　经销业务一律实行合同制，合同文本各分公司要求一律统一。

第二十五条　经销商可划分为A、B两种：A代表大型经销商（年营业额在20万元以上）；B代表小型经销商（年营业额在20万元以下，10万元以上）10万元以下视为批发商，不签合同。

第二十六条　A级经销商的经营分为淡旺季。旺季时由于对方需求量大，资金占用量大，必须按合同要求货到付款，否则不予供货；淡季时考虑长期经营，可适当按月铺货，当月铺货当月底必须全数收回货款（例如，1日发货，在31日收回；8日发货，在31日收回；25日发货，在31日收回）。

第二十七条　B级经销商的经营不论淡旺季，一律货到付款，否则出现的任何货物损失由经理负责赔偿。

第二十八条　经销商在经销过程中产生的破损、变质、超过保质期的产品，本公司一律不予承担；但如有产品质量问题，本公司将予以解决。

第二十九条　每年需对各经销商制定销售指标，依照指标完成情况予以奖励。

批发商销售额在20万元以下的由分公司奖励，20万元以上的由行销部奖励。金额视为分公司费用。经销商未附合同正本，一律不享受本条款。奖励在结算后第60天，由行销部统一核对无误后发放。

第三十条　几个经销商联合进货则全部不奖励。

第三十一条　每年销售指标须按照上年完成情况，在原有基础上递增一定的百分点。

第三十二条　公司需协助辅助经销商开拓市场、规划市场，提供良好的经营策略。原则上要求经销商按照公司规定价格进行销售，允许上浮5%，但不作具体规定，经销商有责任引导零售商执行区域内统一零售价。

第三十三条　经销商不得跨区销售，致使货物流窜，干扰其他地区市场，导致价格混乱，一经发现，第一次停止供货，第二次取消经销商资格，第三次没收销售奖。

第三十四条　严禁经销商销售假货，一经发现，立即终止业务往来，并追究其法律责任。

第三十五条　在开拓经销市场时，由分公司派出先遣队与经销商共同打理销售点后，交经销商经营。同时也可由行销部派先遣队（费用由行销部和分公司各承担二分之一）来开发经销市场，完成市场开拓后再交由经销商经营。

批发商和零售商

第三十六条　有关批发商和零售商的管理，另参见公司《批发商管理办法》。

2. 渠道成员管理

批发商管理办法

批发商销售代表职责

第一条　本公司批发商销售代表必须履行以下职责：

1. 依据所负责区域的销售计划，向所辖批发商合理分配销售指标。
2. 寻找当地最佳批发商，共同扩展渠道网络。
4. 做好批发商货款回收工作。
4. 对当地批发价格进行管理和监控。
5. 做好批发商的库存管理工作。
6。做好公司与批发商之间的信息沟通和反馈工作。
7. 对所辖批发商给予足够的支持、协助、管理、监控和评估。
8. 处理好渠道之间的矛盾与冲突，维护好公司品牌的发展。
9. 做好对批发商和零售商的培训工作。
10. 依据公司销售行政管理规范，做好日常行政工作和报表填写工作。

批发商销售代表的能力要求

第二条　本公司批发商销售代表需具备以下的能力：

1. 建立良好的生意伙伴关系。

2. 发掘批发商的需要。
3. 明确真正的需要。
4. 找出有可能发展的机会。
5. 表述解决问题的方法，推荐产品和服务。
6. 了解推销的好处（利益）。
7. 满足批发商个人及组织的需要。
8. 让批发商共同参与解决问题。
9. 激励批发商。
10. 应付反抗。
11. 寻求赞同。
12. 达成一致的解决方案。

第三条　本公司批发商销售代表需具备解决下列实际操作问题的能力：

1. 价格。
2. 折扣点。
3. 奖励。
4. 佣金。
5. 销售量。
6. 产品突出点。
7. 存货。
8. 产品组合。
9. 交货。
10. 付款。
11. 放账期。
12. 订货与交货的间隔时间。
13. 订单流程。
14. 装运时间。
15. 装运状况。
16. 运输事宜。
17. 培训。
18. 促销。
19. 广告。
20. 理货。
21. 取消订单。

22. 拒收货。

23. 旧货。

24. 接单不发货。

批发商基本资料管理

第四条　基本资料：

包括名称、地址、电话、网址、负责人、联系人、最佳走访时间和员工数目等。

第五条财务状况：

分析潜在的销售额、产品销售情况、月均库存数、价格折扣和折旧等。

第六条　竞争状况：

包括所经营的竞争品牌、竞争品牌的销售额、市场占有率及月均库存数等。

第七条历史情况：

了解本公司的新老客户，生意发展趋势、铺市或推广方法，经营的方法及其销售代表队伍。

第八条　其他重要情况：

如销售目标、批发商需求、需要的产品、采取的销售策略、批发商关注的问题及敏感事项等。

对批发商的评估

第九条　对批发商进行基本目标的定期评估，然后根据评估结果，采取调整、激励、重点帮助等措施。

第十条　对批发商的评估内容：

1. 考察促销额的浮动情况。

2. 考察销售额达到或超过当年指标的状况。

3. 考察批发商的销售网点是否已广泛覆盖了所在地区。

4. 考察批发商为其零售商、二级批发商提供服务的情况。

5. 考察批发商库存量的合理程度和库存周转速度。

6. 考察批发商按公司政策付款的状况。

7. 考察批发商是否自行组织在零售商中进行产品促销。

8. 考察批发商在各种促销活动中的合作意愿，新产品上市时有效积极配合程度。

9. 考察批发商是否一年至少有一次召集零售商进行产品推广和市场推介。

10. 考察批发商对其主要客户的特别照顾情况。

11. 考察批发商开拓新客户的数量和速度，以显示其更新市场的能力。

12. 考察批发商能否及时地利用电话跟进业务。

13. 考察批发商对转账服务利用的有效程度。

14. 考察陈列产品的种类、规格、数量是否足够，产品陈列位置是否显眼，是否具有好的陈列形式/陈列面。

15. 考察批发商使用的促销用品数量是否充足、品种是否齐全。

16. 考察批发商与二级批发商和零售商的商业交往状况。

17. 考察批发商按公司的价格体系执行的程度。

区域销售计划

第十一条　销售计划制订的基本步骤：

1. 决定销售收入的目标额。

2. 分配销售目标。

3. 销售费用预算。

4. 编制实施计划。

第十二条　销售计划的规定方式：

1. 分配式。以由上而下的方式将销售目标额分配给每个零售商销售代表的方式。

2. 上行式。由每个零售商销售代表估计销售目标额，然后往上呈报。

3. 折中式。按分配式与上行式相互结合的方式，批发商销售代表先掌握一定的销售目标，然后征求零售商销售代表的意见，最后确定一个较为合理的销售目标。

第十三条　制订计划时的资料收集、整理：

这些资料包括过去历年的有关部门销售业绩的统计资料、所采用的一些销售策略及所取得的成果等必要数据资料。

销售区域划分和销售目标确定

第十四条　区域规划应考虑以下因素：

1. 销售区域目标

目标一定要明确，批发商销售代表一定要确切地知道自己要达到的目标和零售网点开发目标，并且尽量把目标数字化、具体化。

2. 销售区域边界

明确销售区域的边界，避免重复工作及与其他区域的业务摩擦。

3. 销售区域市场潜力

批发商销售代表一定要了解区域内市场潜力在哪里、有多大、如何利用才能使市场潜力变成销售需求，实现销售收入。

4. 销售区域的市场覆盖

批发商销售代表一定要明确零售商销售代表与零售客户联系的方式，以及与每位零售客户联系的频率。

5. 零售商销售代表

批发商销售代表要使每个零售商销售代表认识到销售区域分配的合理性，并使其有足够的销售潜力，取得合理的收入；还要保证每个零售商代表有足够的工作量，并便于管理。

第十五条　确定区域市场基本销售目标应考虑下列因素：

1. 地区人口。

2. 基本消费群体的消费水平和购买能力。

3. 产品在该市场上的被接受程度。

4. 市场的竞争状况。

5. 市场发展的潜在能力。

6. 产品上市时间（品牌知名度）等。

第十六条　设计区域目标的准则：

1. 可行性。目标一定要使零售商销售代表经过努力可以在一定时间内实现。

2. 挑战性。目标的设置要体现出实现目标过程中的努力因素。

3. 具体性。目标尽量数字化、明确、容易理解。

第十七条　销售区域目标的基本内容：

1. 零售客户维持和开发目标。

2. 销售费用控制目标。

3. 客户关系目标。

销售行动管理和业绩评估

第十八条　销售报告管理

销售报告主要包括：

1. 销售日报表

这是每位销售代表每天的行动报告书，也是所有行动在人、事、时间、地点、结果、进度等方面的总记录。

2. 周报表

每周的客户拜访情况、销售目标完成情况、市场信息、客户信息记录和分析是周报表的主要填制内容。

3. 月报表

每月的客户拜访情况、销售目标完成情况、客户销售和库存情况、竞争者信息、促销活动情况、消费者信息记录和分析应在月报表中进行记录。

第十九条　批发商销售代表市场走访管理

批发商销售代表对零售商销售代表的业绩评估与激励，主要考虑下列3个方面：

1. 明确评估销售业绩的关键指标：

(1) 每个销售代表每天的平均访问次数。

(2) 平均每次访问时间。

(3) 平均每次访问费用。

(4) 每百次销售访问收到订单的百分比。

(5) 各期的新客户数目。

(6) 各期的客户丢失数目。

2. 对以上销售指标进行加权评估，在不同的销售时期，各项的加权分数是不一样的，每次评估都要列出本次评估的重点。

3. 评估工作的重要性体现在对零售商销售代表的激励上。只有做到奖罚分明，才能起到积极作用。

特约店管理办法

第一条　为加强对各特约店的管理，特制定本办法。

第二条　经营商品：

1. 经营商品以××为主体。

2. 特约店负责××商品的批发和销售。

3. 特约店不得销售其他厂商的同种产品。

4. 今后将逐次追加经营商品项目。

第三条　特约店的设置：

1. 特约店的设置依下列规划进行：

(1) ××地区×店。

(2) ××地区×店。

(3) ××地区×店。

(4) ××地区×店

2. 前项区域划分，可因销售额的提高、人口的增加及其他因素而变更店数。

3. 本特约店制度只适用于全国各大城市，其他区域的实行方针则依照总代理店制度来进行。

4. 特约店的选定

(1) 从以往与本公司有交易往来的零售店中筛选。

(2) 从目前虽与本公司无交易或交易额极小，但却极具未来潜力的零售店中筛选。

5. 对业绩不佳的零售店中筛选依照下列基准来进行：

(1) 年销售本公司产品数量××万以上。

(2) 年销售××产品超过××万以上。

(3) 目前的交易额度虽小，但具有诚意且付款明确者。选店时必须以经营稳健且具有合作性、能积极投入销售活动者为对象。

6. 未有交易往来而具实力者是指符合下列条件的零售店：

(1) 该地区尚未有老客户介入。

(2) 以地区性来说具有销售潜力且未来仍有可能开拓销售渠道的零售店。

第四条　与非特约店交易客户的往来方式：

1. 对于非特约店的交易客户，一概以既有的交易方法来进行交易。

2. 不论商品出于本公司或出于特约店，价格都必须统一。

3. 对于新的交易申请，原则上应转给该地区的特约店办理。

4. 这种非特约店的商店交易，应随着特约店销售能力的增大而中止。相反这些商店中如有交易增大者，应设法将其纳入特约店体制中。

第五条　特约店的义务：

1. 根据过去的实绩及所在的区域的消费实力，特约店每年要有一定的销售责任额。具体数额双方协议而修正。

2. 目前各商品的最低销售责任额暂定如下：

(1) ××地区——××至××。

(2) 新产品及新型号则依当时条件另订。

3. 特约店须加人总公司。

4. 总公司是以协助、扩展特约店业务为目的的实体。

第六条 交易方法：

1. 交货给特约店的批价及特约店本身的售价依下列规定实施：

(1) A价——公司批给特约店的价格。

(2) B价——特约店及公司给零售店的价格。

(3) C价——卖给一般消费者的售价。

(4) D价——季节前的交易价格，届时另订。

2. 为促进特约店的销售及鼓励其积极付款，本公司特设折扣制度。

3. 货款的缴付以每月25日为截止日，次月10日前须以现金缴付。如以期票缴付，则付款金额包含折扣费。

4. 关于季节性的货款缴付，应另外订立特别价格。

5. 货物运送过程中所发生的破损等由本公司负担。

第七条 支援销售：

1. 对于特约店，本公司将免费或以成本价提供销售用的目录、广告册、传单、海报等。

2. 本公司自行负担在报纸、杂志、传单及其他媒体上的产品宣传费用，在实行这些广告宣传之前，本公司应制作实施预定表，事前与特约店进行联络。

3. 本公司对特约店进行有关销售方法、商品说明方法及其他相关的培训，并指示销售计划。

4. 在开始销售新型产品时，公司免费提供或借与各特约店该产品的样品。

5. 本公司对特约店主及负责的店员进行有关产品的组合及使用方法、产品说明、销售时的应对方式等方面的教育指导。

第八条 产品制造方法：

1. 如偏远地区的订货量增多时，可于市内及各地寻求转包工厂，由这些工厂来负责产品的生产。

2. 本公司内部将自设模具工厂，由公司自已经营，至于生产方面本公司将再采取转包生产政策。

3. 针对×××及×××各产品，本公司将设置装配工程部门，以付费方式委托其他单位。

代理店管理办法

总　则

第一条　目的：

为加强对各代理店业务管理，特制定本办法。

第二条　销售区域：

代理店的销售区域由双方共同商定。代理店需要进行指定销售区域外的销售，必须向总公司申请。

第三条　销售产品：

代理店经销的产品为公司××系列产品。

第四条　代理店每月必须完成销售额××万元以上。

第五条　销售价格：

公司对代理店的供货价格及代理店对客户的销售价格由价格表另定。供货价格及销售价格的变更须征得公司同意。

第六条　购货保证金：

根据购物量的多少，代理店应预交一定数量的购货保证金。

第七条　提交资料：

代理店应向公司提交必要的业务资料，如客户名单、销售计划等。

交易条件

第八条　交货方式及运费：

公司对代理店的供货地以公司生产地为主。如代理店有特别要求，公司应将货物运送到指定地点。运费由代理店支付。如运输过程中发生损害，由双方协商解决。

第九条　退货如供货与代理店订货内容不同，或因公司生产制造上的责任，造成质量问题，代理店可以将货物退回公司。

第十条　支付条件：

货款的结算日为每月 25 日，代理店应在下月 10 日前将上一月的货款付清。

第十一条　削减供货：

如代理店不能履行付款义务，或有违约行为，公司可以削减对代理店的供货。

业务支持

第十二条　目的：

为了促进代理店的销售，保证代理店与公司间建立良好的合作关系，特提出各种奖励和支援措施。

第十三条　销售奖励制：

如代理店3个月平均的订货量比上年同期3个月的订货量增加30%以上，公司实行利益返还奖励。具体规定如下：

1. 增加10%以上奖励×%

2. 增加20%以上奖励×%

3. 增加30%以上奖励×%

4. 增加40%以上奖励×%

如代理店全部以现金支付货款，则返还×%的利益，如以期票支付，且将期票时间缩短到60天（规定为90天），则奖励×%。

第十四条　协会代理店：

加入公司的代理店协会，可以接受协会在经营管理和产品制造技术等方面的指导，无偿得到广告宣传品和经营资料。

限　制

第十五条　同类产品经营限制：

代理店未经公司同意，不得与第三方签订制作、销售与本制度第三条所规定商品相同或相类似的商品的合同。

第十六条　严守商业秘密：

代理店与公司都有严守双方交易过程有关的商业秘密的义务，不得泄露给第三方。

第十七条　违约处理：

代理店如有违反本制度的行为，公司可以随时解除代理店的代理资格。

第十八条　代理店间竞争的限制：

代理店不遵守指定的销售区域，以非指定价格在其他销售区域销售产品，属不正当竞争行为，应予禁止。如因代理店的不正当竞争行为引起代理店间的纠纷，应由公司出面公正地调解。

第十九条　新设代理店：

公司在新设立代理店时，必须经过认真调查，并征求已有代理店的意见。新代理店的设置不能损害原有代理店的利益。

附　则

第二十条　仲裁地：

当公司与代理店发生合同纠纷时，应在公司所在地的仲裁机构仲裁。

第二十一条　制度修改：

本制度的修改由公司与代理店共同商定进行。

连锁店管理办法

第一条　目的：

为充分满足消费者需求，进一步规范连锁店管理，特制定本办法。

第二条　内容：

加盟连锁店须以本办法确立各类权利义务关系。

第三条　组织：

1. 公司内设置加盟店本部，并可设各种委员会，以推动业务的发展。

2. 本部决定“××”商号、商标的使用，主持制订加盟店维持发展的运营方式、制度、规约，以管理统辖全体加盟店。

3. 加盟店商业机构所有者的加盟店享有平等的权利，并负有诚实经营的义务。

4. 委员会关于加盟店的营运咨询，可在本部设置营运委员会，由本部从加盟者中选择数名担任委员，并遵从另行规定的委员会营运规则。

第四条　加盟资格：

1. 与已加盟会员，不得进行恶性竞争。具体竞争原则由本部认定。

2、要具备一定限度的经营规模。营业场所面积及售货金额必须符合公司最低标准。

3. 与本部实质上有竞争关系的其他连锁组织不得加入。

4. 加盟者本身及能代替的合适经营者，必须专心经营。

5. 加盟后要能够诚实经营并接受本部的经营指导及完全援助体制。

6. 对于本规章要全面赞同，并全面参加本部为加盟店所举办的各种活动。

7. 必须要抱有经营合理化的意愿，且要主动、积极为经营合理化努力。

第五条　加盟条件：

具有第四条所列资格者，其加盟店的条件为：

1. 使用公司统一商号、商标，在店面安装规定的招牌和标志。

2. 加盟店应向本部缴纳加盟金××万元，此项加盟金不予退还。

3. 要接受本部所规定各种教育培训。

4. 与本部缔结加盟契约，并于契约书上盖章。

第六条　特殊权利：

加盟店遵守本规章各条款时，即赋予如下的特殊权利：

1. 使用公司商号的商标进行经营活动。

2. 使用公司商号的商标开展广告宣传活动。

3. 经销本部组织独自开发的商品。

4. 施以内外包装的统一，并利用共同方式管理。

5. 接受本部的经营技术指导，并使用本部的指导要领经营。

6. 接受经选择的统一商品及物品的供给，并使用订定手册。

7. 参加本部统一举办的宣传广告，促进销售及其他的共同活动。

8. 接受有关连锁店之新设、改装的专门技术指导。

9. 参加本部计划的教育训练。

10. 接受经营计划的指导。

11. 接受必要的商业情报。

第七条　确保加盟店的利益：

为增进加盟店的业绩及确保其利益，由本部提供技术支持。

第八条　为确保第七条所列的公司利益，下列事项由本部统一计划并指导实施：

1. 商品构成计划。

2. 商品陈列计划。

3. 毛利计划。

4. 销售促进计划。

5. 广告宣传计划。

6. 进货补给计划。

7. 其他关于连锁店管理的计划。

第九条　商品供给：

1. 加盟店经销货品中，至少有×%以上货品要向本部进货，以实现进货集中化。

2. 商品的供给，原则上依本部所定的定期配送系统配给。

第十条　有关商品构成计划内容如下，提交“商品计划委员会”统筹研究。

1. 独自开发共同商标的商品。

2. 加盟店囤积库存商品的调配周转。

第十一条　支付货款：

每月 11 日至月底所进的货款，于下月 5 日以前回送至本部所指定的银行，或以即期支票寄至本部。

第十二条　退货的处理：

由本部所供给的商品及物品类，原则上不予退货。以下情况可予以调换：

1. 本部承认的退货期限内的特定品，但退货所需的运费及其他损失，如本部无过失，其费用由加盟店负担。

2. 本部拟订销售计划指定商品的配额，在本部所承认的一定期间内不能售出时，此时也适用前面的规定。

3. 前项退货商品货款的支付，应依前条所定每月结算。

第十三条　本部营运费用的分担：

加盟店对于本部的营运费用应依下列方法分担：

1. 会费每月××元。

2. 每月向本部进货金额的×%。

第十四条　特定费用的负担：

依前条负担固定的营运费用外，加盟店应依下列基准，逐项分担为连锁事项而开支的费用。

1. 共同广告经费——实费或分担。

2. 共同特卖经费——实费或分担。

3. 各项活动经费——实费或分担。

4. 调查、教育经费——实费或分担。

5. 店铺、广告陈列品的设计及物品的费用——实费。

6. 其他特别指导援助的经费——实费。

第十五条　机密的保守：

加盟店对于本组织的计划、营运、活动等的情况及内容不得泄漏于他人，特别须以下列事项作为重要机密保守，如违反时，其所发生的损害，应由当事人负责赔偿。

1. 经销商品及物品类的采购厂商、价格、进货条件。

2. 加盟店的详细经营内容，特别是关于进货、销售、资金的计划、实绩的具体内容。

3. 其他本部规定的事项。

第十六条　禁止事项：

加盟店不得有下列行为：

1. 将从本部进货的商品提供给非加盟店。

2. 加入本组织以外的其他同业连锁店。

3. 毁损本组织的名誉。

4. 无正当理由的情况下，将本部所送的文件、情报提供给他人。

第十七条　纠正劝告：

加盟店如不履行本规章所规定的义务及违反前条所规定的禁止事项，本部可以书面形式对该加盟店纠正劝告。

第十八条　有如下事由可解除加盟契约：

1. 加盟店无正当理由，不服从前条的纠正劝告。

2. 加盟店的经营恶化，连续亏损 1 年以上，经“营业委员会”判断无法改善经营状态。

3. 加盟店或加盟店的经营者申请破产，或受强制执行或执行保全处分或拒绝往来处分。

4. 与加盟店的经营者有关的加盟店业绩恶化，造成巨大的债务，因而加盟店的经营遭受较大影响。

5. 对本部的债务履行，虽经劝告，仍不履行。

第十九条　除名：

有下列事由时，本部可将该加盟店除名：

1. 对本规章有重大违反。

2. 显著妨碍本组织的信用。

3. 显著妨碍正常的连锁营运。

第二十条　退会：

加盟店无论何时，均可退出本连锁组织，但解除加盟契约，至少应于 30 日前以书面形式通告本部。

第二十一条　合同解除后应处理的事项：

1. 遵从本部指示，将店面内外所表示的加盟店名称撤除或消除。

2. 遵从本部指示，将经售商品目录、价格表及其他本部送付的物品、文件送还。

3. 本部指定的商标商品应予回收，其回收价格应服从本部的审定。

4. 对本部或其他加盟店的债务要立即偿还。

5. 实施上列各项所需一切费用，由加盟店负担。

6. 由于解除契约，发生具体损害时，应予赔偿。

第二十二条　规章的修正：

本规章须经出席加盟店代表 2/3 以上的多数通过，才能更改。

第二十三条　附则：

关于加盟店的营运，本规章或另行规定的各种规定无明确条款约束时，应由本部决定。

特约店协会组织制度

总　　则

第一条　名称

本会的名称为“××特约店协会”。

第二条　办公处本会的办公处设于××公司之内。

第三条　会员

本会的会员与××公司缔结特约店契约，且须具有第八条规定的会员资格。

第四条　业务

本会以增进会员的销售，促进业务的合理化及经营的发展，加强会员之间的联系为原则，特别开展下列五项工作：

1. 为促使销售契约成立所进行的各种磋商、协定。

2. 修订、制定特约店的规定。

3. 进行各种业务上的联络，以使彼此的交易得以顺利进行。

4. 举行有关销售方法、销售技术、经营管理、店铺设计、人事管理、事务处理及其他相关内容的研究会、讲习会、训练会，并进行指导。

5. 计划、实施各种活动以促进彼此间的良好关系。

运营方式

第五条　管理人员

本会基于业务的需要，设置下列管理人员：

1. 会　长　　1名。

2. 副会长　　1名。

3. 干　事　　若干名。

以上管理人员由会员选举产生，任期为一年，可连选连任。

第六条　运营

本会每年举行一次大会，会中讨论年度计划及进行业务报告、财务报告。会长及副会长必须根据情况需要，召集人员组成董事会。董事会根据大会的议事项目，决定有关会务运作的协议。

特约条件

第七条　经费

会费每年为×××元。凡会议、通信、联络等会务运作所必需的经费皆由此支出。但讲习会、旅行等特别经费则须依当时的需要，由董事会议决定。

第八条　会员资格

凡本会会员须具备下列四项条件：

1. 与××公司已缔结特约店契约者。

2. 已支付信用金者。

3. 过去一年的销售额达到×××万元以上者。

4. 其他本会特别指定者。

其　他

第九条　会员的特惠

本会对于会员特别定有“特约店交易规定”，会员可因此享有交易上的各种特别优惠条件。

第十条　制度的废止

本制度的废止须由大会决定。

特约店交易合同书

××公司（以下简称甲方）指定××商店（以下简称乙方）为经销本公司产品的特约店。

甲乙双方特签订以下合同。

第一条　交易内容

甲方负责向乙方提供商品，乙方负责在指定区域内销售甲方产品。

第二条　货款支付

乙方向甲方交付货款的时间规定如下：每月20日结算，翌月20日前支付。

货款应由乙方送到甲方营业所。乙方须根据甲方提出的付款通知书以现金形式及时支付。

乙方如对付款通知书有异议，须在接到通知书两周内向甲方提出。

第三条　交货地

商品交货地原则上为甲方生产厂所在地。货物离开甲方生产厂后的一切损毁，由乙方负责。货物运费由乙方负担。

第四条　迟付款赔偿

如乙方不能在指定时间内支付货款，应从支付的最后期限日算起向甲方支付3‰的滞纳金赔偿。

第五条　担保提供

为确保甲方的债权，乙方应根据甲方的要求，向甲方提供可靠的担保人。甲方有要求乙方提供担保金的权利。保证金由甲方托管，并以甲方指定利息为保证金计息。

第六条　合同的解除

甲方在认定有以下情况者，可不通知乙方，单方面中止合同。

1. 在没有特殊事由的情况下，乙方的销售额长期不变或呈下降状态。

2. 乙方长期不能按约支付甲方货款，其信用状况趋于恶化。

3. 乙方不履行合同确定的义务，或与甲方采取不合作态度，或者有损害甲方商品信誉的行为。

4. 甲方认为乙方已不符合特约店的必备条件。

如乙方提出解除合同，必须事先征得甲方同意。

第七条　诉讼地

除法律上的特殊规定外，因本公司发生的法律诉讼，应在甲方所在地的法院提出诉讼。

第八条　合同有效期

本合同有效期为一年，满一年时，甲乙双方经协商，可以依本合同条件续延。

本合同一式两份，签名盖章公证后甲乙双方各存一份。

甲　方　　　　地址

公司名称

乙　方　　　　地址

公司名称

甲方担保人

乙方担保人

签约日期：　　　年　　月　　日

代理店合同书

第一条　总则

本合同确定××公司（以下简称甲方）与其代理店××公司（以下简称乙方）之间的商品供销事项。

第二条　销售区域及销售产品

作为甲方的代理机构，乙方的销售区域限制在××地区，销售产品为甲方所生产××系列产品及附件。

第三条　指定区域外的销售

乙方如接受上条所定销售区域以外的定货，必须事先与甲方联系，征得甲方同意。如甲方经过调查，确认这项交易不会损害其他代理店的利益，乙方可以接受定货。

第四条　排他性交易

原则上，乙方只能从甲方进货，然后销售给客户，不得经销其他公司同类产品。

第五条　责任销售额

乙方在指定销售区域内每年须完成××万元销售额，但不规定具体商品的销售额。

第六条　系列代理

在事先征得甲方同意前提下，乙方可以设立下属系列代理店。

第七条　货款预估

乙方在接受客户订货时，可委托甲方预估货款，向甲方提交预估请求表。经甲方核定后，送交乙方。

第八条　供货日

甲方须根据乙方订单内容将货物发送到指定场所。如无指定送货地，货物离开甲方仓库时即为供货日。

第九条　直销权

即使本合同生效后，甲方也可以将其产品直销给乙方销售区域内的客户，但甲方必须充分尊重乙方在指定销售区域内的销售权。

第十条　销售价格

甲方对乙方的供货价格，乙方对客户的销售价格，均由另外的销售价格表确定。

第十一条　销售价格维持

甲乙双方都有义务维持上条所确定的销售价格，如大幅度提价或降价，须由双方协商确定。

第十二条　售后服务

商品的售后服务工作由乙方负责，如乙方确有困难，可请求甲方帮助，所需费用由乙方负担。

第十三条　业务代理

甲方在乙方销售区域内的直销业务，如需技术指导和售后服务，可委托乙方代理。其费用由甲方负担。

第十四条　制造费与运费

如无特别限定，产品的生产制造费和运费均由甲方负责。

第十五条　运输事故

在运输中如发生货物破损和货物丢失，均由甲方赔偿。货物到达7日内，乙方须提出证明材料和赔偿要求，经甲方确认后，给予货物补偿。

第十六条　退货

乙方向甲方提出的退货要求限于货物与定单不符和破损货物。

第十七条　销售计划

乙方须在每月20日前向甲方提交未来3个月的销售计划。

第十八条　人员保证

乙方为完成第五条所确定的责任销售额，应具备最低限度的销售人员和技术人员保证。

第十九条　技术培训

乙方应定期对销售人员进行技术培训。届时，乙方可向甲方提出师资方面的要求。

第二十条　培训费用

乙方负责培训师资的往返交通费，住宿费和餐费由甲方负担。

第二十一条　与其他企业的合同

乙方未经甲方同意，不得与其他企业签订经销同类商品的合同。

第二十二条　严守商业秘密

甲方和乙方不能向第三者泄露对方的商业秘密。甲方不得与本合同第三条所规定销售区域内的第三者签订类似代理店合同，否则即视为违约行为。

第二十三条　货款支付

货款支付结算日为每月20日。乙方应在10日内交付结算日前的所有货款。

第二十四条　广告费

用于商品目录、邮送广告、广告传单等方面的销售费用，由乙方负担一半（但由乙方独立策划的促销活动，其费用全部由乙方负担）。

第二十五条　合同修改

本合同修改由甲乙双方协商进行。

第二十六条　违约处理

乙方如部分或全部违反本合同条款，甲方可随时解除本合同。

第二十七条　保证金

乙方应根据定货额向甲方交付定货保证金，保证金的管理由甲乙双方商定。

第二十八条　仲裁地

甲乙双方如在合同条款上发生纠纷，由甲方公司所在地的仲裁机构裁决。

第二十九条　合同期限

本合同有效期为自签订之日起一年。如合同期满前2个月，甲乙双方中任一方不提出异议，本合同续延一年。以后可以依此类推。

第三十条　销售价格和供货价格

本合同一式两份，甲乙双方各持一份。另附本合同第十条所定销售价格和供货价格。

1. 销售价格（略）。

2. 供货价格（略）。

国外销售代理合同书

××公司（以下简称甲方）与××公司（以下简称乙方）就乙方生产经营商品出口及国外销售事宜，特签订本合同。

第一条　甲方为乙方生产经营的全部商品（以下简称商品）在×国的独家代理店，负责在×国向第三方销售。

第二条　甲方在进行上述销售活动时，必须尊重乙方的经营方针，努力拓展销售渠道，扩大商品销售。

第三条　商品价格及货款支付

1. 乙方以另表所列价格销售给甲方。乙方因各种原因需变更价格时，应于正式调整一个月前通知甲方。

2. 甲方从乙方所购商品货款，每月 20 日核算一次，并在次月 20 日以 120 天期票形式与乙方结算。

但当货款不满 10 万元时，甲方通过乙方指定的银行账号汇款。转账时间由双方协商确定。

3. 本合同中止后，如甲方尚有货款未付，应立即全额支付给乙方。

第四条　其他公司商品代理

甲方原则上不能销售与乙方相同或类似的其他公司商品。

如经销乙方以外的商品必须征得乙方的书面同意。

第五条　质量保证责任

1. 当乙方提供的商品有质量问题时，应由乙方承担责任。

2. 如甲方提出更换同一型号商品时，乙方应立即予以调换。

第六条　技术指导

乙方有责任对甲方及甲方用户进行必要的技术指导。

第七条　促销活动

甲方用于广告宣传用的促销手册（包括商品目录）、商标及展示会、宣传材料等，须征得乙方的同意才能实施。

第八条　促销费用负担

因促销活动支付的正常费用，甲乙双方各负担二分之一。

第九条　售后服务和零配件供应

乙方对提供给甲方的商品，即使是保修期后，也要继续提供 10 年的售后服务和零配件供应。

第十条　在×国进行故障修理及保修，原则上与乙方在国内的有关规定相同。

往返交通费及住宿费由乙方负担。

乙方有权委托在×国的保修单位。

第十一条　合同期限

本合同的有效期为自××××年×月×日起的一年时间。期满一年后，如双方均无更改合同的要求，则本合同有效期延长一年。

第十二条　合同的变更

本合同如无双方的签名盖章，其有关条款不得变更。

第十三条　合同的解除

1. 甲方和乙方中任一方违反本合同的某项条款，另一方有权直接解除本合同。

2. 下列任一情况出现时，乙方可直接解除本合同，或依据本合同，暂时中止与甲方的代理关系。

(1) 甲方的收益水平、经营能力和资产状况明显恶化，乙方认为难以继续保持与甲方的代理关系时。

(2) 甲方宣告破产或被查封时。

第十四条　争议事项

如对合同所列条款有异议或存在本合同未列事项，双方应本着积极坦诚的态度协商。

第十五条　诉讼裁决

有关本合同的诉讼，裁决者首选为××法庭。本合同一式两份，双方签字盖章后生效，甲方乙方各保存一份。

甲　方　　××公司

（地址）

（签约人）

乙　方　　××公司

（地址）

（签约人）

年　　月　　日

连锁机构合同书

第一条　××连锁机构（以下简称甲方，即连锁权授予者）与××公司（以下简称乙方，即连锁权授受者）之间为共同发展，保持良好关系，特签订本合同。

第二条　乙方经甲方授权自合同生效日起，必须以“××连锁店”的商标公开营业。

第三条　乙方应接受甲方组织章程规定事项，并全力配合甲方授权经营管理人员的执行事项。

第四条　在本合同缔结同时，乙方应交付给甲方商标授权权利金×××万元（一概不退还）。

第五条　乙方于签约后，应接受甲方（企业统一形象）的计划建议，进行店内布置或改装工程，其费用均由乙方自理。如乙方配合不周以致影响全体或本身（有形或无形）利益时，乙方应负完全责任。

第六条　乙方有按时向甲方缴付基金服务费的义务，该费用自合同生效日起每六个月（半年）一次付清。由甲方通知乙方于期限内缴付。其金额依“××连锁店组织管理章程第××条”办理。

第七条　甲方应遵守的约束事项如下：

1. 甲方应定期给乙方提供免费研习机会。如有必要收费，须先征得乙方同意。

2. 甲方对于乙方的经营，应聘请专家进行评鉴及建议工作，以提高乙方的业绩。

3. 甲方应将制造或开发采购商品及其他与营业相关物品提供给乙方，其售价应合理且在市价以内。

4. 甲方应聘请专家策划所有连锁店的统一广告宣传活动。

第八条　乙方应遵守的约定事项：

1. 应遵守甲方指定的“经营决策委员会”的一切决议事项。

2. 每月至少应拨×万元以上的费用与甲方授权的连锁店共作广告，此项活动并应交由甲方执行。

3. 每月至少应向甲方申购商品、物品达×万元以上。

4. 应在规定期限内支付款项给甲方。

5. 自行从事广告活动时，应向甲方报告，以不破坏企业形象为原则。

6. 不得私下转让或转借甲方授予的一切权利。乙方营业地点变更、法人代表变更等事项均应经过甲方同意，否则以违约论。

第九条　本合同解除依“××连锁店组织管理章程”第×条规定办理。

第十条　本合同在甲、乙双方相互信赖与理解的前提下制定，对于本合同所订事项亦应以善意方式予以实施，如有未尽事宜由“经营决策委员会”及甲方研究订立。

第十一条　以上本合同诸条款，应相互确认而不能有所指责或不履行。本合同自甲乙两方签字盖章之日起生效，同时甲方发给乙方下列资料，乙方应妥善保管并遵守。

1. ××连锁机构组织章程。

2. 经营决策委员会办事章程及议事规程。

3. ××连锁店组织管理章程。

本合同一式两份，甲、乙双方各执一份为凭。

(甲方) 连锁权授予者：××公司所属××连锁机构

法人代表：

地　　址：

身份证编号：

(乙方) 连锁权授受者：

法人代表：

地　　址：

身份证编号：

年　　月　　日

连锁店加盟合同书

第一条　目的

本合同确定××公司与其加盟连锁店的权利与义务，旨在推进××公司和各加盟店事业的共同发展。

第二条　约束

××公司及各加盟店不受本合同以外和根据本合同制定的其他规定以外的规章约束。

第三条　严守

××公司及各加盟店必须严格遵守本合同及根据本合同制定的其他规

定。××公司须为各加盟店严格保守商业秘密。

第四条 名称

在××公司的许可下，各加盟店对外名称为“××连锁店”。

第五条 营业前准备

1. 各加盟店与××公司签订本合同后，××公司予以加盟店各种业务指导和支援。各加盟店须依据××公司的指导进行营业前准备。

2. ××公司对加盟店的指导和支援由另行的《营业前准备规定》确定。

3. ××公司有义务对加盟店进行下列指导和支援：

(1) 职员培训。

(2) 提供各类促销广告宣传。

(3) 指导建立营业账簿。

第六条 禁止转让经营权

各加盟店的经营权禁止转让。但依据经营继承权规定，经营权可以继承。

第七条 商品订货及运费

与各加盟店的营业活动有关的规定如下：

1. 经销商品名称及价格由商品名录确定。

2. 订货需统一填制。

3. 订购经销××公司以外的商品，需征得××公司的认可。

4. 货款每月15日结算，月底通过银行汇款到××公司指定账号，但首次购货货款须当时支付。

5. 原则上不接受加盟店的退货。

6. 货物运输由××公司承担，但运费由订货加盟店支付。

第八条 营业报告

各加盟店有每月月末向××公司汇报当月营业情况并妥善保管各种营业记录的义务，且有义务接受××公司对此的检查和审核。

第九条 营业员

各加盟店在录用员工时需慎重选取。应将员工名录及时上报××公司。

第十条 共同义务

为保证各方的共享利益，××公司与各加盟店必须遵守下列共同义务：

1. 为体现连锁店企业形象的统一性，各加盟店须对店内外重新装修。

2. 实施统一的广告宣传。

3. 实行内部统一的布局设计。

4. 使用统一的营业用消耗品。

5. 营业员穿着统一的制服。

6. 实行统一的经营管理模式。

7. 店面外采用风格统一的装饰。

第十一条　费用负担

所列的费用支付由各加盟店负担。

第十二条　保证金

各加盟店需向××公司支付×万元的保证金。

第十三条　赔偿金

各加盟店因故意或过失造成的商品损害，或对消费者造成的损害，均由各加盟店赔偿。由××公司责任造成的损害，由××公司负责赔偿。

第十四条　违约处理

如加盟店拒绝支付或部分支付保证金，或不履行××公司规定的其他义务，××公司可对其下达限期支付命令，或单方面中止本合同。

第十五条　利息赔偿

如加盟店不能如期支付货款，自支付期结束日开始，采取计息支付。

第十六条　经营权继承

如原加盟店法人代表死亡，其继承人应在60日内向××公司提出申请，并从继承经营权之日起，履行本合同。在提出申请时，必须有原法人代表的书面同意文件。××公司在审查后再行决定。

第十七条　呈报事项

各加盟店如有以下变动时，须在14日内向××公司进行汇报：

1. 经营管理机构人员变动。

2. 职工人数增减变动。

3. 企业资金发生变化。

4. 经营状况发生重大变化。

5. 对本合同规定事项进行单方面修订。

第十八条　禁止事项

在合同期内，各加盟店不能有如下行为：

1. 违反店名、标志和商标规定。

2. 陈列和销售非指定商品。

3. 违反统一的广告宣传规定。

4. 擅自调整价格。

5. 不经××公司同意，进行连锁店之间的竞争。

6. 不履行支付保证金义务，不如期支付货款。

7. 进行违法或有损连锁店声誉的活动。

第十九条　合同有效期

本合同的有效期自业务开始起，有效期为三年。

第二十条　续约与解除

合同续延须在合同有效期结束前6个月向××公司提出申请，得到同意后，合同续延一个新的合同期。但是，如××公司在合同有效期结束前1个月尚无答复，本合同自动中止。

此外，××公司有义务提前6个月通知加盟店解除合同事项。但各加盟店如有第十八条所列行为，可在合同期间解除本合同。

第二十一条　合同终止后处理

本合同终止后，各加盟店须根据本合同进行的营业活动，在30日内返还属连锁店总部的物品，撤除依本合同所制作的广告、标志等。

公司连锁店业务规程

连锁店协约

第一条　总则

本连锁店是以××公司为主体，由相关经营机构加盟的自愿连锁店。

第二条　加盟条件

加入××连锁店，必须履行以下义务：

1. 与本公司签订维持销售价格合同和销售公约。

2. 向本公司交付××元的交易保证金。

3. 同一经营主体拥有多家店铺的情况下，原则上都应加盟连锁店。

第三条　货款支付及回扣

各加盟店需按要求支付货款，依不同的支付额，本公司予以一定的折扣回报。如不能按期支付货款，则取消回扣。

第四条　供货价格

本公司对各加盟店的供货价格由商品目录列示。

第五条　回扣款的支付

回扣款中1/4纳入交易保证金，3/4以现金支付。

第六条　交易保证金计息

交易保证金以年息×%一年两次分段计息，利息以现金形式支付各加盟店。

第七条　加盟店优先原则

本公司对加盟店优先供货，供货价格优惠，交易条件尽量放宽，并向各加盟店提供技术指导和广告宣传资料。

第八条　分会

在一个地区内如加盟店达到7个以上时，即可成立连锁店分会。

分会由会长1人、主管会计1人、干事多人组成。可酌情增设副会长和顾问。

以上人员经选举产生，其任期为一年。

第九条　上报事项

如成立分会，须向会长汇报下列事项：

1. 分会成立时间。

2. 分会协约。

3. 下属加盟店的地址、名称、负责人姓名。

4. 分会领导人名单。

第十条　分会会议

分会每月召开一次会议，主要进行销售、经营管理和相关技术研究。总会有关人员应参加会议。

第十一条　财务及业务报告

分会会长须每年两次向分会和总会提交年中和年末财务报告及业务报告。

第十二条　批复新加盟店

在分会所属地区，如有新店申请加盟连锁店，如无下列情况，由分会批准其加盟：

1. 其附近已有相近店铺加盟。

2. 该店加盟会妨碍连锁店经营。

3. 该店企业形象不佳，经营管理不善。

第十三条　分会经费

本公司从加盟店支付货款中扣除×%作为各分会的活动经费，经费每年6月和12月结算支付。如分会不遵守有关规定，则停止拨付经费。

第十四条　分会经费使用

分会经费主要用于第十条所定的分会会议。

第十五条　决策的生效

分会做出的各种决策、协议和条约，只有经总会同意批复方能生效。

第十六条　修订

对本协约产生异议和修订时，应按正常程序，依照多数同意原则方可进行，并须得到总会同意。

连锁店分会协约

第一条　名称

本会全称为××连锁店××分会。

第二条　分会机构

分会设分会长一人，主管会计一人，监事若干人。

第三条　人员职责

分会长代表分会，全权负责对分会各项事务的管理。

主管会计负责管理分会的会计事务。

其他人员的职责由分会长确定。

第四条　分会会议

分会会议每季度召开一次，负责听取业绩报告和审理预算的报告。

第五条　例会

分会每月召开一次例会，主要进行销售、经营等业务研究。

第六条　责任销售额

各加盟店每年须完成销售额××万元，否则将不得享有加盟店的优惠待遇。

第七条　经费

分会的活动经费由总会拨付。

第八条　奖励

对于超额完成销售任务的加盟店，总会将给予物质奖励和精神奖励。

连锁店互助会公约

第一条　目的

本会以加盟于××连锁店的成员间的相互扶助为目的。

第二条　人会

凡属于××连锁店的加盟店，赞同本会目的并经过一定的人会手续即可入会。

第三条　经费来源

本会经费来源于会员交纳的会费。

第四条　会费

会员会费每年交纳××元，支付方式是从连锁店总会给各加盟店的回扣中直接划拨。中途加入者需以全额支付。

第五条　经费使用

会员如遇特殊事件，从会费中拨款予以救助。救助对象主要是火灾和会员及其配偶伤亡。

第六条　会费追加

会费收不抵支时，需会员追加会费，追加数额由理事会决定。

第七条　会费返还

会员主动退会，或因失去加盟店资格退会时，需退还会费××元。

第八条　机构

本会设理事长一人，理事多人，监事多人。理事长人选应由连锁店总部负责人兼任，理事和监事由理事长推荐。

第九条　分工

理事长全面负责本会工作。理事协助理事长进行工作。监事负责监察本会财务工作。

第十条　理事会

理事会由理事长和理事构成。

第十一条　剩余会费处理

本年度未使用完的经费转入下一年度使用。

第十二条　财务报告

每年年终，理事会要向全体会员报告本会财务状况。

第十三条　解散处理

本会解散时，剩余会费按会员累计实交会费的一定比例返还。

第十四条　会费保管

会费由连锁店总会代为保管，不计利息。本会日常活动经费由总会负担。

第十五条　解释权

对本公约未列事项和有争议事项，解释权归理事会。

公司自由连锁店组织制度

总　　则

第一条　本连锁店属于由加盟店与××公司联合构筑的自由连锁店。

第二条　本连锁店的宗旨是互利互惠、相互合作、共存共荣，谋求各自事业的发展，共同服务于消费者。

第三条　本连锁店总部设在××公司内。

第四条　连锁店经营总部的任务是：

1. 为各加盟店选择和提供经营商品。

2. 指导各加盟店的经营管理。

3. 协调各加盟店内其他日常事务。

加盟店

第五条　加入本连锁店，须通过地区分部向总部提出申请。

第六条　总部要在对申请者经营情况和所在地区市场情况分析基础上，做出决定。

第七条　各加盟店必须在显著位置挂本连锁店标志。

第八条　各加盟店在一年中必须经销一定数量的连锁店统一经销商品（××公司产品），其数量由连锁店大会确定。

第九条　对上述商品，各加盟店不允许进行再批发或转销。

第十条　各加盟店统一经销的商品，必须以指定价格销售。

第十一条　各加盟店必须与地区分会保持密切联系，接受后者的检查与指导。

第十二条　各加盟店对第七、八、九、十条规定如有违反，或对整个连锁店的经营发展造成不良影响时，经总部或地区分部同意，可终止其业务。

总　　部

第十三条　总部的主要任务是在广泛听取各加盟店意见的基础上，制定本连锁店的发展计划，并会同下属机构组织实施计划。

第十四条　总部应与下属机构及加盟店间保持密切联系，在宏观上加以指导。

第十五条　××公司负责生产或购入商品，提供给各加盟店。

第十六条　××公司不得将连锁店统一经销的商品提供给非加盟店，但可以向国外出口。

地区分部联合分会

第十七条　七个以上邻近地区的加盟店即可成立地区分部。

第十八条　联合分会由全国大中城市的地区分部构成。

第十九条　地区分部与联合分会接受总部的领导，应以推进下属单位的经营发展为己任。

第二十条　地区分部与联合分会可根据情况需要，另行制定其他规章协约。

第二十一条　地区分部和联合分会依照本制度自主经营。

全国联合分会长会议

第二十二条　全国联合分会长会议由各联合分会会长组成。

第二十三条　全国联合分会长会议是总部的非常设咨询机构，其职责是向总部提出建设性意见。

附　　则

第二十四条　本制度自××××年×月×日起实行。

特约店资料调查表

调查时间：　　年　　月　　日

地区		特约店名			地址	
经营形态			资本额		代表人	
员工	办事月	名	决算期	自　年　月　日	往来银行	
	临时人员	名				
	家族成员	名		至　年　月　日		
	合　计	名				
经营商品种类	部　门	%	部　门	%	部　门	%
销售	销售方针			销售方法		
	月平均销售额		本公司商品月平均销售额		月平均费用	
摘要						

主管：　　审核人：　　调查员：　　调查日期：　　年　　月　　日

代理店资料调查表

<table>
<tr><td>店名</td><td colspan="2"></td><td>地址</td><td colspan="2"></td><td>电话</td><td></td></tr>
<tr><td>设立日期</td><td colspan="4">年　月　日(创业　年)</td><td colspan="3">开始交易日　年　月　日</td></tr>
<tr><td rowspan="2">代表人</td><td colspan="5">店名　姓名　出生　年　月　日(岁)</td><td rowspan="4">总店分店</td><td></td></tr>
<tr><td colspan="5">店名　姓名　出生　年　月　日(岁)</td><td></td></tr>
<tr><td rowspan="2">交易</td><td colspan="5">店名　姓名　出生　年　月　日(岁)</td><td></td></tr>
<tr><td colspan="5">店名　姓名　出生　年　月　日(岁)</td><td></td></tr>
<tr><td>资产　资本额</td><td>元
元</td><td>销售额</td><td>月平均</td><td>员工</td><td>男　人
女　人
计　人</td><td>内部技术员　人
内外销售员　人</td><td>销售员姓名</td></tr>
<tr><td>营业品目</td><td></td><td>主要购货客户</td><td colspan="2"></td><td>主要客户</td><td colspan="2"></td></tr>
<tr><td>银行往来</td><td></td><td>交易条件</td><td colspan="5"></td></tr>
<tr><td>资产</td><td></td><td>付款态度</td><td colspan="2"></td><td>店主性格</td><td colspan="2"></td></tr>
<tr><td>历史沿革</td><td colspan="7"></td></tr>
<tr><td>营业概述</td><td colspan="7"></td></tr>
</table>

主管：　　审核人：　　调查员：　　调查日期：　年　月　日

3. 渠道成员激励

经销商年终奖励办法

总　则

第一条　奖励期间自××××年×月×日至××××年×月×日止。

第二条　奖励对象凡从本公司进货（电子及电化制品）的立约经销商，均属于奖励预备对象。

第三条　奖励种类：

1. 电子制品：电脑、电视机、音响、汽车音响等制品。

2. 电气制品：电冰箱、空调、洗衣机、吸尘器、榨汁机等制品。

第四条　奖励计算标准：

1. 根据前列电子及电化制品种类，以各制品批发价总金额（不包括保证金）综合计算。

2. 特价销售制品，不适用本办法。

奖励项目

第五条　年度进货完成奖励：

1. 奖励期间：××年×月×日起××年×月×日止。

2. 奖励规定（如表所示）。

奖励规定表

级别	年度进货完成金额	应得奖金
特级	36 万元	3600 元
A 级	60 万元	7200 元
B 级	120 万元	16800 元
C 级	180 万元	28800 元
D 级	240 万元	43200 元

3. 发放日期：××××年×月×日。

第六条　进货促销奖励：

1. 奖励日期：××××年×月×日至××××年×月×日止。

2. 奖励办法（如下表所示）。

（1）以××××年×月×日起至××××年×月×日止的进货金额为M_1。

（2）以××××年×月×日起至××××年×月×日止的进货金额为B_1。

（3）趴：$M_1 \times 150\%$以上者，一律以E级计算。

（4）若为新开发经销商一律以A级奖励率x_0乘以全年度进货金额计算。

（5）各级奖励率：暂不公布。

奖励核算表

级别	全年批发价进货完成利润	奖励率	应得奖金
A级	$B_1 = M_1 \times 100\%$以上	x_0	$B_1 \times x_0$
B级	$B_1 = M_1 \times 115\%$以上	x_1	$B_1 \times x_1$
C级	$B_1 = M_1 \times 125\%$以上	x_2	$B_1 \times x_2$
D级	$B_1 = M_1 \times 135\%$以上	x_3	$B_1 \times x_3$
E级	$B_1 = M_1 \times 150\%$以上	x_4	$B_1 \times x_4$

3. 发放日期：××××年×月×日。

第七条　专售奖励：

1. 凡向本公司进货，且不经销其他厂品牌制品者给予各商品批发价进货总金额1%的奖励，但公司无生产的制品不在此列。

2. 非专售者，给予进货金额0.5%的奖励。

3. 发放日期：××××年×月×日。

第八条　月份增长奖励：

1. 本年当月进货金额较去年当月进货金额，其增长率增加10%以上者，给予0.5%的奖励金。

2. 本年当月进货金额较去年当月进货金额，其增长率增加15%以上者，给予0.7%的奖励金。增长率计算公式：增长率：××××年当月进货金额—上年当月进货金额÷××××年当月进货金额×100%

3. 新经销商（无去年当月进货金额）按每月进货金额给予0.3%的奖励金。

4. 但当月进货逾期付款或当月未进货而预付款者，不予奖励。

第九条　奖金的发放：

1. 各商店应得奖金应根据上列公式计算。

2. 奖金分二期发放：

第一期：××××年×月×日

第二期：××××年×月×日

第十条　付款奖励：

1. 付款日期：每月底应结清当月份全部货款。

2. 奖励率：凡超过50天以上者，则每天以0.05%计算，减发年度奖金。

3. 奖金的发放：于当月货款结算之日从中扣除。

第十一条　不动产抵押奖励：

1. 奖励对象向本公司提供不动产担保的经销商。

2. 奖励方式：

（1）每年最高可得担保额3%的奖金。

（2）月份平均进货金额不得低于担保额的1/3，如低于此标准者，则以平均月份进货金额乘3倍为计算标准。

（3）发放日期：××××年×月×日。

第十二条　同类价保证金：

1. 凡本公司制品按批发价加收保证金为收款价格，其保证金列为同类价保证金。

2. 发放日期：分二期。

第一期：××××年×月×日

第二期：××××年×月×日

第十三条　其他季节性奖励另行公布。

附　则

第十四条　本奖励办法内奖金发放时须以统一发票或合法收据领取。

第十五条　本奖励办法内的特级，限定于交通不便、人口在5万人以下的区域。

第十六条　本奖励办法内的进货，是指向本公司进货（电子及电化制品），依批发价金额（不包括保证金）为计算标准。

经销商付款奖励办法

第一条　目的：

为增强公司营销管理，提高经销商经营积极性，特制定本办法。

第二条　奖励宗旨：

1. 激励经销商推行分期付款销售业务。

2. 全面拓展公司产品的销售渠道。

3. 力争使未能以现金购买的客户，以分期付款的方式购买。

4. 吸引欲对其他品牌分期购买的顾客。

第三条　奖励对象：

本办法奖励对象为公司品牌所属经销店。

第四条　奖励内容：

1. 凡推行分期付款的客户，按分期总价款给予×%佣金。

2. 商品运输及安装等由推行分期付款的经销商具体负责承办，或由公司指定的经销商负责办理，并由本公司给付安装费。

第五条　奖金核算：

经销商推行分期付款按每季累积依下列标准核发奖金。

1. 佣金、安装费，每月核发一次。

2. 效益奖励金，每季核发一次。

4. 经销商需凭本公司台头发票，以“分期付款佣金”、“安装费”、“奖励金”等名义领取。

第六条　执行：

本办法自××××年×月×日至××××年×月×日执行。

经销店技术服务奖励办法

第一条　奖励对象

凡公司经销店，已办好抵押，并签有年度销售目标者。

第二条　奖励办法

1. 按各店签约目标级别设定标准技术服务人员名额如下：

年度目标	经签定合格的标准服务人员名额
240 万—600 万	1 人
600 万—1200 万	2 人
1200 万—2400 万	3 人
2400 万—3600 万	4 人
3600 万以上	5 人

2. 各店应按标准技术服务人员名额推荐人选，经公司技术鉴定合格，从当日起核发该店应得奖金。

3. 各店推荐技术服务人选的资格标准：

(1) 本科以上电子专业或相关专业毕业者。

(2) 本科以上毕业且有一年以上的技术服务经验者。

以上人员均为男性，并有资格证书。

4. 本公司每月定期举办技术服务人员技术鉴定考试，各店须于每月 5 日以前备齐有关证件并提出申请，经核准后通知各店人选参加考试。

5. 本公司视实际需要，不定期举办技术服务人员技术讲座，各店推荐人选参加培训。

第三条　奖励内容

凡经公司技术服务鉴定合格的经销店可获下列奖励：

1. 服务奖励金为每季进货净额的 0.5%，季度达成率 90% 以上未达 100%改按 0.4% 发给，80% 以上未达 90% 者按 0.3% 发给，80% 者以下不发。

其计算方式：季度进货净额 × 0.5% ×（合格服务人数/基准服务人员名额）×（季服务鉴定合格月数/3）

2. 免费发给员工工具箱及制服务一套。

3. 优先参加技术服务讲解。

4. 优先发给技术服务资料。

5. 免费代为宣传、广告及推广服务。

6. 发给服务技术检定合格证明。

7. 优先享受本公司业务辅导。

第四条　经销店的义务

1. 对本公司产品给予全面优先、便捷的售后服务，不论该产品是否由该店售出。

2. 诚意接受本公司的服务收费标准。

3. 严格遵守本公司的服务收费标准。

4. 严格遵守商业道德，不得中伤同业者。

5. 确保顾客利益，保证一定免费服务。

6. 负担技术人员一切薪资津贴等费用。

7. 各店技术人员每日填写“服务日报表”，并逐日传真给公司，以便本公司凭其核发奖励金。

8. 遵守本公司其他规定事项。

第五条　奖金发放日期

每季度一次。经销商须凭印有本公司台头的发票，以进货折让名义领取。

第六条　奖金资格审核

若经销商或其技术服务人员未能确实履行其所应尽的义务者，被公司发现，第一次给予警告，第二次减半发给全季度的服务奖励金，第三次取消一切全年度服务奖励。

第七条　实施时间

本办法经核准后实施，并暂定××年度内有效。

经销店店面陈列奖励办法

第一条　奖励对象

本公司所有经销店。

第二条　奖励期间

××××年×月×日起至××××年×月×日止。

第三条　陈列标准

1. 陈列本公司品牌产品，其陈列面积须占全店总陈列面积三分之二以上。

2. 其中至少须陈列洗衣机7台以上，电冰箱6台以上，彩色电视机5台以上。若所陈列商品被出售，须立即进货补充，以保持最低陈列台数。

3. 须陈列或悬挂本公司宣传海报。

4. 新经销店至少有3个月以上的创收。

第四条 评核方式

1. 印制经销店陈列状况检评表。

2. 由业务员每半个月评分一次。经分公司最高主管签字确认后，于每月2日、16日前将评分表寄交企划部。

3. 另由市场推广人员每月评分一次，经市场部经理签章确认后，于每月2日前将评分表寄交企划部。

4. 企划部人员不定期分赴各经销店抽查评分。

5. 业务员或市场推广人员评分不实者，酌情处理。

6. 凡于××××年12月份以前，对有一次评分（含：业务员、市场推广组、企划部的评分）不符合规定者予以警告，并应立即改善。若两次评分不符合规定或××年的评分不符规定，取消本奖励金。

第五条 奖励方式

1. 合乎陈列奖励条件的本公司经销店，按奖励期间的累积进货净额1%发给陈列奖金。

2. 经销店如设有分公司或分店者，其分公司或分店也应按规定陈列布置，否则根据其合乎陈列奖励标准的店数占总店数的比例发给奖金。

陈列奖金：进货净额×1%×（合乎陈列奖励的店数/总店数）

3. 奖金预定××年2月底发放。

经销店分期付款奖励办法

第一条 奖励宗旨

1. 激励经销商推行分期付款销售业务。

2. 拓展公司产品的销售渠道。

3. 诱导未能以现金购买的客户，以分期付款的方式购买。

4. 吸引欲对其他品牌分期购买的顾客。

第二条 奖励对象

本公司品牌所属经销店。

第三条 奖励内容

1. 凡推行分期付款的客户，于成交后（以收到第一期款为准），按分期总价款给予2%佣金。

2. 商品运输及安装等由推行分期付款的经销商具体负责承办，或由公司指定的经销商负责办理，并由本公司给付安装费，其标准如下：

（1）KV—20、KV—18　　　　　　安装费500元。

（2）KV—16、KV—13、AUDIO　安装费400元。

第四条　奖金核算

经销商推行分期付款按每季累积依下列标准核发奖金。

1. 佣金、安装费，每月核发一次，其具体核算方法如表所示：

季度佣金、安装核算表

奖励%	每季推行情况		
	A级区域	B级区域	C级区域
2.0%	100万以上	75万以上	50万以上
1.8%	75万以上	50万以上	40万以上
1.6%	50万以上	40万以上	30万以上
1.4%	40万以上	30万以上	20万以上
1.3%	30万以上	20万以上	15万以上
1.2%	20万以上	15万以上	10万以上
1.1%	15万以上	10万以上	7万以上
1.0%	10万以上	7万以上	5万以上

2. 效益奖励金，每季核发一次。

3. 经销商需凭本公司台头发票，以“分期付款佣金”、“安装费”、“奖励金”等名义领取。

第五条　奖励期间

本办法实施于××××年×月×日至××××年×月×日。

4. 产品实体分配

产品存货统计表

公司名称：　　　　　　制表日期：　　年　　月　　日　　页次：＿＿＿＿

产品名称	存货地点	存货记录							
		日期	数量	日期	数量	日期	数量	日期	数量

主管：　　　　仓管员：　　　　审核员：　　　　填表人：

产品出货登记表

地址：　　　　　　买方：　　　　　　出货日期：　　年　　月　　日

联系电话：　　　　　　　　　　　　　　　　　　　　　　单位：元

货物名称	货物编号	规格	单位	数量	单价	总额	备注

主管：　　　　仓管员：　　　　审核员：　　　　填表人：

产品出货进度表

产品类别：　　　　　　　　产品名称：

月 产品	1月		2月		3月……		合计	
	预计	出货	预计	出货	预计	出货	预计	出货

主管：　　　　仓管员：　　　　审核员：　　　　填表人：

营销产品进销存管理表

产品编号：　　　　　　　　最低存量：
产品名称：　　　　　　　　经济定量：

日期	摘要	凭单编号	进库数量	售出数量	结存数量	备注

仓管员：　　　　　　复核员：　　　　　填表人：

填表日期：　　年　月　日

营销产品库存周报表

填表日期：　　　　　　　　　　　　　　　　　　　　单位：元

品名	规格	平均单价	库存量	库存额	最大安全存量	周销售记录	
						单号	数量

主管：　　　　　仓管员：　　　　　审核员：　　　　　填表人：

营销产品产销统计表

月份：　　　　　　　　　　　　　　　　　　　　　　　　单价：元

订单数量	订单金额	生产金额	成品金额	销售金额	未生产金额	未完成订单		半成品价值	成品库存价值
						数量	金额		

填表人：　　　　　　　　　　　　　　　　　　填表日期：　　年　　月　　日

产品推介书

(一) 产品推介书的基本含义

产品推介书是供销售人员向客户推销产品时简单介绍产品的一种解说性文书。主要是为推销产品服务。

(二) 产品推介书的写作要点

通常来说，产品推介书主要包括以下主要内容：

1. 产品主要功能介绍；

2. 产品使用应注意的事项；

3. 产品保养、维修应注意的事项；

4. 产品的主要性能指标；

5. 产品工作原理及系统；

6. 其他未尽事宜。

(三) 格式范例

××公司 A 产品推介书

一、A 产品是什么

当你出差之前发现要带的东西太多，感觉公文包太小的时候；当你需要和某人联系，而四处找不到联系电话的时候；当你开会，需要做大量会议记录的时候；当你希望有人能够按时提醒你重要日程安排的时候；当你准备出差某地，想了解当地情况的时候……一台 A 产品就能帮你轻松解决这些问题。

二、这就是 A 产品

1. 电子公文包

A 产品是装在衬衣口袋中的电子公文包。

2. 得力助手

A 产品是商务活动和日常工作的得力助手。

3. 产品定位

A 产品专为广大工商界人士、企业管理人员、政府工作人员及其他有大量信息需要随时记录和查找的人士设计。

4. 其他功能介绍

A 产品除了具有传统电子记事簿、电子通讯录、电子辞典、电子秘书、中文 PUA 等所有功能外，更增添了大量在商务活动及日常生活中需要的实用资料，而在传统的电子记事簿的输入、查询、资料保护等多方面更有革命性的突破。真正实用、好用。

三、独特的十二大特点

1. 一触即得

A 产品是高智能电子通讯录，一开机即可显示最近联系过的个人名称，查询电话只要点一下即可。百家姓技术同时提供汉语拼音排序的方式，每行分列，一目了然，再也不需要在一屏幕几十个姓氏中费力地寻找。

2. 定时提醒

日期、月份、年份、约会、日程、提前设定，一次输入，多次提醒。进增每日多次提醒功能，使用更方便。

3. 妙笔生花

手写输入，会写汉字就能操作，即写即现，识别率高。

4. 资料保护

闪速存储技术，确保断电后资料不丢失。

5. 即买即用

机内预备操作指导，操作任何一步有疑问，点触疑难处 2 秒可获得疑难提示。

6. 身小屏大

超大屏幕显示，身份证大小的机身，可轻松放在口袋里。

7. 速记

快速会议记录，写多快记多快，保留原始字体。

8. 海量存储

超大内存，可存储 50 万个汉字或 1 万条名片信息，多达 99 个记事目录。在“备忘”中新增保留全部候选区功能，您可以快速录入，录入完成后再修改错字，只要点触错字，立即显示录入时的候选区，简单方便。

9. 全功能助理

预装超大容量实用商务资料，衣、食、住、行，使商务生活面面俱到。

10. 电脑联机

接驳电脑，双向交换信息，备份资料。

11. 守口如瓶

全局或局部密码功能，可以有选择地将全部或部分资料加密。

12. 无忧备份

使用选配附件备份卡另存资料，即使机器丢失，也可确保资料不被泄露，同时新增机器屏幕意外损坏时的资料紧急输出功能。

四、商务资料库

1. 通信

国内邮政编码、国内长途区号、国际城市时差、国际长途区号。

2. 交通

全国各地铁路、航空、航运售票处。

3. 酒店

各地宾馆酒店。

4. 美食

各地特色风味食品。

5. 购物

各地名优商场。

6. 旅游

各地风景名胜。

7. 保健

医疗保健常识。

8. 工商

企业登记、年检、商标。

9. 税务

税法、税项、税率。

10. 法规

经济合同法、广告法、劳动法。

11. 管理

管理常识与技巧。

12. 商务

商务常识。

13. 礼仪

商务礼仪。

产品说明书

(一) 产品说明书的基本含义

产品说明书是对产品的结构、性能、规格、用途、使用方法、维修保养等的说明性文字。

(二) 产品说明书的写作要点

通常来说，产品说明书主要包括以下主要内容：

1. 产品概况；

2. 产品的性能和特点；

3. 产品的使用方法；

4. 产品的保养与维修；

5. 其他事项。

(三) 格式范例

××公司产品说明书

中医理论认为："人体是一个平衡的有机整体，病弱的根本原因在于平衡失调。"

然而，人体的平衡，却时常受到内外各种因素的破坏：工作生活的压力、季节气候的变化、生理机构的老化……很多的原因让人穷于应付。

××生物保健口服液，遵循自然法则，以特殊工艺从生物中提取有效的活性物质，增强人的体质，从而迅速恢复被破坏的机能；并通过帮助人体平衡地吸收膳食中的营养及各类元素，以保证人体器官功能的物质所需，从而达到预防、防治疾病的保健目的。

一、功能

双向调节机体功能，延长细胞寿命，提高机体免疫力，提高工作、运动能力，振奋精神，充沛体力，促进疲劳恢复和病后康复。

二、适用范围

1. 食欲不振、消化不良、睡眠不安、精神衰弱、疲倦无力、精力不足。

2. 贫血、十二指肠溃疡、胃炎、高血压的辅助治疗。

3. 病后体弱。

4. 老年慢性病，人体机能衰退。

5. 儿童、青少年营养不良，发育不全，学习注意力不集中，记忆力差，学习、考试用脑过度。

三、用法

每日 2 次，每次 1 片，小儿减半，早午服用。以 20—30 天为 1 个疗程。然后停服 1 周，若再进行 1 个疗程，效果更佳。

本品为纯生物制剂，不含防腐剂和化学合成药物，经药理实验和临床试验均无副作用，可长期服用。

四、贮存

干燥阴凉处，或冰箱内保存。

批准文号：×××× ××

产品成本分析报告

（一）产品成本分析报告的基本含义

产品成本分析报告是企业对产品或服务价格形成的各个部分进行客观分析，从而作为对产品或服务进行定价依据的书面材料。

（二）产品成本分析报告的写作要点

通常来说，产品成本分析报告主要包括以下主要内容：

1. 产品的定价目标和定价范围；
2. 产品成本构成的客观分析；
3. 产品存在问题的分析；
4. 建议与意见；
5. 其他事项。

（三）格式范例

××公司电子商务成本分析报告

一、电子商务的定价目标

网上购物的成本包括上网费、信息费、网上支持、信息安全以及送货上门等所有费用的总和。这种费用的总和只有低于传统方式购物的情况下，顾客才会乐于采购。

此外，商品的外观、质量保证和送达时间、售后服务等一系列购物操作，必须能够满足顾客的购物心理，而且这种满足感至少不能低于传统方式购物的度量指标。

但总的来说，电子商务必须要让所有用户体会到“更快捷、更方便、更廉价”的基本特征，必须满足网上交易用户“放心、满意”的购物心态，这是电子商务定价的最终目的。

二、电子商务的成本分析

电子商务的成本指客户应用其中的软件配置、学习和使用、信息获得、网上支付、信息安全、物流配送、售后服务以及商品在生产和流通过程中所需的费用总和。

1. 技术成本

(1) 软、硬件成本；

(2) 学习成本；

(3) 维护成本等。

2. 安全成本

(1) 软、硬件的安装成本；

(2) 安全协议规章学习；

(3) 培训；

(4) 技术学习等。

3. 配送成本

(1) 存储费用；

(2) 运输费用；

(3) 配送人员的开支等。

4. 客户成本

(1) 上网费；

(2) 咨询费；

(3) 交易成本；

(4) 操作学习费用等。

5. 法律成本

(1) 网上交易的司法裁定、司法权限；跨国、跨地区网上交易时，法律的适用性、非歧视性等；

(2) 安全与保密、数字签名、授权认证中心管理；

(3) 网络犯罪的法律适用性：包括欺诈、仿伪、盗窃、网上证据采集及其有效性等；

(4) 进出口及关税管理：各种税制；

（5）知识产权保护：包括出版、软件、信息等；

（6）隐私权：包括对个人数据的采集、修改、使用、传播等；

（7）与网上商务有关的标准统一及转换：包括各种编码、数据格式、网络协议等。

6. 风险成本

风险成本是一种隐形成本，成本的形式不好确定，也不容易把握，如网站人才的流失，病毒、黑客袭击等。

三、问题分析

（略）

四、建议与意见

（略）

第七章　市场营销促销管理

1. 促销设计

营销促销管理制度

第一条　为稳定本公司原有客户群，同时不断开发新客户，本公司特制定如下销售促进管理制度。

第二条　常务董事及经理须拟订日程，拜访、问候主要客户，并借机了解市场情况及客户反馈的问题，加强彼此的联络与友好关系。

1. 了解顾客的不满情绪，听取意见，以设法改善现状。

2. 在访问之前，应该先与负责人员做好事前的讨论，研究如何与对方对应。

第三条　集合主要客户及购买能力可能增加的预定客户，举行恳谈会，恳请赐予交易。

1. 本会以董事长或常务董事为主体。

2. 问候方式须巧妙得当，掌握销售计划的根本主题。

3. 本会应依地区、产品种类分别举行。

第四条　开拓新交易或提高现有的交易额，除要积极地实行计划外，尤其要致力设置底子厚实的代理店。

1. 从工商名录、世贸中心、专业厂商名录、电话簿、名单公司及其他地方取得批发商、销售店、加工业者等的名簿资料后，应立即制订开拓计划。

2. 有效地与协会、工业会、有关银行、相关公司往来，借助它们的支援来拓展交易。

3. 对于新客户，应事前做好充分的信用调查。

4. 确立代理店的交易规划，完善代理店体制。代理店体制应以商品类别为基准建立。

第五条　销售另设有特卖制，它采取自主诱导购买的方式。这种方式在交易的困难时期及产品推出太慢时进行。

1. 特卖的对象区分为零售商与代理店，并设定特卖期间。

2. 对于特卖地区，特卖的品目、数量及奖励内容须仔细研究。

第六条　对交易客户设立交易奖励制度，以此促进购买。

1. 实施时，先以一特定地点为主，接着再依顺序逐渐对外扩大。

2. 交易方式另采用所谓的预约制度，利用预约方式进行交易者，届时可依比例退还部分优待额。不依规定时间缴交货品时，本公司则另定有效方法负责处理。

3. 将每一个客户的平均购买额分成等级，再依据等级发给客户奖金或按比例退还部分金额。奖励期间以3个月左右为主，每段期间再各自制订截止日期。

4. 对于特别致力销售的交易客户，公司将为其负担半额的广告费，或另外赠送其他商品，以示奖励。

第七条　对于新生产的产品，公司将举行单独或联合展示会、样品展示会，以扩大宣传，原则上按下列四点实施：

1. 展示会由公司单独举行，或借助其他单位的支援，或协同批发商共同举行。有时则由业务部负责举办。

2. 会展应展示本公司的新产品。

3. 举行展示会时，除了要选择会场场地之外，对于展示内容以及综合方式等，也须加以考虑。

4. 样品展示会及展示会中，可直接接受订单或预约。

第八条　对于销售人员应开拓新市场，提高销售额，并对其绩效加以区分，发给奖金，以示激励。

1. 本奖励以一定期间为限。

2. 对于开发新客户一项，必须令其事前提出有关对方的调查资料。奖金于交易开拓成功的第三个月，依等级的平均额作为激励奖金。

3. 过去3个月的平均额超过上年度同月份1个月平均额的3成，视为对提高销售有贡献，并依据一定的比率（或一定的金额）发给奖金。

第九条　业务部门应根据客户或商品类别，将销售额、收款、销路不佳商品与畅销商品等等，做成当月的合计、累计、增减等统计资料，再将此统计数字与过去实绩做一比较后，以掌握销售额及入款的预估。预估确定后，指示给各负责人并进行督促（在每月例行销售会议上，也应督促要求）。

第十条　业务部门需就各地区、客户及业界的需求动向等状况进行调查，以便改正自己的销售计划，并督促、指示销售员拓展销售。

第十一条　业务部门应针对各销售员的活动及实绩，制作有关其能力与实际绩效的比较统计表，同时提出批评与检查，借此提高销售员的效率及业绩。

1. 根据业务人员所进行的访问、业务开拓、接受的订货、交货、折扣及退货等销售活动，比较其预定与实际的差距及个人效率。

2. 将上述资料于营业部会议时提出，以便就此提供批评及指示。

第十二条　营业部应针对销售活动制订纲领，使相关人员以此为依据来进行其活动。

第十三条　每月月底举行整体的销售会议，利用此会检查上个月的计划与实际情况，由业务部门根据相关人员所提出的、品项别和客户的统计表来检查当月的实绩；另外，由各销售员彼此根据自己的情况及市场情报，进行交换，借此来修正本月应进行的预定活动计划与销售方法。

产品宣传管理办法

通　　则

第一条　在新产品投放市场之际，产品宣传必不可少，为此，公司特制定本办法，以规范宣传工作，保证新产品顺利进入市场。

第二条　本制度规定以外的事项，按有关广告管理的规定办理。

第三条　按产品的宣传计划由新产品推广部负责制订，并向全体成员讲解，使每一位工作人员都能够确实把握基本方针的要点。

第四条　新产品推广都必须以本月及长期销售计划为基础，制订新产品宣传计划方案，并落实到每一位下属。宣传计划内容包括以下几方面：

1. 选择与确定宣传对象。

2. 确定宣传媒体。

3. 新产品样品的选择、确定与分配。

实施宣传的办法

第五条　新产品推广部所负责的新产品宣传工作涉及面广，需要各部门与各机构的通力合作。

第六条　新产品推广部在宣传实施期中，需要提醒销售经理，通过各营业分店向新产品推广部提供宣传活动必要的文献、样品等。

第七条　提醒销售经理，通过各营业分店帮助宣传工作顺利进行，如张贴宣传画、印发传单、布置展示厅，等等。

第八条　特别要求各分支机构在指定的时间和地点，配合展开广告宣传活动。

第九条　广告宣传要把握节奏与攻势，事先确定步骤，逐渐加强攻势，加大广告宣传的渗透力，以达到预期目的。

第十条　对企业尚未控制地区，应展开大力宣传，以谋求在该区域内的影响力。

第十一条　综合运用各种宣传媒介，包括报刊杂志的广告、商店销售现场的宣传、电台电视广告，甚至可以利用批发商的宣传能力，强化新产品的普及宣传工作。

第十二条　产品进入成本期后，其广告宣传工作可转让给销售部门及推销人员。但是，对那些竞争激烈的产品，依然需要新产品推广部负责监制，一旦销售收入下降，立即进行广告宣传攻势，以保持一定的销售水平。

第十三条　对大宗交易以及大宗交易伙伴，新产品推广部仍有义务做出努力，予以维持。

第十四条　为了提高广告宣传工作的综合效益，新产品推广部应该经常开展以下活动：

1. 以出行方式，巡回各地，与当地老关系户或主顾保持联系。

2. 不间断地以小组名义和个人名义，诸如寄挂历、发贺年卡、发信等等，与客户保持广泛而经常性的联系。

3. 定期或不定期开展或参与各种宣传活动，如展示会、博览会、交易会、展销会等。

4. 办好橱窗展示，包括对负责橱窗展示人员的教育，选好宣传对象商品，对宣传费用进行预算，对每天的展示成果进行总结，观察顾客在店堂中行走路线，观察顾客在店堂中的停留时间，把握本公司商品被询问或打听的频率，顾客对广告宣传的反响等。

宣传物品和产品样品处理

第十五条　新产品推广部经理在每月末，经内勤组向总公司销售经理提出下月度进行新产品宣传所需的宣传物品及数量。

第十六条　新产品推广部经理每月一次，向销售经理报告本部月末各类宣传物品的库存情况。

第十七条　制作的宣传物品办理所规定的手续之后，可以从各营业分支机构的仓库，转存入本公司的仓库，并由内勤组保管。

第十八条　宣传物品如何在各地区、各组员之间进行分配，由新产品推广部经理决定。

第十九条　在紧急状态下，新产品推广部经理如果认为必要的话，可与营业分支机构负责人商量，由分支机构来制作宣传所需要的物品。

第二十条　其他扩大宣传所必需的用品，也必须由新产品推广部经理决定。

第二十一条　每月所需要的试销品、试用品及数量，也必须事先向销售经理请示。

内勤业务

第二十二条　内勤工作应全力协助新产品推广部进行新产品宣传活动的顺利开展。内勤工作包括文书工作、保管品工作、保管产品样本工作、报告书的处理和保管工作，以及花名册的管理，等等。

第二十三条　文书工作。内勤组长按新产品组长的指示，整体新产品组员的业务日报、询问记录卡，并把整理结果反馈给各位组员，提醒他们在工作中反省有无疏漏之处。

第二十四条　宣传物品的保管工作：

1. 内勤组长对保管与领取各种与新产品宣传有关的物品负有责任。

2. 内勤组长必须保证宣传物品的库存供应量，并于每月末向新产品推广部经理报告。

3. 内勤组长必须根据库存报表以及月度或季度宣传品需求量预测，向新产品推广部经理积极进言。

4. 内勤组长有责任负责保管和整理台账，包括库存明细账，收发领用台账，分配记录簿，以及宣传品报废台账等。

第二十五条　产品样品的出纳保管工作：

1. 内勤组长对产品样品的出纳保管工作负有责任。

2. 内勤组长每月末向新产品推广部经理报告新的样品库存情况。

3. 内勤组长根据库存情况及月、季度预测用量，向新产品推广部经理提出新的样品进货建议。

4. 内勤组长必须对新样品明细账、收发领用台账和分配记录簿做好整理与保管工作。

第二十六条　报告书的整理与保管工作：

1. 内勤组长应及时安排和督促部下，做好组员在报告书中记载的新产品相关事项。

2. 内勤组长应及时从组员报告书中摘录各重要事项，以及应该作出报告的事项，整理为规范文书，向新产品推广部经理及有关部、组长作出报告。

3. 内勤组长有责任把各报告书汇编成册，加以妥善保管。

第二十七条　花名册编制工作。内勤组长应根据各种文件和新产品推广部成员的报告书，整理汇编顾客或可能顾客的花名册。

第二十八条　其他业务工作。内勤组长除了以上规定的业务工作外，还有与新产品推广部进行联络的业务，如顾客电话、信件、传真等事宜，做出妥善处理。

第二十九条　本制度的修改与废除由总裁办公室负责，总裁决定。

第三十条　本制度于××××年×月×日开始实施。

营销促销活动计划表

_____月_____日

促销编号	针对产品	促销方式	促销期		负责人	配合事项	预计经营	预期效果	备注
			起	止					

促销成本分析表

方式	
方式说明	
期间	
估计费用	
成本收益分析表	
评语	

裁决人：　　　　　审核人：　　　　　分析员：

填表日期：　　年　　月　　日

营销推广方案

(一)营销推广方案的基本含义

营销推广方案是企业根据市场变化,结合企业经营目标推销产品或服务的营销推广计划。

营销推广方案必须具有真实性和可操作性。

(二)营销推广方案写作要点

营销推广方案的写作通常要注意以下几个方面:

1. 要注意对消费群体的分析;

2. 要注意对营销策略的分析;

3. 操作过程要详细具体;

4. 对各个营销网点的营销计划要具体;

5. 各种促销活动也要具体;

6. 其他方面。

(三)格式范例

××公司市场推广方案

一、消费群分析

(一)目标消费群构成

1. 有一定经济收入者,购车的目的是改善交通条件,方便工作。

2. 城镇与乡村的公务人员,如行政、税务、公安、邮政人员,一般由单位或共同出资购买,其目的是方便工作。

3. 从事贸易、贩运的个体户,购车的目的是节约时间,方便运输,提高工作效率。

4. 追求时尚的青年男女,购车的目的是享受生活,方便工作。

(二)农村市场消费群心理分析

1. 有明显的从众心理和趋同性,听熟人介绍或看他人购买。

2. 购买前是理性的,但由于受自身经济收入及对摩托车的知识了解程度的限制,在购买过程中容易因营业员的介绍而被诱导,所以又是感性的。

3. 影响产品购买因素的排序依次是价格、款式、质量、品牌、服务。

4. 选购时,喜欢找已有摩托车的用户或者懂摩托车、汽车维修的技术人员联同挑选。

(三)对摩托车的需求特征

1. 价位及排量:

跨骑式:3000—4000元,90—100CC四冲程;

5000—6000元,125CC四冲程。

坐骑式:2000—4000元,50—60CC小踏板;

3500—15000元,90—100CC大踏板。

2. 性能:

结构简单、坚实耐用、操作简单、外观华丽。

(四)问题点

1. 消费观念、消费习惯很难改变。

2. 信息量少,且分散,信息传播慢。

3. 密集县镇网点要耗费较大人力、物力和财力。

(五)营销状况分析

1. 优势(机会点):

(1)品牌知名度高,品牌价值31.02亿元,居行业之首。

(2)网络全,60个异地业务部,621个专卖店,4500余个销售网点,2800余个服务网点。

(3)品种多,100余个品种。

2. 劣势(问题点):

(1)由于产品结构的原因,以往只重视在重点地区城市市场的宣传推广,品牌并没有深入人心,特别是农村市场知之甚少甚至产生误解。

(2)产品价格、政策、分销策略变化太快,网络不稳定,网点虽多,但至少有一半作用很小或不发挥作用(包含专卖店)。

(3)产品虽多,但真正的品牌产品并不多,除了个别产品在全国有些影响外,在西北、华北等地某个品牌如今已落得和杂牌车相提并论。

二、营销策略

(一)营销模式:消费者购买的心理过程,是一个信息获取、理解、比较、判断过程。据调查,目前至少有70%的农村消费者对××(品牌名称)不甚了解,××(品牌名称)在农村消费者心目中没有一个固定的、鲜明的、良好的形象,所以很难产生联想、记忆。找到一种简单易行、花钱少、见效快的让农民直接获取信息的营销策略,已成为第一个需要解决的重要问题。

通过调查了解到,70%以上的农民购车是通过熟人介绍的。由此推论,如果这个熟人是一位有一定声望、较有影响力的人，由这个人进行信息传播，将会对购车者产生极大的影响。

初步设定营销传播步骤如下：××（品牌名称）产品——村长——村民——××（品牌名称）产品。

（二）实战经验：1999年1月某业务部实现销售回款640万元，2月份480万元，该业务部刚成立时间回款不足100万元。经验在于“拉网式宣传，地毯式销售”。

（三）具体方法：（略）

三、具体操作

（一）设定范围：以全国72万个村计算，除去：

1. 西藏、云南、贵州、四川、广西等山高路远，不适合摩托车骑乘及少数民族地区。

2. 内蒙古、新疆、远离经销点的地区；

3. 甘肃、陕西、宁夏、青海等没有能力购买的穷困地区。

4. 广东、浙江、苏南等不宜采用这种营销方式推广的经济发达地区。

选择所在的县和邻近地方有××经销点或专卖店的20万个村，通过邮局，给这些村的村长（书记）寄关于××的资料。

（二）资料内容：寄给村长、书记的××（品牌名称）集团的资料包括：

1. 品牌内涵诠释：中国驰名商标证明复印件；四连冠金桥奖证书复印件；世界名牌消费品证明复印件；1998年实际购买品牌第一证明复印件；1999年购物首选品牌复印件；连续三年产销量、出口量全国第一证明复印件；售后服务全国优秀单位，全国首推0公里服务证明复印件。

2. 企业发展历程，所获荣誉。

3. 产品介绍，几个典型的适合农村市场的车型。

4. 服务宗旨，措施：0公里服务、巡回检修、上门服务等。

5. 导购手册：摩托车有关知识如选购、驾驶维修保养等，并巧妙地联系到本品牌产品。

（三）资料形式：

1. 企业介绍。

2. 各种设计新颖的宣传海报，带年历（或老黄历），注重装饰性、实用性。

3. 导购手册。

4. 企业画册（装帧精美，有保存价值）。

为了使更多的农村消费者对邮寄的宣传资料感兴趣，增加对信息的接受

量,采用了有奖问答形式,具体办法如下:

(1)在海报的一角印上设计统一的问答题(10题左右),并注明答案在企业介绍综合折页和导购手册中,请向村长(书记)借阅查询。村民可另附纸回答问题,寄往××集团,参加抽奖。

(2)农村一般以村(组)为最小单位混合居住,由于劳动协作关系,彼此都很熟悉,喜欢互相走动,且农民有串门的习惯,所以在同一个村信息传播很快。

(3)海报数量少,村长一般会将资料首先借给和自己关系较好的人,采用这种办法是为了让更多的人留心阅读海报有关信息,寻找答案,此方法会在村中形成一个热点。

四、网点建设

网点建设的关键是重点捕捞,树立典型,制造热点。根据每个地区的销售情况建立××(品牌名称)村、××(品牌名称)乡、××(品牌名称)县。

(一)目前情况:

已有业务部60个,专卖店621个,118个在县镇。1999年准备建立300多个××(品牌名称)县,上半年建成100个,第三季度建成100个,第四季度建成100个。销售网点增加至4500余个,服务网点2800余个。

(二)成为××(品牌名称)县的必要条件:

1. 市场占有率在30%以上,并且逐年增加。

2. 市场占有率在20%以上,但通过一系列促销,使该县××车的认知率明显提高,且增长率在10%以上。

3. 该县有3个村被确定为××(品牌名称)村,引起邻近乡村的注意。

以上满足1条,均可发展为××(品牌名称)县。

(三)成为××(品牌名称)县的充分条件:

1. 该县(含县级市、地级市周边)有××(品牌名称)经销店,且经销店对经销××(品牌名称)很有信心。

2. 该县所属××(品牌名称)业务部工作认真,热心组织或全力支持总公司促销活动。

3. 最好能得到该县有关部门的重视,对此事感兴趣。

(四)成为××(品牌名称)村的条件:

1. ××(品牌名称)车市场占有率在40%以上,且逐年增加。

2. ××(品牌名称)车市场占有率在30%以上,但通过搞活动,××(品牌名称)车销量倍增。

(五)实施方法

1. 选择重点开发的农村市场，如山东、江苏、浙江、安徽、河北、山西、甘肃、宁夏、湖北、湖南、辽宁、吉林、黑龙江等，由业务部选择有市场潜力、重点开发的县镇，集中兵力，重点攻破。

2. 销售总部和代理广告公司组织促销服务人员，分成小组同业务部工作人员到重点开发建设的××(品牌名称)村，开展全方位的宣传促销活动。方法有：

(1)媒体以县镇(转播台)的电视为主，选择当地农民喜好的电视剧(比如：港台武打片或言情片)，在片头中打出“赞助播出”字幕及企业形象、产品广告。

(2)在经销店、摩托车销售集中的地方、维修店悬挂××(品牌名称)彩色横幅、彩旗、张贴宣传画。

(3)组织大篷车到各村镇进行展示宣传，介绍新产品，巡回服务。

(4)组织各业务部、经销单位拜访县、镇、村有关部门，宣传介绍产品和本企业。

(5)联络和协调在镇上播放××(品牌名称)的电视广告，在村上播放××(品牌名称)的广播广告。

五、现场促销

(一)联合所有的××品牌专卖店开展“百城千店赞××(品牌名称)”活动。

具体做法如下：

1. 悬挂统一的“百城千店赞××(品牌名称)”的彩色横幅2—3条，(店外1条，店内1—2条)。

2. 店内张贴“传播摩托知识，推荐国优名牌，服务千家万户”的海报2—3张。

3. 每个星期天确定为“服务咨询日”。

4. 每个星期六定为“巡回服务日”，有条件的专卖店可在各镇上开展宣传活动，也可以到××(品牌名称)车比较集中的村上开展上门服务。

5. 在销售现场，在较大的专卖店(含店中店)安排两名小姐佩带“百城千店赞××(品牌名称)”的绶带，进行导购。

6. 为营造气氛，还可搞游戏活动。

以上方式由专卖店进行细化管理、组织实施。

(二)其他宣传方法

1. 增加刷墙广告，1999年要再刷写1000条。必须统一形式，提高档次，统一宣传口号，在一些国道、省道由总公司统一组织人员刷写。

2. 通过在各乡镇的中巴车体上做车体广告，车内派发××(品牌名称)的宣传资料。

3. 在各县镇“摩的”(乡镇常用的摩托出租车)上刷写××(品牌名称)广告，向“摩的”司机赠送印有“××(品牌名称)”字样的××(品牌名称)文化衫。

4. 通过××网络给各地经销单位寄企业宣传画册，加深其对××(品牌名称)的全面了解。

5. 有条件的专卖店可配置电视、VCD机，现场播放××(品牌名称)广告介绍××(品牌名称)，VCD光盘由总公司统一制作。

(三)资金预算

不超过500万元。

(四)效果评估

销售收入同比增长30%以上，市场占有率提高3%—5%；××(品牌名称)的知名度提高1倍上下；全面提升了品牌形象。

促销计划书

(一)促销计划书的基本含义

促销计划书是企业根据市场变化和自身实力在制定促销计划过程中所形成的书面材料。促销计划是企业为进一步维护老客户和挖掘新客户而制订的计划。

(二)格式范例

××公司促销计划书

第一条　为不断加强公司营销管理，提高公司营销水平，特制定本计划书。

第二条　为促使目前既有客户及未来预定客户的购买，以董事长名义向客户寄发委托函。常务董事及经理须拟定日程，拜访主要客户，并借机了解市场情况，加强彼此的联络与友好关系。

1. 函件内容须依收件人的具体情况而决定。

2. 函件内容包括介绍公司的现状、未来的发展前景，等等。

3. 了解客户的不满，听取意见以设法改善现状。

4. 访问之前，应先与负责人员进行讨论以研究访问方法。

第三条　邀请主力客户及购买能力可能增加的客户，举行洽谈会，以促成交易。

1. 洽谈会以董事长或常务董事为主体。

2. 问候方式须巧妙得当，掌握销售计划的根本主题。

3. 洽谈会应依地区、产品种类，分别举行。

第四条　开拓新交易或提高现有的交易额，除要积极实行计划外，还要致力于设置有一定基础条件的代理店。

1. 通过工商名录、专业厂商名录、电话簿或其他方式取得批发商、销售店、加工业者等的名单资料后，应立即制订开拓计划。

2. 有效地与协会、交易银行、相关公司往来，凭借其帮助来拓展交易。

3. 对于新开发的客户，应事前进行充分的信用调查。

4. 确立代理店的交易规定，以充实代理店的体制。代理店体制应依商品种类来建立。

第五条　销售设有特卖制，采取自主诱导购买的方式。这种方式应在交易的清淡时期及产品推出太慢时采用。

1. 特卖的对象区分为零售商与代理店，并设定特卖期间。

2. 对于特卖地区、特卖品种、数量及奖励内容都须仔细研究。

第六条　对交易客户设立交易奖励制度，以此促进购买欲望。

1. 实施时，先以特定地点为主，接着再依顺序逐渐对外扩大。

2. 将每个客户的平均购买额区分等级，再依等级发给奖金或按比例退还部分金额。奖励期间以 1 个月左右为主，每段期间再各自制定截止日期。

3. 交易方式另采用预约制度，利用预约方式进行交易者，届时可依比例退还部分优待额。不依规定时间交接货品时，依本公司的另行规定处理。

4. 对于销售业绩良好的交易客户，公司将为其负担半额的广告费，或另外赠送，其他商品，以示奖励。

第七条　对于新闻发布或新产品推广，公司将举行单独或联合展示会、样品展示会，以扩大宣传。原则上按下列四点实施：

1. 展示会由公司单独举行，或借助其他单位的帮助，或协同批发商共同举行，也可由业务部负责举办。

2. 会场展示适用于本公司的新产品。

3. 举行展示会时，除了要选择会场场地之外，对于展示内容也须加以考虑。

4. 样品展示会及展示会中，可直接接受订单或预约。

第八条　对于销售人员应依开拓新市场，提高销售额等绩效加以区分，发给奖金，以示激励。

1. 本奖励以一定期间为限。

2. 对于开发新客户一项，必须令其事前提出有关对方的调查资料。奖金应于交易拓展成功后的第三个月，以不同等级的平均额作为激励奖金。

3. 当过去3个月的平均额超过上年度同月份一个月平均额的3成时，则视为对提高销售有贡献，并依据一定的比率（或一定的金额）发给奖金。

第九条　业务部应根据客户别（或商品别），将销售额、收款、销路不佳商品与畅销商品等，做成当月份的合计，并累计、增减统计资料，再将此统计数字与过去实绩进行比较，以掌握销售额及回笼资金的预估。预估确定后，指示给各负责人并进行督促（在每月例行销售会议上，也应督促要求）。

第十条　业务部须就各地区、客户及业界的需求动向等状况进行调查，以便修正自己的销售计划并督促、指示销售人员增加销售。

第十一条　业务部须针对各销售人员的活动及实绩，制作有关其能力与实际绩效的比较统计表，同时提出批评与检查，借此提高销售人员的效率及业绩。

2. 广　告

广告宣传管理制度

（一）目的与主管人员

第一条　为使本公司的广告宣传工作能够顺利进行，特制定本制度。

第二条　广告宣传工作由广告部经理主管。

（二）工作内容

第三条　广告宣传业务的工作内容包括以下几个方面：

1. 起草广告宣传方案。

2. 制作各种广告张贴宣传画。

3. 与广告公司进行交涉，联系广告制作业务。

4. 对广告效果进行测定与检验。

5. 开展市场调查。

6. 向公司内部征集广告创意,并对各种创意进行评价和选择。

7. 各种用于有奖销售、展示会、庆典的纪念品、赠品和礼品的设计、制作、购买。

8. 为销售部门的业务工作提供帮助,协助销售部门开展销售工作。

(三)收集创意与实施期

第四条 广告部每位成员应不断收集各种广告创意和构思,以促进本公司广告宣传工作的发展。

第五条 广告宣传必须有计划地进行。广告的实施分为两种:

1. 定期广告,每年一次。

2. 临时广告,根据销售情况具体确定。

(四)预算与媒体

第六条 为了控制成本,必须事先对广告宣传的各项可能的开支(包括媒体的选择,宣传对象选择,宣传频率确定)进行预算。

广告宣传费原则上不得超过经费预算委员会规定的范围,在特殊情况下广告宣传费的超支,必须经董事会决议。

第七条 原则上采用下列广告媒体。在征得总经理认可的情况下方可采用其他媒体。

1. 信封、明信片等邮寄广告。

2. 挂历、效率手册等小礼品。

3. 交通广告、广告牌、霓虹灯。

4. 宣传传单、张贴画、报纸、杂志。

5. 广播、电视等广告。

(五)市场调查与效果评定

第八条 市场调查每年进行两次,调查结果或所获情报资料,送交销售部门参考,同时作为广告部制订新广告宣传计划的依据。

第九条 广告效果主要反映在销售收入上,但销售收入的增减,不一定与广告宣传直接相关。因此,对广告效果的评定,除了“销售收入’’指标外,还必须进行多方面测评。

(六)与广告业主关系

第十条 努力与外部广告业主搞好关系,增进相互间的联系和了解。外部广告业主主要是:

1. 印刷业主。

2. 广告代理商。

3. 纸张和其他材料供应者。

4. 纪念品、赠品和奖品生产者。

5. 各种展示会、展销会组织者。

6. 其他广告业主。

公司对外宣传细则

第一条　对外宣传的素材

1. 公司举办的各种活动。

2. 公司经营活动的业绩和成果,如决算和财务状况。

3. 公司确定的新的经营方针、经营计划,推出的新产品、新项目。

4. 公司新工厂、新销售点、新设施的状况。

5. 公司人事组织制度的变动和高层经营者变动情况。

6. 公司的社会公益活动,如募捐、社会公益活动。

第二条　对外宣传素材的选择基准

1. 应充分宣传公司的经营方针和经营观念,为公司的总体发展服务。

2. 应考虑对外宣传的正作用和副作用,以有利于维护和提高公司形象为准则。

3. 在对外宣传活动时,考虑与本公司保持良好关系的组织或个人的利益与反响。这些组织与个人主要包括:

股东、公司员工及退休工人、客户、潜在客户、同行业公司、有合作关系的公司、供应商、特约店、代理店、有关地方政府机构、相关的金融机构、舆论宣传机构、社会团体、工会等。

第三条　对外宣传的形式

在组织对外宣传活动时要对下列各种形式的优缺点及费用、效果比进行综合比较,择优而行。

1. 本企业媒体

(1)邮政广告。

(2)宣传画。

(3)印刷品。

(4)张贴物。

2. 公司外媒体

(1)公开宣传。

(2)公众广告。

3. 各种活动

(1)冠以公司名称的会议、音乐会等。

(2)时装表演、产品展示等。

(3)社会公益活动。

(4)演讲会、座谈会、专题讨论会等。

第四条　对外宣传组织

1. 负责对外宣传活动的部门为广告宣传部。

2. 另设对外宣传委员会。

3. 广告宣传部部长由对外宣传委员会主任任命。

4. 对外宣传委员会设秘书处,附属于广告宣传部,秘书长由广告宣传部长兼任。

5. 对外宣传委员会定期召开会议,负责审议对外宣传计划。

6. 特殊情况下,广告宣传部长可根据实际情况变化或根据总经理的指示,组织实施有关活动。

第五条　对外宣传活动的原则

1. 强化全体员工的对外宣传意识

公司个别员工的失误,会影响公司的形象,同样也会影响宣传效果。所以应强化每名员工的公关意识,让每一名员工都加入到对外宣传行列。

2. 尊重事实

对外宣传应以事实为根据,向公众展示公司的真实面貌。

3. 与公司领导决策接轨

对外宣传必须保持宣传口径的统一,必须紧紧围绕公司经营决策展开,真正体现经营决策者的经营观念和经营方针。

4. 讲求效果

应准确把握对外宣传接受者的反应,不断地总结经验,吸取教训,加强反馈,提高宣传效果。

5. 符合社会的价值判断

不能为宣传而宣传,更不能随意美化自己,夸大其词。在考虑自身效果的同时,更应注重社会效果。

第六条　费用预算

对外宣传活动,不仅要考虑其效果,而且要核算其成本,力求成本与效益的统一。

一般情况下，对外宣传活动所需的费用支出，包括以下几个方面：

1. 活动费用

(1)制作费。

(2)摄影费。

2. 人工费用

3. 日常费用

(1)差旅费。

(2)住宿费。

(3)编辑费。

(4)会议费。

(5)资料费。

(6)通信费。

(7)交际费。

(8)杂费。

4. 印刷费

5. 捐款

6. 广告费

(1)制作费。

(2)媒体费。

(3)播送费。

对外宣传费用预算于每年年初，在经营会议上作为经费预算的一项得以确定。其数额以不超过营业收入的30%，或不超过经营利润额的25%为准。

第七条　对外宣传人员素质要求

1. 具有较强的语言表达能力和写作能力。

2. 有敏锐的观察能力。

3. 有较强的组织活动能力和驾驭事物能力。

4. 具备熟练处理各种关系的能力。

5. 勇于创新、敢于探索，具有较强的企划能力。

第八条　特殊情况下的对外宣传

特殊情况下的对外宣传，由相关主管人员受命于公司总裁而组织实施。其应用范围包括：

1. 公司员工发生违法违纪事件。

2. 公司发生有损自身公众形象的事件。

3. 因各种原因发行公司商业秘密泄漏事件。

4. 因事故、灾害而发生人员伤亡。

5. 在生产、销售、服务等方面发生较为严重的问题。

广告宣传业务准则

第一条　本规定旨在促进本公司广告宣传业务的发展。

第二条　本公司的广告业务,由公共关系部负责推行。

第三条　公共关系部负责的业务内容如下:

1. 制定广告宣传计划方案,包括选择广告宣传的对象、方法、时间与费用等。

2. 制作广告宣传用品,包括广告张贴画、广告牌、传单等。

3. 实施广告宣传计划,与广告代理商接洽与交涉。

4. 为有效地开展广告宣传,进行市场调查。

5. 测定广告宣传的效果。

6. 对制造部和销售部提供广告宣传效果方面的资料。

第四条　广告宣传计划的制订工作由公共关系部部长负责。

1. 在制订广告宣传计划过程中,必须听取各相关部门的意见。

2. 计划方案在实施之前,必须再次送交各有关部门征求意见与建议。

第五条　在制作广告宣传用品时,必须选择最佳的合作对象和宣传用品。

在广告宣传过程中,应注意选择效果明显的广告宣传形式,包括奖品交换方法、提供旅游等。同时应注意费用的合理使用。

第六条　广告宣传分定期和不定期两种,但都必须在广告预算范围内进行。同时,实施广告宣传之前应听取广告业务机构的意见,并根据业务情况委托广告业务机构实施广告宣传。

第七条　广告媒介原则上规定如下:

1. 报纸、杂志、广告张贴画和传单。

2. 邮寄广告。

3. 电视和广播。

4. 广告牌与广告设施。

5. 挂历与效率手册。

6. 其他经董事会临时认可的广告媒介。

第八条　为了有效地进行广告宣传,必须定期和不定期地进行市场调查。

公共关系部在认为必要且适宜的时候，展开对外部的市场调查。市场调查的结果，必须有助于提高广告宣传工作。

第九条 公共关系部有义务对各部门提出建议，积极协助相关部门的工作，并收集与提供有利于销售的各种创意与构思。

第十条 要对广告宣传效果做出评价与测定。

1. 公共关系部须阶段性地对外部广告宣传的效果做出调查与测评。

2. 广告宣传效果的测评分为定期和不定期两种形式。

3. 把测定的结果写成报告，交各相关部门传阅。在必要的情况下，与各相关部门共同商讨。

公司新产品宣传规定

通　则

第一条 为充分宣传和推广新产品，保证新产品顺利进入市场，特制定本规定。

第二条 本规定以外的事项，须按《广告管理规定》中相关规定办理。

第三条 新产品的宣传方针，由产品部主管负责制订，并向全体人员讲解，使每一位工作人员都能确实把握基本方针的要点。

第四条 产品部主管须以本月及长期销售计划为基础，制定新产品宣传计划方案，并落实到每一个具体方面。宣传计划内容包括：

1. 选择与确定宣传对象。

2. 确定宣传媒体。

3. 新产品样品的选择、确定与分配。

宣传实施方法

第五条 产品部主管所负责的新产品的宣传工作，需要企业各部门与各机构的支持与协作。

第六条 产品部主管在宣传实施期中，销售部与各营业分店须向产品部提供宣传活动所需的必要文献、样品等。

第七条 各营业分店须协助宣传工作顺利进行，诸如张贴宣传画，印发传单，布置展示厅，等等。

第八条 要求各分支机构在指定的时间和地点，配合展开广告宣传活动。

第九条　广告宣传要把握节奏，事先确定步骤，逐渐加强攻势和广告宣传的渗透力，以达到预期目的。

第十条　对大企业尚未控制的地区，应该展开大力宣传，以谋求在该区域内增强影响力。

第十一条　综合运用各种宣传媒介，包括报纸杂志的广告、商店销售现场的宣传、广播电视的广告，必要时还可利用批发商的宣传能力，强化新产品的普及宣传工作。

第十二条　产品进入成长期后，其广告宣传工作可转让给销售部门及销售人员执行；但对竞争激烈的产品，则仍需要产品部负责监控，一旦销售收入下降，立即进行广告宣传攻势，以保持在一定的销售水平上。

第十三条　对大宗交易以及大宗交易伙伴，产品部仍有责任做出努力，予以维持。

第十四条　为了提高广告宣传工作的综合效益，产品部应该经常开展下列活动：

1. 以出差方式，巡回各地，与当地老客户保持联系。

2. 不间断地以部门名义和个人名义，诸如寄挂历、送贺年卡、发信等，与客户保持广泛而经常性的联系。

3. 定期不定期开展或参与各种宣传活动，如展示会、博览会、交易会、展销会等。

4. 举办橱窗展示，选择宣传对象，对宣传费用进行预算，对每天的展示成果进行总结，观察顾客在商店行走路线，观察顾客在商店中停留时间，把握本公司商品被询问或打听的频率，听取顾客对广告宣传的反应等。

内勤业务

第十五条　内勤须协助第一线新产品宣传活动，以使其顺利开展。内勤工作包括文书工作、保管产品样本工作、保管物品工作、报告书的处理和归档工作以及花名册的管理等。

第十六条　内勤组长须按产品部主管的指示，整理新产品业务日报、询问记录，并把结果反馈给各位业务员，以促使他们在工作中反省有无疏漏之处。

第十七条　宣传物品的保管工作

1. 内勤组对领取与保管各种与新产品宣传有关的物品负有直接责任。

2. 内勤组长必须保证宣传物品的库存供应量，并每月末向产品部主管报告一次。

3. 内勤组长必须根据库存报表以及季度或月度宣传品需求量预测，向产品部主管提出建议。

4. 内勤组有责任保管和整理账目，包括库存明细账，收发领用台账，分配记录簿，以及宣传品报废台账等。

第十八条　产品样品出纳保管工作

1. 内勤组对产品样品的出纳保管工作负有直接责任。

2. 内勤组长须每月末向产品部主管报告新的样品库存情况。

3. 内勤组长须根据库存情况及月、季度预测用量，向产品部主管提出新的样品进货建议。

4. 内勤组长必须对新样品明细账、收发领用台账和分配记录簿进行整理与保管。

第十九条　报告书的整理与保管工作

1. 内勤组长应及时安排和督促部下，处理新产品业务员在报告书记载的有关事项。

2. 内勤组长应及时从报告书中寻找重要事项，以及应该做出报告的事项，整理为规范文书，向产品部主管及有关各部主管做出报告。

3. 内勤组应把各报告书汇编成册，加以妥善保管。

第二十条　花名册编辑工作。内勤组应根据相关文件，以及新产品业务员的报告书，整理汇编客户花名册。

第二十一条　其他业务工作。内勤组除了以上规定的业务工作外，还应对新产品有关联络业务妥善处理，如应酬、记录、传达和帮助联系，等等。

宣传物品、产品样品处理

第二十二条　产品部主管在每月末经内勤组长向总公司提出下月度进行新产品宣传所需宣传物品及数量。

第二十三条　产品部主管每月一次，向总公司报告本部门月末各类宣传物品库存情况。

第二十四条　制作的宣传物品办理所规定的手续后，可从各营业分支机构的仓库，转存入本公司的仓库，并由内勤组负责保管。

第二十五条　宣传物品如何在各地区、各业务员之间进行分配，由产品部主管决定。

第二十六条　在紧急状态下，产品部主管如果认为确有必要，可与营业分支机构负责人商议，由分支机构来制作宣传所需要的物品。

第二十七条　其他扩大宣传所必须的物品，也可由产品部主管决定，由营业分支机构制作。

第二十八条　每月所需要的试用品、试销品及其数量，也必须事先向总公司请示。

附　　则

第二十九条　本规定的修改与废除由总裁办公室负责，由总裁决定。

第三十条　本规定于××××年×月×日起实施。

广告策划的原则

编拟广告计划方案的五大原则

第一条　质量并重，胸有成竹。

第二条　建议要项，一目了然。

第三条　创意突出(企划与创作)，建立差异。

第四条　词句精炼，编排严谨，树立风格。

第五条　简洁朴实，避免冗长多余的内容。

编拟广告计划方案的注意事项

第六条　广告客户说明会的参与：

1. 确实了解客户的需求重点。

2. 确实把握客户问题症结的所在。

3. 确实了解客户的主要竞争对象。

4. 熟悉客户的广告计划批准者。

5. 确实了解编拟广告计划的基本要素(广告目标、预算、期间、地区、需求对象、PRESENTATION)，等等。

6. 除业务单位外，创作及企划部门的有关人员，亦应参与 ORIENTATION。

7. ORIENTATION 所表明的意向或提供的资料，并非完全可以利用，应再向客户的其他有关部门索取资料。

8. 确实了解客户能因本公司的建议，而改变其行销计划的程度。

第七条　广告计划编拟小组的设置：

1. 组合具有专长的有关人员。

2. 尽量归集第三者的客观意见。

3. 使全组人员了解工作目标。

4. 指派小组负责人,明确划分个人职责。

5. 组员的选任,以能力为其基准。

第八条　资料的收集及运用:

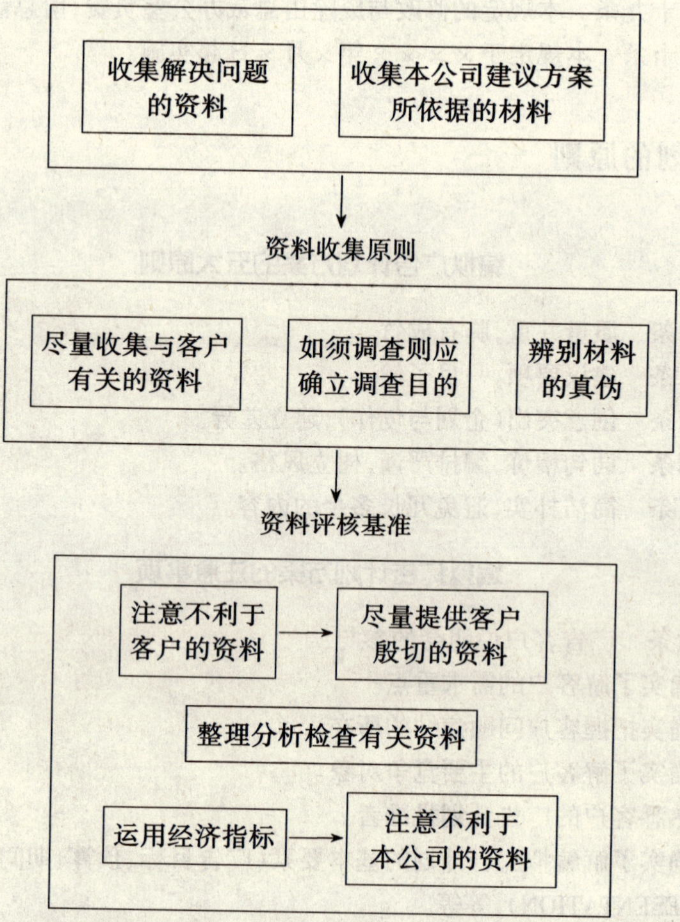

第九条　优劣的发掘:

1. 以长远的眼光:

(1)试以冷静态度判断商品的优劣点。

(2)试将商品印象置于消费者心目中。

2. 以客户的负责人眼光:

试以商品周转率及利润率的观点,加以考虑。

3. 以广告对象的眼光：

试以记忆及了解程度，予以考虑。

第十条　商品概念的确定：

没有商品概念的商品，无法销售。

1. 概念应以任何人都可以了解的语句或图案表示。

2. 因人而有不同解释的语句或图案，不得称之为"概念"。

3. 概念应以消费者的语气表示。

4. 概念与目标为一体的两面，应随 Target 而改变。

第十一条　媒体选择的要点：

广告目标(性别、年龄……)：所接触媒体及其质与量。

地区：是否到达应涵盖的地区。

期间：长期契约的可能性。

广告目的：知名度、理解度、印象度及购买意向等的形成。

预算：金额是否恰当？

MESSAGE："信息"是否过多？是否能通过减少信息的量，来达到预定目的？有效的传达方法是什么？

竞争条件：竞争对象所采用的类别，数量及其成功的程度。

过去的实绩：广告实绩是否构成制定契约的优势。

广告媒体的确保：有无"画饼充饥"的现象。

效果测定：事先预测及事后测定的可能性。

第十二条　年度广告计划的编拟：

1. 尽量参照前年度的检查资料。

2. 由长期广告目标中明确制定本年度广告目标。

3. 由现有商品中将今年预定上市的新产品，予以明确区分。

4. 充分检讨上一年度的优劣点。

5. 把握客户的意图，使本广告计划无懈可击。

第十三条　"临时性"的广告计划：

1. 充分考虑对客户长期性广告计划所负的功能。

2. 尽量利用计量方法测定直接或间接的效果。

3. 以客户立场修正媒体机构所提出的计划，并将配合本公司的特性，以迎合客户特定的条件。

4. 充分考虑到计划实施的季节性与时间性。

第十四条　广告计划流程。

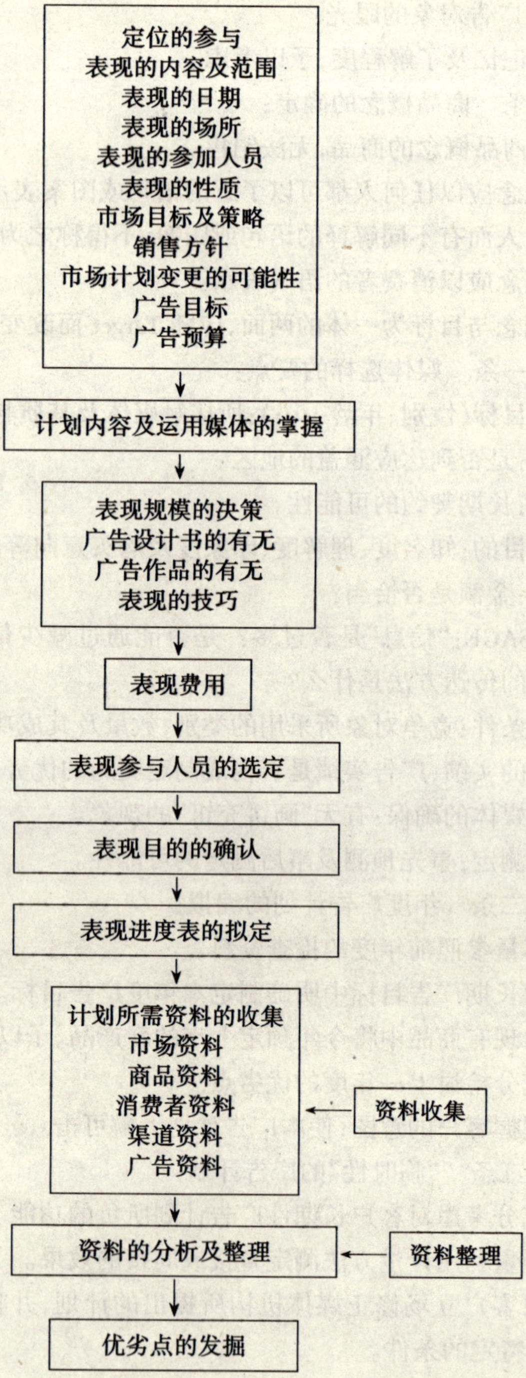
定位的参与
表现的内容及范围
表现的日期
表现的场所
表现的参加人员
表现的性质
市场目标及策略
销售方针
市场计划变更的可能性
广告目标
广告预算
计划内容及运用媒体的掌握
表现规模的决策
广告设计书的有无
广告作品的有无
表现的技巧
表现费用
表现参与人员的选定
表现目的的确认
表现进度表的拟定
计划所需资料的收集
市场资料
商品资料
消费者资料
渠道资料
广告资料
资料收集
资料的分析及整理
资料整理
优劣点的发掘

电视广告影片(CP)的作业流程

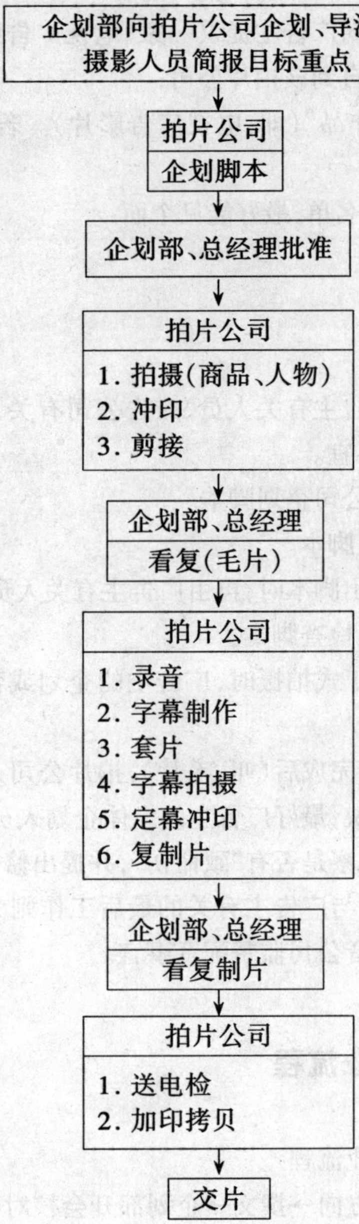

注:电视广告影片交由拍片公司处理,作业流程如下所述。

电视广告影片制作流程

第一条　当广告公司向广告主提议一家“电视广告影片拍片公司”时，广告主的企划或营业主须亲自到该拍片公司：

1. 首先要求播映其“作品”（即：电视广告影片）。若有很多部“名片”（经常在电视上看到的），则：

2. 要求列出下列人员名单，最好能见个面：

导演；

摄影师；

脚本企划。

第二条　接下来由广告主有关人员、广告公司有关人员和拍片公司有关人员召开会议，商讨拍片事宜。

第三条　然后由拍片公司企划脚本。

注意：至少须提供二支脚本。

第四条　拍片公司提出脚本时，再由广告主有关人员、广告公司有关人员和拍片公司有关人员开会，检查脚本。

第五条　脚本决定后正式拍摄时，广告主的企划或营业主管必须到拍片现场监督拍摄事宜。

第六条　当拍摄、剪接完成后（叫：毛片），拍片公司人员和广告公司人员必须到广告主的会议室播映，最好广告主的全体企划人员和营业人员都参加，一再重复观看毛片，仔细观察是否有“致命伤”，并提出修改要求。

第七条　毛片确定后，与广告主有关的最后工作则为“配音”。广告主的企划或营业主管必须到配音公司监督配音事宜。

公司自行制作广告作业流程

第一条　报纸稿的作业流程

企划部经理指示制作方向→撰文→企划部开会核对→美工作草图→企划部开会核对→总经理批准→照相打字→完稿→企划部开会核对→总经理批准→交报社制版→见报。

第二条　杂志稿的作业流程

企划部经理指示制作方向→撰文→企划部开会核对→美工作草图→企划部开会核对→总经理批准→照相打字→完稿→企划部开会核对→总经理批准→交杂志社制版。

第三条　电视幻灯片的制作流程

企划部经理指示制作方向→讲解及撰文→企划部开会初验→美工作草图(用幻灯片色纸)→企划部开会核对→总经理批准→照相打字→完稿→企划部开会核对→总经理批准→拍照幻灯片→夹幻灯夹→将幻灯片连同讲解稿交电视公司。

广告预算表

媒体	广告效率	单位成本	有效篇幅	频度		平常股份广告预算	旺季股份广告预算	其他配合促销预算	合计
				平常	旺季				

广告费用分析表

月　　日至　　月　　日

媒体类别	广告媒体名称	广告次数	平均篇幅时间	广告费用	估计每次接触人数	总接触人　次	每人次成　本	广　告选择性	广告效果	备注
合计										

广告策划检测表

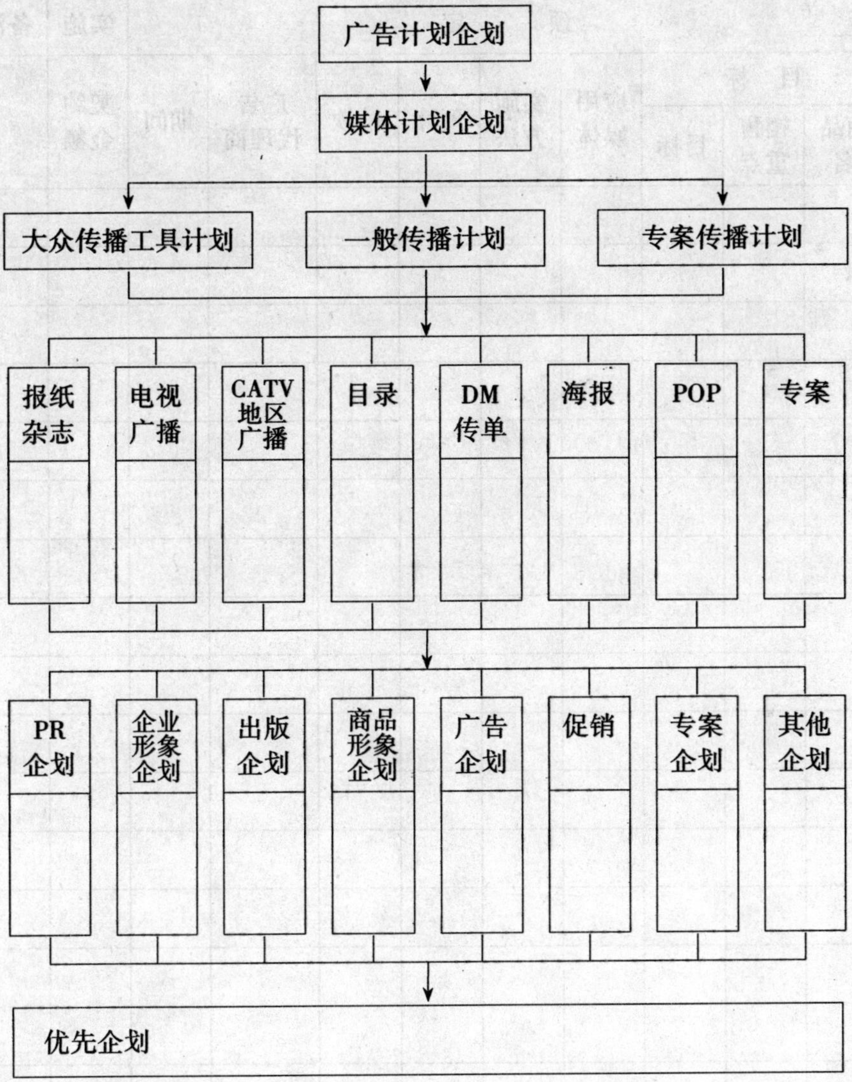
广告计划企划
媒体计划企划
大众传播工具计划
一般传播计划
专案传播计划
报纸杂志
电视广播
CATV地区广播
目录
DM传单
海报
POP
专案
PR企划
企业形象企划
出版企划
商品形象企划
广告企划
促销
专案企划
其他企划
优先企划

产品广告实施报告表

预定									实施	备注
目标			应用媒体	实施方法	预算	付款	广告代理商	期间	契约金额	
商品名	销售重点	目标								

主管：　　　　　　制表人：　　　　　　　　制表日期：　　年　　月　　日